旅游产业政策经济效应分析及湖北应用研究

刘冰洁 著

中国商务出版社
·北京·

图书在版编目（CIP）数据

旅游产业政策经济效应分析及湖北应用研究 ／ 刘冰

洁著. -- 北京 ： 中国商务出版社，2024. 8. -- ISBN

978-7-5103-5155-6

Ⅰ. F592.0

中国国家版本馆CIP数据核字第202450M217号

旅游产业政策经济效应分析及湖北应用研究

刘冰洁 著

出版发行：中国商务出版社有限公司

地　　址：北京市东城区安定门外大街东后巷28号　**邮　编**：100710

网　　址：http://www.cctpress.com

联系电话：010-64515150（发行部）　　　010-64212247（总编室）
　　　　　　010-64269744（商务事业部）　010-64248236（印制部）

责任编辑：郭舒怡

排　　版：廊坊市展博印刷设计有限公司

印　　刷：北京建宏印刷有限公司

开　　本：710毫米×1000毫米　1/16

印　　张：16　　　　　　　　　　**字　数**：269千字

版　　次：2024年8月第1版　　　　**印　次**：2024年8月第1次印刷

书　　号：ISBN 978-7-5103-5155-6

定　　价：78.00元

前言 PREFACE ▶▶▶

　　旅游产业是我国"十四五"发展规划中"聚焦现代服务业，畅通国内消费大循环"的关键产业，我们开展旅游产业政策的研究有助于把握产业的发展方向，实现旅游经济的腾飞。旅游产业具有极强的经济带动能力，被全国众多省份列为经济支柱型产业。然而，旅游产业也容易受到其他风险因素的冲击。要想旅游产业良性发展，离不开旅游产业政策的调控和引导。旅游产业政策是旅游产业发展的风向标，是市场失灵的调节器，是地区铸造旅游产业发展优势的重要因素。湖北省作为我国主要经济区的几何中心，高度重视旅游产业发展，2022年，省第十二次党代会指出，要提高人民生活品质，推动旅游等服务业向高品质和多样化升级。借鉴全国其他省份的先进经验，结合湖北省地区特点的政策效应分析，是提高湖北旅游产业政策、助力湖北旅游经济发展、畅通湖北消费循环的重要途径。

　　本书共五部分：第一部分为总论；第二部分为旅游产业政策体系分析；第三部分为旅游产业政策经济效应分析；第四部分为湖北省的应用研究，为旅游产业政策的出台、政策效率的提升和政府的科学化决策指明了方向；第五部分为结语。对于旅游产业政策的研究，尽管学界从二十世纪八十年代开始关注此议题，但由于政策数据的特殊性，直接影响了后续研究的深入。一方面，旅游产业政策的发布较为零散，当前研究聚焦于专项政策或主观抽选的政策研究上，缺乏对政策体系整体上的研究。另一方面，旅游产业政策以文本形式存在，政策数据缺乏统一的转换标准，导致了实证研究的缺失。本研究在以下方面实现了突破。

　　（1）旅游产业政策的系统性研究

　　就研究对象而言，当前的研究主要聚焦于单一的专项政策或人工筛选的一系列政策上，缺乏对政策体系的系统性解析。这类研究范式难以有效展现旅游产业政策的全貌，使研究主体具有片面性，难以对政策体系进行系统性分析。一方面，本研究的政策文本数据是细致到区县级的政策文件，相比以前的研究在数据量上实现了突破，更全面地呈现了当前复杂、系统的政策空间，避免了人为筛选代表性的政策造成的分析偏差。相比于当前绝大多数以代表性的国家级政策为研究对象的旅游政策研究，本研究是相对全面的研究，在数据上有较大的突破。另一方面，本研究对旅游产业政策体系的研究角度是系统性的。当前大部分研究由于数据的缺失或研究侧重点的不同，对政策体系的解析往往只停留在数量和目标的研究上，缺乏对政策体系的系统性剖析。本研究采用政策量化的方法，对政策数量、结构、主题内容和力度进行全方位考察，能够更深入分析当前的体系特点。本研究为后续的产业政策分析提供了重要的数据获取思路和政策体系解析思路，弥补了产业政策研究中的不足。

（2）政策量化分析与效应分析的有效性衔接

就研究思路而言，当前的研究主要集中于定性研究，缺乏政策变量在计量模型中的转换机制。对于政策体系的分析，当前以定性分析政策的演化趋势、政策内容、政策目标和政策结构为主，政策分析的质量取决于作者的分析水平和分析视角，具有一定的主观性。因此，本研究从政策量化角度，运用文本分析方法深入挖掘，对旅游产业政策进行系统归纳，得出的结论更加客观和全面。对于政策效应的分析，当前的研究多以德尔菲法对政策进行打分，得到的政策数值具有较强的主观性。本研究将所有政策纳入同一政策力度测算体系中，根据政策的类型、级别和数量进行测算，得出更客观的政策力度数据。相比于当前将政策数量、德尔菲打分或是否实施政策的虚拟变量加到实证模型中的研究，本研究的数据转换机制更加客观和准确，得到的结论更具参考价值。以政策力度为桥梁，本研究建立了政策量化分析与效应分析的有效性衔接，化解了将政策数据加入实证分析的难题。

（3）多维度政策经济效应的充分性分析

就研究方向而言，当前的研究大多停留在对政策有效性的验证上，未能站在政策系统的视角上多角度分析政策效应。单纯的对政策有效性进行分析会使结论停于表面，无法解决如何改进政策体系、怎样提高政策效率这些核心问题。虽然当前也有少量研究对不同的旅游政策效果进行了比较，但是大多是抽选代表性的政策，结论局限于某几项政策效应的比较上，无法从整体层面上系统比较各类政策的优势与不足。因此，本研究从类别层面、空间层面和时间层面上进行了政策经济效应的纵深探究，细化政策的实际作用效果。本研究侧重于从不同维度探究旅游政策的经济效应，将其置于整体的政策系统研究视角之下，同时注重不同角度分析之间的有机联系与互证，从中寻求更丰富饱满的结论。

（4）多层面湖北政策完善的实践性分析

就研究应用而言，目前大部分研究结论停留在理论层面上，尚且缺失产业政策的理论研究向具体案例应用的示范。政策效应研究结论的单薄使研究结论停于表面，未能发现新的现象规律，由此给出的政策建议不新颖、不丰满，不能多方面地解决现实问题。因此，本研究给出理论研究具体化的转变途径，致力于探索产业政策效应研究在湖北省的现实应用：在充分分析湖北省旅游产业发展趋势和湖北省旅游产业政策体系特征的基础上，对比分析湖北省和全国的发展差异，并测算湖北省各类旅游产业政策的经济效应。然后，结合全国层面和湖北省省份层面的政策效应规律，借鉴全国层面上的政策效应经验和省份层面上政策效应的地方特点，为推动湖北省旅游产业高质量发展提出对策。

刘冰洁

2024 年 8 月

目录 CONTENTS ▶ ▶ ▶

第三部分　旅游产业政策经济效应分析

第四部分　湖北省的应用研究

第五部分 结 语

图 目 录

表 目 录

第一部分　总　论

第 1 章

充分发挥旅游产业政策效应

在全面建设社会主义现代化国家新阶段，叠加数字技术的科技革命，旅游业承担起实现人民美好生活的重要使命。作为在第三产业中最具活力的增长极，旅游产业在改善经济结构、盘活社会资源、提供就业保障、促进国际交流和保护生态环境等多方面产生了积极的作用。一方面，旅游产业顺应着融合发展的趋势，旅游产业的发展盘活了其他经济产业的优质资源，不仅实现了旅游经济的增长，也带动了其他产业经济的协同发展，成了"十四五"时期畅通消费循环、激发经济活力的支柱产业。另一方面，旅游产业也容易受到其他风险因素的冲击，包括社会阶段、地缘风险、经济危机、自然灾害等。要想旅游产业良性发展，离不开旅游产业政策的调控和引导。旅游产业政策是旅游产业发展的风向标，是旅游市场失灵的调节器，也是连接旅游产业和国家经济社会整体战略发展的纽带，具有重要的作用和地位。地区旅游产业对当地旅游政策的正确把握，能够增强旅游产业的区域竞争优势，充分发挥经济效应。从全国层面到省份层面的政策经济效应研究，能够全面统筹宏观影响和地区特征，全面提高地区旅游产业的政策效应，促进地区旅游产业的繁荣。

旅游业发展中国道路的核心在于遵循"市场化的政府主导"发展模式（厉建新等，2019），受到旅游政策的有效调控，顺应市场规律，又有效规避市场失灵。因此，在中国式现代化新实践中，旅游业高质量发展依赖于科学的政策体系与制度框架，以及数字化转型的政策现代化统计支撑。科学建立政策统计数据信息资源体系，有效评价旅游政策特征及效果，是继其成为经济支柱型产业后，将旅游业打造成人民幸福产业的必然要求。

1.1 旅游产业：消费大循环中的支柱产业

当前，我国已经全面建成小康社会，人民的经济实力、生活水平和精神需求有了全面的提高，旅游逐渐变成了现阶段中的刚性精神需求。旅游行为随着人们旅游需求的变化，从单纯的经济社会属性逐渐发展成了具备多元属性的系统概念。以往的研究中，一类观点认为旅游是消费行为：戈尔德内等（2008）指出旅游是暂时离开自己的住地，为了满足精神需求，逗留在异地的文化消费活动；另一类观点认为旅游是文化现象：曹诗图（2013）认为旅游是人们以消遣、审美等为主要目的，利用空闲到惯常地点以外的自由体验。随着人民素质的提高和精神需求的扩大，旅游已经演变成了一个综合概念，同时具备政治、经济、社会、文化、生态、外交等多元属性，是一个互相关联的系统，对我国的经济、文化、生态、社会和外交等多方面发展产生了深远影响。

旅游产业随着旅游需求和旅游活动边界的拓展，逐步拓展成了涉及多方面的系统性产业，取得了多方面的发展成就。旅游产业广义来讲是旅游活动涉及的一切有关行业的总和，以满足旅游者需求为目的，为一切旅游活动提供服务（齐坤山等，2016），是满足旅游者需求的所有企业、组织、资源要素构成的产业（库珀，1993）。当前，旅游产业不仅仅局限于传统的供给属性，还成了其他产业的重要融合元素。事实上，自改革开放以来，旅游产业在国民经济社会中的地位逐步提高，旅游产业的发展成就日益壮大，在经济、文化、生态、社会和外交等多方面取得了难以取代的发展成就。经济方面，旅游新业态频现，不断融合其他产业，使旅游产业链得以延伸，旅游产业融合边界不断扩大，成了经济高质量发展的重要带动引擎；文化方面，旅游是文化传播的重要载体，旅游消费需求的升级凸显了旅游体验中对文化元素的依赖，导致了更广泛、更具包容性的多元文化传播；生态方面，旅游产业的发展改变了地区产业结构，减少了污染产业的占比，同时，对自然旅游资源的维护践行了"生态优先"的发展理念；社会方面，乡村旅游是乡村振兴战略的重要部分，旅游业为众多农村劳动力提供了大量就业机会，是我国脱贫攻坚、全面建设小康社会的重要推动力；外交方面，入境旅游是外国游客了解中国文化、聆听中国故事、领悟中国形象的重要渠道，在国际交流方面发挥着重要作用。

旅游产业顺应着时代的发展趋势，充分利用政策红利，把握发展机遇，是其成为规模化产业的重要原因。我国众多省市自治区的各项规划中，将旅游产业放在了重点发展的优先位置上，将旅游产业视为地区经济的支柱产业、主导产业和战略产业。旅游市场日益发展成熟，从经济学看，根本原因是扩大内需和消费水平的提高、外部经济结构的升级以及利用互联网技术革命和政策红利的重要产业变革。党的十九届六中全会指出，要加快培育完整的内需体系，全面促进文旅消费的提质扩容，旅游产业的发展成了"十四五"时期经济发展的重要议题。当前，我国经济进入高质量发展阶段，因此，提高消费驱动能力，实现经济的内生增长尤为重要。在此背景之下，经济发展的重点产业从传统制造业向现代服务业和战略新兴产业转移，创造了有利于旅游产业发展的外部环境。与此同时，随着公共假日政策的出台，中国公民的旅游意识逐步形成，旅游意愿逐步提高，旅游时间得以保障，旅游诉求在互联网技术的保障下变得容易实现。居民刚性旅游需求的激增为旅游产业的发展提供了内生的增长动力。

在外部宏观环境和内生增长动力的双重作用下，我国旅游产业总体上呈现上升的发展趋势，尤其是 2010 年以后，国内旅游人数和国内旅游收入的增速进一步加快，2019 年国内旅游总收入达 6.63 万亿元，国内旅游人次达 60.06 亿人次，国外入境旅游总计 3 亿人次[1]。同时，2019 年，旅游产业创造的直接就业和间接就业总人数占全国就业总人口的 31%，对我国经济发展有重大贡献。尽管有新冠疫情的冲击，随着抗疫成果的凸显，2020 年下半年旅游业逐步复苏，旅游收入和人数开始回暖。与此同时，旅游经济的增长速度从 2010 年起逐步提高，明显高于我国整体经济增速，2010 年至 2019 年，旅游产业在国民经济的贡献占比逐年提高。随着对新冠疫情的有效控制和免疫屏障的逐步建立，旅游业将稳步回暖，2021 年上半年，国内游客预计达到 23.55 亿人次，国内旅游收入预计达到 1.95 万亿元[2]。不仅如此，随着人们对旅游品质需求的提升，旅游业态不断更新，融合了更多文化、娱乐、休闲、学习等元素，使得更多产业与旅游产业融合发展，旅游产业的经济带动作用愈发凸显。

旅游产业的发展趋势已然证明，旅游活动将人民的精神需求转换成特殊产品的消费动力，成了当前经济增长的强劲动力。狭义来讲，旅游业创造了旅游产业的总产值，直观地对国民经济总量有所贡献。广义来讲，旅游业的发展还给其他产业的发展间接提供了机会，刺激了基础设施建设，创造了就业机会，并随着旅游融合发展的推进，激活了其他产业的产品创新动力。可以说，旅游产业已经成为我国经济社会发展的重要支撑。

---

① 数据来源：https://data.stats.gov.cn/search.htm?s= 旅游，国家旅游局。

② 数据来源：http://www.ctaweb.org.cn/cta/ztyj/202107/b077e15956ef40d98a1b3f4ecf8509de. shtml，中国旅游研究院。

1.2 旅游产业政策：风向标与调节器

随着经济社会的发展，旅游市场结构、旅游产品类型和旅游消费方式都在不断变革，形成了不同时期内不同的旅游发展目标和发展特点。在旅游业发展目标动态化演变过程中，旅游政策在市场经济环境中起着重要的调控和引导作用。《"十四五"规划和2035远景目标纲要》指出，要实现国内消费大循环的畅通，使民生福祉达到新水平，需要完善相应的政策体系，创新结构性政策工具，使旅游等生活性服务业品质化发展。事实上，旅游政策以当前实际经济社会发展需要为总体方针，以旅游业过去发展情况和当前发展趋势为依据，以旅游业的健康运行和国民经济的协调发展为目标，旨在通过颁布当前阶段适用的投资、建设、休假、价格、旅游形式等方面的规范制度，充分调控旅游业发展方向、充分挖掘旅游业发展潜力、充分规范旅游业发展市场。新中国成立之初，计划经济环境下旅游业发展低迷，旅游主要扮演外事接待的政治角色，《关于改进外交人员"旅行证"的意见》（1955）等旅行政策规范着外国人的国内旅游行为。随着经济复苏，国民旅游需求产生萌芽，《关于第一次旅游工作会议的报告》（1964）顺应着社会变化，开始逐步发展国际旅行社。后来，改革开放政策稳步推进，中央批复《关于发展旅游事业的请示报告》（1978），确定了旅游的经济产业性质，旅游进入创汇阶段，旅游的经济目标初显。其间，《关于开创旅游工作新局面几个问题的报告》(1985)指引着旅游基础设施的建设，保障了旅游产业要素的发展。当我国进入加速改革开放的新阶段，人民物质生活的日益丰富催生了精神福祉需求。这一阶段内，《全国年节及纪念日放假办法》（1999）应运出台，激发旅游热情；《旅行社条例》（2009）等制度的制定保障着旅游供给。2009年，《国务院加快发展旅游业的意见》明确指出了旅游产业的重要经济地位，旅游业开始蓬勃发展，逐渐步入旅游产业融合发展阶段。近年来，为突出旅游的经济带动作用，《旅游质量发展纲要（2013－2020年）》开始关注旅游业的提质增效，促进多形式的旅游业态产生，《"十三五"旅游业发展规划》（2016）指明了旅游带动其他产业协同发展的发展方向。随着旅游经济带动作用的凸显，《关于进一步激发文化和旅游消费潜力的意见》（2019）明确了旅游产业在现代服务业中的重要地位，是实现国内经济循环的重要环节。2020 年，新冠疫情暴发，《关于做好新型冠状病毒感染的肺炎疫情防控工作》以及相关的配套措施出台，配合着疫情的防控并帮扶着疫情期间旅游企业的经营。旅游产业在不同发展阶段中有不同的使命，旅游产业政策适应着不同时期的经济社会发展使命，不仅促进了旅游产业发展壮大，也服务国家总体发展方针。可以说，旅游政策是旅游产业发展的风向标，也是连接旅游产业和国家经济社会整体战略发展的纽带。

不仅如此，旅游产业发展过程中，容易受到其他风险因素的冲击，包括社会阶段、地缘风险、经济危机、自然灾害等。同时，在市场经济的体制下，旅游产业由于信息不对称等原因的存在，导致市场不能实现资源的最优配置，造成了信息不对称、负外部性和旅游公共物品等市场失灵问题。例如，发布供给型政策来建设更高速的信息化旅游网络、发布需求型政策来增加旅游者接触旅游产品的渠道等方式可以解决信息不对称的问题；制定相应的游客行为守则来规范游客的旅游活动，对旅游开发商出台约束标准，对旅游企业进行价格指导和抽查，能一定程度上纠正负外部性；通过资金的直接投入和基础设施的建设，建设旅游公共环境，提供旅游公共物品。旅游产业政策的发布，纠正了市场失灵，同时通过对经营环境、安全环境的保障，实现了资源配置的优化，提高了旅游经营的效率并促进了旅游经济发展。可以说，旅游产业政策是旅游市场的调节器，也是良性旅游环境的保卫者。

因此，旅游产业政策具有重要的研究意义。旅游产业政策研究是研判旅游产业发展方向，助力旅游产业适应外部经济发展规律的基础。研究旅游政策的效应是实现旅游政策决策科学化、实现旅游业拉动国内消费大循环的重要途径。

对旅游产业政策的量化研究，有助于科学制定和优化旅游政策体系，增强政策适用地区的社会经济效应和助力地区产业优化升级。通过旅游产业政策研究，研判地区旅游产业发展方向，强化旅游产业适应外部经济发展规律，提高地区及与周围区域旅游产业分工与竞争效率。对旅游产业政策统计量化及政策执行过程的监测预警，能够发现其中的薄弱环节和不平衡发展问题，实时优化旅游产业政策的结构和内容，实现实时调控、不断优化的新发展模式。

对旅游产业政策经济效应的深入研究，可探索我国社会主义特色市场经济下的旅游产业政策系统理论，提升旅游政策效率，实现政策决策的科学化。旅游产业政策的经济效应研究是检验政策效果、调整旅游政策、实现科学出台旅游政策的依据，有助于充分发挥旅游产业政策对旅游经济的刺激作用，实现旅游消费的提质扩容并畅通国内消费大循环。深入剖析各阶段、各地区、各类型的旅游产业政策发布情况、实施情况和经济效应，能够揭示我国旅游政策的演化趋势，科学系统地了解我国旅游产业的发展逻辑和阶段特点，充分探索政策经济效应的差异，并实现旅游经济的实质性突破。

本研究的特色与创新之处在于：思想上，创造了旅游政策分析的整体性统计核心与体系逻辑，搭建了融入数字技术的旅游政策整体性统计评价框架，提出以统计要素串联政策数据信息、政策体系评价和政策效应评价的环环相扣式分析思想。

观点上，突出数据资源体系，开辟全面性旅游政策体制多维分析。在中国特色社会主义市场经济下，旅游业的跨越式发展得益于整体政策体制的保障，而非特定政策的驱动。本研究突破数据局限，实现了旅游政策体制分析的科学性和价值性，研究结论间形成有机联系与互证，更加丰富饱满。

方法上，融合交叉学科理论智慧，赋能政策顶层设计。旅游政策评价体系逻辑与统计学的系统性理论方法对应，实现了政策文本量化、实证计量分析等统计方法与旅游政策学科的交叉融合，研究方法更加前沿和具有针对性。同时，这些研究方法具有一定的普适性，可以应用于其他产业政策分析。

应用上，给出了理论应用于特定区域的研究案例，给出了理论研究具体化的转变途径，致力于探索政策效应研究在湖北的现实应用研究具体化的转变途径，致力于探索政策效应研究在湖北的现实应用，综合全国层面和省份层面的政策效应规律，为推动湖北省旅游产业高质量发展提出对策。

1.3 区域旅游产业竞争优势的发展与铸造

在旅游产业发展过程中，各区域的资源禀赋、经济环境、技术水平和投入要素等方面存在差距。因此，在各地区旅游产业发展过程中，旅游产业的经济发展、产业潜力、能力素质方面体现出了差异。区域产业竞争力理论认为，各地区的产业优势取决于产业的基础要素和产业政策等其他因素。另外，竞争优势理论指出，产业的竞争力取决于产业的要素条件、需求条件、组织结构、辅助产业、产业战略和政府行为（波特，1983）的影响。不难发现，在各大竞争理论中，政策是区域产业竞争优势铸造的重要影响因素之一。

旅游产业作为综合性服务业，随着融合发展趋势越来越明显，产业发展越来越复杂，区域旅游竞争优势的铸造对于政策的宏观调控的依赖程度越来越多。政策是较为重要的制度性影响因素，明确正确的发展方向、整合和培育区域资源、规范着旅游市场秩序。事实上，各类区域旅游竞争优势的影响因素不是孤立的，而是相互联结、相互影响的。

在旅游要素层面上，旅游资源决定了区域旅游产业的吸引力，旅游资本决定了旅游资源的开发和配套产业设施的建设，旅游人才决定了旅游服务的质量和旅游生产的效率，信息技术影响了游客旅游体验和旅游经营模式。这些要素对于旅游竞争优势的塑造至关重要，具体的分析将在第 2 章中展开。然而，这些要素除了在市场经济体制下，通过"看不见的手"进行资源配置，也会受到政策的激励和限制。旅游产业政策不仅主导了一些资金、人才的流动和配置，也通过对旅游市场环境、发展环境等方面的调控，影响了投入要素的经济转换效率。

然而，不同区域之间，社会经济发展阶段不同，经济发展结构有所差异，旅游产业发展环境有所差异。即便是相同的旅游产业政策，也会因为不同区域的旅游产业在地区经济结构、产业发展情况、旅游资源禀赋等方面的差异，产生不同的政策效果，造成了地区之间的不平衡、不充分发展。旅游产业的发展和旅游产业政策的效应因时制宜、因地制宜。不仅如此，由于旅游产业政策的发布情况、政府服务效率存在差异，以及旅游资源条件等存在地区异质性，在地区旅游政策改良优化的过程中，我们不仅要借鉴全国层面的经验，也要考虑自身的特点。地区旅游产业对当地旅游政策的正确把握及运用，能够增强旅游产业的发展优势。

1.4 旅游产业政策经济效应理论

旅游产业政策通过对旅游市场失灵的纠正和对旅游发展方向的引导，

促进了旅游产业发展。制定旅游产业政策需要有科学基础和科学过程，政策实施过程中要进行有效监管，政策实施后要对效应进行分析和改进。要想实现旅游产业政策研究的科学化，应该明确政策发挥经济效用的原理，以此为政策设计和政策内容的理论基础。同时，不同类型、不同地区和不同时间下的产业政策存在效用异质性，找到异质性原因是实现精确、有效改良政策的现实基础，也是地方借鉴全国政策经验时需要重要考量的因素。

本研究贯穿了政策设计、政策出台、政策实施、政策监管和政策改良的全过程，按照"政策体系分析 – 政策经济效应分析 – 以上分析在湖北省的具体应用"的逻辑框架展开，并以实现全国层面和湖北省层面的政策决策科学化为重要研究目标。因此，需要明确政策发挥经济效应的理论支撑，以此为政策内容设计、政策体系分析的科学基础；需要明确政策效应异质性的产生原因，以此为政策改良和政策应用的基础。

1.4.1 政策发挥经济效应的理论支撑

政策有效性理论

公共政策学认为，政策的实施能够产生社会效果。在政策科学研究中，政策的有效性以纠正市场失灵为依据，是政策产生社会经济效应的基础（胡炳志等，2002）。自由竞争状态下，由于信息不对称等原因的存在，导致市场不能实现资源的最优配置（约翰，1988）。旅游产业政策可以帮助相关机构纠正信息不对称、负外部性和旅游公共物品等市场失灵问题（陈瑾玫，2007）。

信息不对称包括两个方面：一是从需求侧的角度，旅游者难以全面掌握旅游目的地的信息以及相关旅游服务的情况（匡林，1998），在价格、服务等方面和旅游中介、旅游供给方存在一定的信息差，导致旅游者无法依据效用最大化的原则作出最优选择。尽管互联网的普及一定程度上便利了旅游信息的传递，打破了旅游者在旅游过程中的被动接受者的地位，但是一方面旅游者只能直接接触到旅游产品的供应信息，无法直接获取旅游供应链更上端的信息；另一方面庞大的信息体量让旅游者难以充分阅览所有的旅游产品，造成了处理和分析信息的障碍。二是从供给侧的角度，旅游相关企业面对着日益更新的旅游需求和复杂多变的市场环境，难以全面和及时地获取完备的相关信息，对于旅游需求的掌握、旅游产品的开发、旅游发展的方向存在一定的理解偏差和时间滞后。信息的不对称问题难以通过市场调节解决，需要通过发布环境型政策来引导旅游产业的发展方向、发布供给型政策来建设更高速的信息化旅游网络、发布需求型政策来增加旅游者接触旅游产品的渠道。

负外部性，即旅游游览过程中产生了额外的成本，大于旅游企业的边际成本，且无法获取相应补偿，就产生了外部不经济（文彤，2011）。从旅游者的角度，旅游者在游览过程中的不文明行为和超过环境负荷的大量涌入可能会造成对旅游资源的破坏，但旅游景区难以对此追责或获取补偿，需自行承担修复成本。从旅游企业的角度，过度的开发和经营行为会导致旅游资源超过自身承载能力，旅游经营中也会产生环境污染（王莹莹等，2013）。这些负外部性的存在需要政府干预来纠正，例如，制定相应的游客行为守则来规范游客的旅游活动，对旅游开发商出台约束标准，对旅游企业进行价格指导和抽查，都能一定程度上纠正负外部性。

旅游公共物品，即具有非排他性和非竞争性的公共环境（汪戎等，2004）。具体而言，部分旅游基础设施的建设由政府提供，例如景区附近的公路、环卫设施、消防警卫等，这部分基础设施是旅游景区经营的必要保障，但是需要一定的成本去建设和维护。另外，旅游环境的保护和整治，包括环境绿化、容貌整治等私人经济主体往往不愿主动提供。除此之外，随着旅游模式的改变，互联网在旅游活动中的作用越来越重要，基础的信息化建设，包括移动信息基站的建设、光缆的布局都需要一定的成本。然而，这些具有非排他性和非竞争性的旅游公共环境的投入和维护需要较高的成本，所有企业都希望其他人来生产和提供这些物品，自己从中获利。这些"搭便车"的现象导致了公共物品的提供和维护必然需要政府的介入，通过发布供给型政策来提供旅游公共物品。

综上所述，本研究以政策有效性理论为依据，认为相应旅游政策的发布和实施可以通过纠正市场失灵，保障和促进旅游业的良性发展，进而产生相应的效应。在政策设计时，应以解决市场失灵为重要依据，发布科学的产业政策。

旅游主导的经济增长假说

"新增长理论"表明，出口可通过提高生产要素分配的效率并扩大其数量对经济增长做出相应的贡献（巴拉萨，1978）。国际旅游业也是出口的一种形式，外国游客产生旅游消费，会给本国带来收入（刘等，2019）。因此，基于上述研究，巴拉格尔等（2002）第一次正式提出旅游主导的增长假说（TLGH），这一假说理论上是以出口主导的经济增长假设（ELGH）的延伸。目前，实证研究的激增，验证了旅游业能够驱动经济增长，学术界基本接受了 TLGH 理论，并承认了国家经济能从旅游业中受益的基本结论。

首先，狭义来讲，旅游业创造了旅游产业的总产值，直观地对国民经济总量有所贡献；广义来讲，旅游业的发展还给其他产业的发展间接提供了机会，整体上、结构上提高了国内生产总值（布丽达等，2002）。事实上，旅游业可赚取大量外汇收入，保障本国的生产生活（麦金农，1964）。其次，为保障旅游业发展，能刺激基础设施的建设，萨凯（2009）指出，旅游业的发展促使机场、港口、饭店等设施的完善，这是主要的经济驱动力之一。再次，旅游业创造了不少就业机会，有利于收入的增加（安德里奥蒂斯，2002）。最后，旅游业的发展需要其他产业的支撑，能够间接刺激农业、制造业和服务业等行业的发展（塞尔纳特等，2012）。由于本研究主要从旅游产业政策的视角分析其经济效应，为使研究更具针对性且更符合研究逻辑，本研究考察的旅游经济增长，是指狭义的旅游经济增长，即旅游产业的经营发展所获得的增加值。然而，由于旅游产业增加值中劳动者报酬难以核算，当前的主流研究中多用收入法核算旅游产值（唐晓云，2007），即用旅游总收入来代替旅游产业的总产值，本研究将沿用这一思路。

因此，以旅游主导的经济增长假说为依据，本研究认为旅游产业的发展会产生经济效应。旅游产业政策通过纠正市场失灵以帮助旅游业更好地发展，进而产生经济效应，即旅游产业政策会产生经济效应。

1.4.2 政策效应异质性的产生

不同类别的政策中，针对的市场问题不同，解决了不同的产业发展问题，对旅游产业的经济发展产生了不同程度的影响。例如，环境型政策往往是对旅游发展指明方向、对旅游市场出台约束标准、对游客行为进行规范、对旅游企业进行补贴，以解决信息不对称和负外部性问题；供给型政策往往是提供资金投入和基础设施建设，解决旅游公共物品问题；需求型政策对旅游需求进行刺激，为游客提供了更多接触旅游产品的渠道，解决了信息不对称问题。不同类型的旅游产业政策由于解决问题的重要程度有所差异，产生了政策效用差异。

不同时间的政策中，由于所处的社会发展阶段不同，旅游产业发展的内生动力和外部环境有所差异，导致政策的敏感性有所变化。在人均可支配收入较低的社会阶段内，民众的旅游精神需求不高，导致政策对旅游产业的促进有限；在旅游基础设施尚且缺乏的社会阶段内，政策对于旅游产业的资金投入解决了旅游产业发展的症结问题，可能会起到显著效果。在不同的发展阶段内，由于内生动力和外部环境的差异，产生了政策效用差异。

不同地区的政策中，由于不同区域所处的社会经济发展阶段不同，导致旅游发展环境、旅游政策体系和旅游政策效率有所差异。即便是相同的旅游产业政策，也会因为不同区域的旅游产业在地区经济结构、产业发展情况、旅游资源禀赋等方面的差异，产生不同的政策效果，造成了地区之间的不平衡、不充分发展。

因此，对旅游产业政策经济效应的异质性分析至关重要。考察不同类别、不同时间和不同地区的旅游产业政策效益，有助于发掘政策发挥效应的规律，为政策改良提供了更精确的依据。不仅如此，地方政府明确政策效应的区域性差异，有助于在借鉴全国经验的同时，结合自身旅游产业发展特点，实现当地的旅游政策改良。

1.5 旅游产业政策的研究进展

1.5.1 旅游产业政策文献综述

旅游产业政策的研究是一个新兴的领域，由于政策空间的多样性、时效性和复杂性，目前尚未形成标准的研究框架。当前，国内外旅游产业政策的研究以定性研究为主，主要围绕旅游产业政策的功能和制定、旅游产业政策的演化发展以及各专项旅游产业政策研究展开。近年来，一些学者开始对旅游产业政策进行量化研究，主要集中在对旅游产业政策的综合评价和对旅游产业政策演进的量化分析上。

定性分析

① 旅游产业政策的功能与制定：旅游产业政策发挥了经济、社会、生态等方面功能，国内外学者证明了旅游产业政策的功能性和必要性。克里彭罗夫等（1982）指出不受政策限制的旅游业增长可能导致旅游业的经济效应被严重的社会劣势所抵消，因此相关规制是必要的；埃杰尔（1983）通过对《国家旅游政策法》的重要特征进行分析，指出旅游产业政策的功能性。我国学者在社会主义市场经济体制确立之后，开始逐步全面认识旅游产业中市场和政府之间的关系。张凌云（2000）指出适宜的政策是保障良好旅游市场环境和发展方向的重要因素；崔巍等（2008）认为政府机关对旅游经济的干预能够保障旅游市场的有序运行、维护旅游者的合法权益以及提高旅游业的整体经济效应。

② 旅游产业政策演化：众多国内外学者通过研究旅游产业政策的演化趋势，探索了旅游产业发展的阶段性规律。埃斯托尔等（2016）回顾了欧盟旅游政策的结构演变，认为政策遵循可持续性和单一市场的两个原则；阿杜（2018）对加纳旅游政策和发展规划的演化情况进行了分析，确定了加纳旅游产业政策发展的四个阶段，并分析了不同历史背景下政府政策干预旅游产业的特征；刘红梅等（2017）新中国成立以来我国旅游政策分为四个阶段，并对政策的数量、导向、工具类型的变化情况进行了描述分析。

③ 专项旅游产业政策：由于国家体制和所处发展阶段不同，国内外出台的专项政策侧重点不相同。国外学者的研究集中于旅游税收政策（詹森等，2002）、旅游财政政策（艾雷，1984）、旅游可持续发展政策（惠特福德等，2010）等方面；国内学者的研究主要集中于旅游扶贫政策（林丹等，2018）、旅游市场政策（龚金红等，2014）、旅游税收政策（计金标，2005）和旅游可持续发展政策（韩念勇，2000）等方面。

总体而言，定性研究的形式大多集中于对重要的旅游政策进行分析和解读，缺乏对整体政策结构的研究。

定量研究

① 旅游产业政策综合评价：旅游产业政策的实施是将政策理念转化为实践的过程（德雷奇等，2007），国内外众多学者对旅游产业政策进行了综合评价。亚内斯等（2019）建立了一套发展中国家社区旅游的政策评估框架；刘等（2012）通过网络分析确定安全环境、产业环境、经济环境和

旅游资源在旅游政策整体结构中的权重，采用多准则决策（MCDM）的方法来整体评估复杂的国家旅游政策。国内学者薛福根等（2013）从6个方面构建指标体系，对旅游政策的实施进行了评估；张辉等（2015）从供给侧和需求侧两个角度整体分析了中国旅游政策的矛盾，评估了旅游政策的特征和动向。总体而言，国内外学者的分析角度比较单一，很少有学者从政策目的、结构、内容和力度等方面进行全面复杂的评估。

② 旅游产业政策的演进：目前，国外这方面的量化研究较少，多以定性为主，随着旅游产业政策演化方面研究的深入，近年来国内众多学者开始引入量化分析的方法。唐晓云（2014）对中国旅游发展政策的历史演进进行量化研究，认为当前旅游政策的演化呈现资源配置市场化的趋势；胡北明等（2018）分析中国旅游产业70年以来的政策演进，认为我国旅游产业政策不断完善，实现了从政府主导到市场主导的转变，并指出对外开放和经济体制的改革是我国旅游产业发展的根本动力。

尽管近些年引入了量化研究方法，但是还是以定性分析为主，少数学者使用了定量研究的方法。同时，量化方法较为简单，多以描述性统计政策数量和词频统计为主，少有学者通过自然语言处理的方法分析政策内容的实质关联和变迁。旅游产业政策体系是复杂的系统空间，单纯的数量、机构、类型等方面的研究远远不够，这些角度的研究未能深挖政策内容、主题等和旅游业发展的逻辑关联。

1.5.2 旅游产业政策效应文献综述

旅游产业政策通过调节市场失灵，保障旅游业的有序运行并充分发挥社会、经济、生态、文化等方面的效应。可以说，产生相应的政策效应是旅游产业政策制定的目标。现有的旅游产业政策效应研究尚在起步阶段，研究内容大致可以分为旅游产业政策的作用机制和旅游产业政策的效应评估两部分。

旅游产业政策的作用机制分析

许多学者从政策改善、政策内容、政策对象等方面出发，探索了旅游产业相关政策发挥作用的机制，探讨旅游产业政策如何促进旅游产业的发展并发挥其他方面的效果。众多学者从旅游经济理论出发，通过文献分析、对比分析、案例分析等方法解释政策发挥效应的途径。部分学者对专项旅游产业政策的作用机制进行了研究，分析了特定旅游政策的影响力和变迁动因：法约索拉（1996）回顾了旅游政策的发展，指出当前的旅游政策通过促进市场细分、新技术的使用、产品的差异化和新的管理方式，实现了各类旅游产业目标；布拉秋克（2012）总结了西方国家旅游产业政策的制定经验，认为旅游产业政策通过经济－法律模式下的公私合作机制发挥着重要作用。

随着研究的深入，一些学者开始利用实证分析的手段，验证旅游产业政策的作用途径，但相关的实证研究还是较为缺乏。黄等（2015）通过量化指标，认为韩国乡村政策能够通过调整内部竞争力和提高人力资源水平等路径；卡曼等（2020）使用系统广义矩法估计空间交叉回归模型分析欧盟旅游政策对区域凝聚力的影响；唐（2021）利用中介效应模型，探索了旅游一体化政策对旅游产业融合的作用途径，指出了提高行政效率、优化资源配置等途径；王慧娴等（2015）利用空间计量模型分析旅游政策在空间层面的作用机制。总体而言，当前对旅游产业政策作用机制的分析以定性分析为主，且具有逐步转向定量分析的研究趋势。并且在定量研究中，其研究对象往往是政策数量或是主观性的政策得分，缺乏统一的政策指标量化标准。

旅游产业政策的效应评估

产生政策效应是旅游产业政策制定、发布和实施的最终目的，对旅游产业政策的效应评价显得尤为重要。国内外许多学者从旅游产业政策有效性检验的角度对旅游产业政策的实施效果进行了评价，迈克尔等（1989）使用绩效分析法对旅游政策的效用进行评价，并指出绩效分析法的适用性；孟等（2013）运用可计算的一般均衡（CGE）模型指出新加坡旅游业的非凡表现主要归功于积极的旅游政策，其中旅游消费税扣除和旅游活动补贴是最有效的；阿雷瓦洛（2021）使用时间序列模型，指出了哥伦比亚国家对旅游产业政策的良好管理使政策的有效性得以充分发挥；薛福根等（2013）通过构建评估区域旅游政策效应的线性指示函数，从经济、社会、生态等多个方面对政策有效性进行了评估；生延超等（2020）通过建立旅游投入产出函数，研究了旅游产业政策的投入对旅游产业发展的影响，验证了其有效性。

事实上，大部分学者对旅游产业政策的效应考察还是集中在经济效应上。究其原因，一方面，大部分旅游产业政策的政策目的之一是旅游经济的增长；另一方面，旅游产业政策的经济效应是直观和容易量化的。然而，在国内外的旅游产业政策研究中，政策的经济效应尚未形成标准的研究框架，现有的研究多将旅游经济情况和宏观经济状况的改变作为评估旅游产业政策经济效应的依据（迪根等，2000），或是研究一些不以旅游经济发展为目标的专项旅游政策对旅游产业和宏观经济的影响（瑞恩等，2002）。例如，迪克等（2003）分析了旅游业政策的经济效应，认为旅游政策中，明确的旅游发展目标和国家调控鼓励措施给旅游业提供了有力的市场环境和战略资源，发展了旅游经济；谭娜等（2021）指出，文化旅游政策对国内旅游经济增长的带动作用明显。总体而言，当前学者认为旅游产业政策会产生一定的政策效应，但是现有的研究侧重于旅游产业政策产生政策效应的理论分析和原理介绍，或者关注于政策实施前后的现状对比，较少有文献将旅游产业政策进行客观全面的量化，关注政策变量对经济、社会、生态的直接影响。

1.5.3 研究述评

综合当前的研究来看，虽然学界从 20 世纪 80 年代就开始关注旅游产业政策及其效应的研究，从政策功能、政策制定、政策演化、专项政策和效应评估等方面，初步建立了研究框架。但实际上，诸多研究都存在研究对象单一、研究方法局限、研究深度不足、研究应用缺失的问题。总体可以归纳为以下几点。

第一，旅游产业政策数据难以全面获取，导致研究多以专项政策研究和定性分析为主。旅游产业政策数量庞大，涉及的维度较多，并且包含不同的政策工具类型、不同作用对象、不同发展阶段、正向激励和逆向限制等不同形式、不同类型的政策，已经发展成为一个复杂的政策系统。旅游产业政策发布零散，涉及多个部门，完整的搜集具有一定的挑战。当前政策的选择大多数由学者人为筛选，具有一定的主观性。由于数据的缺失，当前的旅游政策研究中，研究对象多以专项政策为主。不仅如此，在政策数据有较大幅度缺失的情况下，对于政策体系的结构、数量和内容方面的挖掘就是不完全的，量化分析方法就没有太大意义。因此，当前的研究方法以内容分析法、关联分析法等定性方法为主，定量方法也局限于评价体系、网络分析等方面。

第二，政策数据向实证模型转化的机制尚未统一，限制了实证方法在此领域的应用。在分析旅游产业政策内容、演化、机制的基础上，部分学者开始关注旅游产业政策的政策效应，尤其是经济效应。在旅游产业政策效应的研究中，部分学者从理论分析的角度对旅游政策的作用机制进行分析，也有学者利用定性和定量的方法对旅游产业政策的效应进行评估。在效应的实质研究中，研究思路大致分为两类：一类将政策的实施看作状态的分界，用双重差分或准自然实验的方法分析政策实施前后的差异来分析政策效应。另一类将旅游产业政策处理成连续变量，以政策数量等指标作为自变量，建立计量模型。然而，当前的研究并未建立政策文本数据向数值数据转换的统一机制，选择的替代变量具有一定的主观性或片面性，政策数据的性质也会限制实证模型的选择。

第三，政策效应的实证研究大多停留在政策有效性的验证上，导致了研究结论的单薄。政策数据和政策变量的处理进一步导致了研究角度的局限，在现有的实证研究中，多以验证和评价政策的有效性为主。这也导致了许多问题的遗留，例如，各类政策的优势和不足分别是什么？地区之间的政策效应是否存在异质性？不同社会环境和发展阶段下政策是否发挥同样的作用？这些问题的解决，能够细化政策的作用效果，为政策体系的优化以及政策之间的协调实施提出更精准的意见。

第四，政策效应的研究结论停留在理论层面上，缺乏具体的应用案例。政策效应研究结论的单薄使研究结论停于表面，未能发现新的现象规律，由此给出的政策建议不新颖、不丰满，不能多方面地解决现实问题。换言之，研究结论在被应用时，缺乏具体化的转变途径。例如，全国层面上的政策效应在地方是否适用？具体的某个政府是否能够利用全国产业政策体系的空间联动效应解决自身旅游发展问题？是否能以政策效应的研究为依据，为地方旅游产业的竞争力铸造提出具体实施细则？这些问题的研究，为产业政策研究的理论分析和实践应用搭建了桥梁，给出了产业政策的理论研究向具体案例应用的示范，切实体现了产业政策研究的现实意义。

本研究追求解决重大世界发展问题，力争理论研究、量化统计方法和实际应用的创新，具有重大意义：先从旅游产业政策本身出发，在尽可能全面地还原描述我国旅游产业政策体系的基础上，建立客观的政策力度测算体系，将政策作为连续变量加入实证模型中进行效应探究。在政策的经济效应的探究中，建立合适的计量模型，分别从类别层面上、空间层面上和时间层面上对旅游产业政策的经济效应进行纵深探索。最后，探索产业政策效应研究的现实应用，以湖北省为例，综合全国层面和省份层面的对比研究，实现产业政策从整体到具体的成果转换。

1.6 产业政策研究中的现代化方法

利用现代统计技术突破政策数据瓶颈是旅游政策评价从代表性政策向旅游政策体系分析升级的根本要素。旅游产业政策及其效用研究意义重大，采用合适的方法是基础。产业政策研究中，由于政策数据以文本形式存在，且数量庞大、分布零散，采用传统的统计方法，难以全面获取政策数据，进而无法精确地解析政策体系，更难有效地测度政策效应。因此，以往的产业政策研究中，在政策数据获取、政策体系分析和政策效应分析上，往往存在着研究对象单一、研究方法局限、研究深度不足的问题。采用现代化统计、经济和计算机方法，能一定程度上破解这些问题，主要体现在以下三个方面。

第一，产业政策数据获取方面。旅游产业政策数量庞大，涉及的维度较多，并且包含不同的政策工具类型、不同作用对象、不同发展阶段、正向激励和逆向限制等不同形式、不同类型的政策，已经发展成为一个复杂的政策系统。旅游产业政策发布零散，涉及多个部门，完整的搜集具有一定的挑战。因此，当前的产业政策研究中，研究对象大多以专项政策为主，或是由学者主观筛选具有代表性的政策。在政策数据有较大幅度缺失的情况下，对于政策体系的结构、数量和内容方面的挖掘就是不完全的，无法形成系统的政策研究。采用现代化统计和计算机方法，例如数据爬取技术，能够高效地对相关的政策网站进行网罗式的信息搜索和下载，比较全面地获取各级政府单位公开发布的产业数据。不仅如此，采用数据爬取技术获取的文本数据字段比较齐全，包含政策的标题、政策发布单位、政策效力等级、政策发布时间、政策正文内容等信息，能够更深层次的分析政策关联。

第二，产业政策体系分析方面。囿于能获取的旅游产业数据的局限性，当前的研究以定性分析专项政策和从经济学的理论角度分析筛选出的一系列政策数据为主，缺乏以产业体系为对象的系统性分析。因此，当前对政策体系和政策内容的研究中，采用的方法多为描述性统计或简单的内容分析法、关联分析法等定性方法，采用的定量方法也局限于评价体系、网络分析等方面，对政策体系和政策内容的内在联系的挖掘不够彻底。采用现代化统计和计算机方法，例如自然语言处理技术，能够对大量的政策文本进行批量化处理，挖掘旅游产业政策空间的内在主题关联和语义联系，相比于定性分析和单元编码德尔菲法等传统的定量分析要更加高效、客观和全面。

第三，产业政策经济效应探索方面。政策数据的性质为文本数据，探索其政策效应时，需要建立一套科学的政策变量向计量模型的转换机制。在当前政策效应的研究中，研究采用的经济学方法大致分为两类：一类是将政策的实施看成状态的分界，用双重差分或准自然实验的方法分析政策实施前后的差异来分析政策效应。另一类将旅游产业政策处理成连续变量，以政策数量等指标作为自变量，建立计量模型。针对不同类型的政策研究对象，采用的现代化经济模型有所差异，以得到合理的结论。事实上，当前学术界对政策文本数据数值化的方法一直存在争议，当前的研究并未建立政策文本数据向数值数据转换的统一机制，选择的替代变量具有一定的主观性或片面性。采用合理的现代化方法，可以一定程度上客观的显示政策差异，得到精确的政策效应结论。

基于此，本研究致力于解决上述研究问题，采用以下现代化技术方法：

数据爬取技术

网络爬虫（Web crawler），是一种按照一定的规则，自动抓取网络信息的程序或者脚本。这一计算机技术可以自动采集所有其能够访问到的页面内容，以获取目标网站上的数据信息，并根据程序命令不断链接到其他指定的网站上获取目标数据。具体而言，传统爬虫技术，是从一个或若干初始网页的统一资源定位系统（URL）开始，获得初始网页上的 URL，在抓取网页的过程中，不断从当前页面上抽取新的 URL 放入需要抓取的队列中，直到满足设定的停止条件。聚焦爬虫技术的工作流程较为复杂，根据一定的网页分析算法过滤与主题无关的链接，保留有用的链接并将其放入等待抓取的 URL 队列，随后根据一定的搜索策略从队列中选择下一步要抓取的网页 URL，并重复上述过程，直到达到设定的条件时停止。另外，所有被爬虫抓取的网页数据将会被系统存贮，进行一定的分析、过滤，并建立索引，以便之后的查询和检索。一个完整的爬虫一般会包含三个模块：网络请求模块、爬取流程控制模块和内容分析提取模块。

文本挖掘技术

在旅游产业政策的量化分析中，政策数据的格式为文本型数据，对旅游产业政策的结构、内容和主题等进行解析依赖于文本挖掘技术。文本挖掘技术（Text Mining）是自然语言处理（NLP）的一个分支，是利用神经网络、聚类分析和可视化等多种手段，对文本的标识及其特征项的提取，进而对文字内部的信息进行提炼和处理的方法。旅游产业政策体系是一个涉及多时间、多角度、多主体、多类型、多方面的复杂空间，属于非结构化的文本信息。在获取政策文本数据后，应在原始文本语料上进行预处理，进行标记化和归一化处理，随后利用合适的文本挖掘方法，对文本数据进行模型搭建和可视化处理。本研究将利用主题词模型量化分析政策内容和政策主题关联。

主题词模型

主题词模型将用于对旅游产业政策内容的分析，包括旅游产业政策的主题、演化、关联等。主题词模型（Latent Dirichlet Allocation）可用于识别大规模语料库中所潜藏的主题信息，得到每个文档的主题分类概率。通过主题词模型，本研究可以对旅游产业政策体系的主题进行分类，并将每一年的政策主题强调进行演化分析，分析旅游产业政策的侧重点和变化趋势。

计量经济方法

计量经济方法是基于经济理论和客观统计数据，利用统计学方法，建立模型定量分析和验证经济关系的方法。在当前大多数政策效应的实证分析中，由于政策数据的特殊性，对政策变量的处理有两种：一种将政策的实施看作不同状态，采用双重差分模型分析政策实施前后差异；另一种将政策处理成连续变量或虚拟变量，采用各类型计量模型对其进行分析。本研究以整体的政策体系为研究对象，致力于多角度的研究产业政策效应，因此，根据政策变量的特点和每个层面的研究目的，本研究将利用普通面板模型、空间面板模型和状态空间模型多角度分析旅游产业政策的经济效应。

◎ 普通面板模型

普通面板模型（Panel Model）应用于本研究中的3个章节中。第4章中，将构造旅游总收入和旅游资本、旅游资源、旅游劳动、信息技术、旅游政策之间的经济模型，并建立普通面板回归模型，以验证旅游产业政策的有效性。第 5 章中，普通面板模型将用于进一步分析不同类型旅游产业政策的经济效应差异；第 6 章中，普通面板模型将用于对不同地区的政策效应的异质性分析。

◎ 中介效应模型

中介效应模型（Mediating Effect Model）将用于探索旅游产业政策的效应传导机制，以分析旅游政策经济效应的路径。中介效应模型是目前社会科学领域使用较多的机制分析工具，能够有效分析旅游产业政策作用的渠道机制，一定程度上打开了政策作用的黑箱，有助于更充分的了解旅游产业政策的传导机制。

◎ 空间面板模型

空间面板模型（Spatial Panel Model）将用于空间层面上的纵深研究，以分析旅游产业政策的空间溢出效应。由于旅游具有位移性，旅游生产要素具有流动性，旅游产业政策具有示范性，无法忽略空间效应的存在。因此，在验证空间自相关性存在的基础上，以旅游政策力度为核心解释变量，以其他要素为控制变量，考虑空间效应的影响。

◎ 状态空间模型

状态空间模型（State Space Model）将用于时间层面上的纵深研究，以动态估计不同时间下的经济效应。该模型运用卡尔曼滤波的迭代算法，将不可观测因素的影响过滤，能够估计多变量对旅游收入的动态影响效应。状态空间模型将用于分析各个年度中政策力度和其他旅游生产要素对旅游收入的动态影响，以深入探索各年度政策效应差异的原因。

◎ 变系数面板模型

变系数面板模型（Variable Coefficient Panel Model）将用于湖北省的应用研究中，通过分解每个省份的政策经济效应系数，估计湖北省的政策经济效应系数。该方法允许回归方程中每个个体斜率不同，可以将旅游产业政策的经济效应的差异精确到每个省份。

◎ 比较分析方法

比较分析方法面对多个研究对象，通过各研究对象之间的对比分析，寻找相似性或差异性。本研究还将对不同政策工具类型下、不同地区之间、不同时间阶段里的政策经济效应差异进行比较分析，试图找到不同政策类型、不同地区和不同时间阶段的政策特点、演化规律，更清晰地揭示政策与产业发展关系，进而结合当前的旅游发展特点和外部经济规律给出合理的政策建议。

除此之外，本研究以全国的旅游产业政策为研究对象，分析区域旅游竞争优势铸造的政策原因，落脚于湖北地区的旅游对策研究，将对比分析湖北省旅游产业发展和全国旅游产业发展、湖北省旅游产业政策效应和全国旅游产业政策效应的差异，从中寻找借鉴依据，以促进湖北省旅游产业发展。

第二部分
旅游产业政策体系分析

　　旅游产业政策是旅游产业发展的风向标，是连接国民经济整体战略和旅游产业发展的传送带，旅游产业政策具有重要的作用和地位。研究旅游政策及其政策效应是实现旅游政策决策科学化、实现旅游业拉动国内消费大循环的重要途径。

　　本研究的第一部分将对旅游产业政策体系进行分析。旅游产业政策体系的分析包括：（1）旅游产业发展现状及旅游产业政策的定性分析；（2）利用文本挖掘技术对旅游产业政策体系的数量、结构、内容和力度方面的量化分析。这一部分将尽可能全面的获取2000—2020年我国各个地区、各个级别、各个类型的旅游产业政策，以全面系统的对旅游产业政策体系进行深入分析。深入剖析各阶段、各地区、各类型的旅游产业政策发布情况和实施情况，能够揭示我国旅游政策的演化趋势，并科学系统地了解我国旅游产业的发展逻辑和阶段特点。

第 2 章

旅游产业发展及其政策现状

本章节分析了旅游产业的发展和旅游产业政策的现状，解析了我国旅游产业发展的生产要素，并系统性地介绍和分析了我国旅游产业政策体系。首先，以时间为轴线，分析各个阶段的旅游产业特征和旅游经济发展趋势，并介绍我国当前重点发展的旅游形式；其次，以旅游生产函数为依据，介绍和解析了当前旅游经济发展的生产要素，为后续的实证分析提供了理论依据；最后，从定性角度对当前我国的旅游政策体系进行介绍性分析，从不同政策工具类型的角度，围绕着旅游产业的政策体系"是什么""有哪些"的问题进行了深入说明和分析。

2.1 旅游产业发展现状分析

2.1.1 旅游产业发展趋势

随着中国经济进入新常态，许多行业都面临生产过剩和增速放缓的问题，但旅游业保持着蓬勃发展的态势。根据世界经济论坛（WEF）的《2024年旅游业竞争力报告》，在全球旅游业竞争力方面，中国旅游业的排名从2007 年的第 71 位上升到 2024 年的第 8 位，成为世界旅游格局中的重要力量。在形成最大的国内旅游市场之后，中国的入境旅游也保持在世界前列。尽管受到新冠疫情的影响，各类封锁和出行限制政策给全球旅游业的发展带来了前所未有的打击，但得益于中国政府以人民为中心的抗疫理念，国内旅游业在 2020 年下半年开始稳步复苏，国内旅游业发展的基本面并未改变。

我国旅游业发展具有以下趋势：

新冠疫情前，国内旅游市场持续高速增长，入境旅游市场稳步发展。2019 年全年国内游客 60.1 亿人次，比上年增长 8.4%；其中，城镇居民44.71 亿人次，增长 8.5%；农村居民 15.35 亿人次，增长 8.1%。国内旅游收入 5.73 万亿人民币，增长 11.6%。其中，城镇居民花费 4.75 万亿元，增长 11.5%；农村居民花费 0.97 万亿元，增长 12.1%。同时，从 2011 年到

2019 年，国内旅游人均消费从 731 元持续增长到 953 元 [①]。入境旅游市场方面，根据统计局、文化和旅游部公布的统计数据，2019 年，入境外国游客人数 1.45 亿人次（含相邻国家边民旅华人次），从 2008 年到 2018 年，中国的国际游客人数排名保持稳定。国际旅游收入达 1313 亿美元，比上年增长 3.3% [②]，中国的国际旅游收入排名也不断上升，在全球的比重不断上升。（见图 2-1、图 2-2）

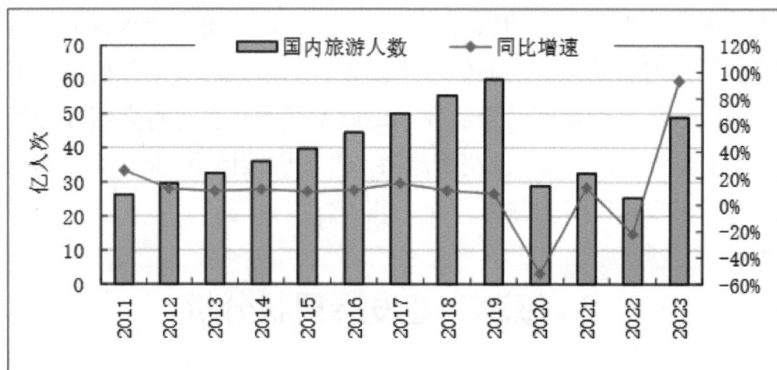

图 2-1 2011-2023 年国内旅游人数及增长率变化趋势

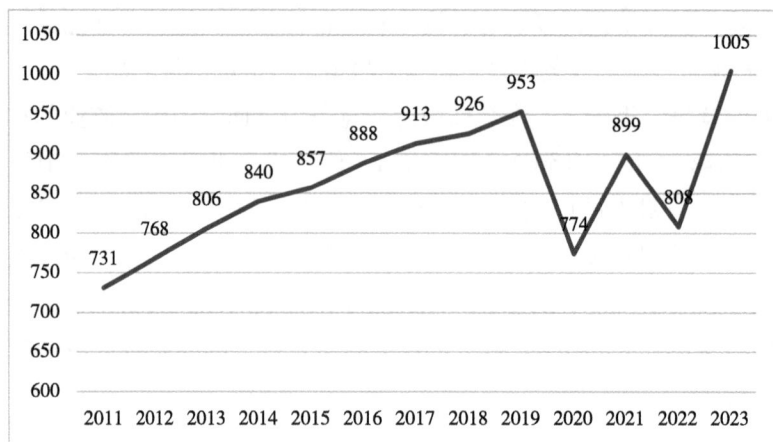

图 2-2 2011-2023 年国内旅游人均花费变化趋势

新冠疫情后，国内旅游市场稳步复苏。2020 年国内旅游收入 2.23 万

---

① 数据来源：《中国统计年鉴（2021）》，国家统计局。

② 数据来源：《2019 年旅游市场基本情况》，中国旅游研究院。

亿元，比 2019 年减少 3.50 万亿元，同比下降 61.1%[①]。其中，城镇居民下降 62.2%，农村居民下降 55.7%。同时，2020 年的人均旅游花费也有所下降：国内旅游人均花费 774.14 元，同比下降 18.8%。其中，城镇居民人均花费 870.25 元，下降 18.1%。农村居民人均花费 530.47 元，下降 16.4%[②]。为应对新冠疫情给旅游业带来的挑战，各政府部门通过补贴、惠税、融资等纾困政策，使得国内旅游的降幅逐步收窄。2021 年后，在新冠疫情在整体高效控制、局部零星散发的情况下，旅游市场的复苏存在较大压力，但是整体而言相对乐观。一方面，尽管入境旅游市场无法开放，但新冠疫情下出境旅游的消费者转化成为国内旅游的消费者，疫情封锁时期积蓄的旅游意愿在高效抗疫的背景下得以释放，使得旅游业保持了恢复性的增长态势；另一方面，在疫情暴发期间，众多旅游企业抓住数字化转型机会，催生了线上化、体验化、远程化的沉浸式旅游场景延伸服务，打破了旅游的地理限制，为旅游产业的发展提供了新的契机。在旅游产业数字化转型和旅游需求集中释放的背景下，国内旅游市场呈现阶段性的复苏和波段性的回暖态势。据统计，2023 年国内旅游人数为 48.91 亿人次，同比增加 93.3%，已经整体上恢复至 2019 年同期水平的 80% 以上[③]；2023 年国内旅游收入为 4.91 万亿元，同比增长 140.3%，增幅显著，已经整体上恢复至 2019 年同期水平的 85% 以上[④]。

总体而言，我国国内旅游和入境旅游市场（新冠疫情前）呈现总体上涨的发展趋势，旅游产业经济的增长速度明显高于我国整体经济增速，随着对新冠疫情的有效控制和免疫屏障的逐步建立，2021 年旅游产业开始稳步回暖，蕴藏着巨大的发展潜力。新冠疫情对旅游业造成了极不稳定、极难预测的外部发展环境，一定程度上说明了旅游产业内部缺乏韧性，旅游产业的结构还有待进一步优化，旅游企业的抗风险性有待提高，旅游产品的灵活性和适应性不足，需要相应的旅游产业政策为旅游企业纾困、为旅游产品指明发展方向、为旅游市场提供充分的保障，旅游产业政策具有重

[①] 数据来源：《中国统计年鉴（2021）》，国家统计局。

[②] 数据来源：http://zwgk.mct.gov.cn/zfxxgkml/tjxx/202102/t20210218_921658.html，文化和旅游部。

[③] 数据来源：https://zwgk.mct.gov.cn/zfxxgkml/tjxx/202402/t20240208_951300.html，文化和旅游部。

[④] 数据来源：《2024 中国旅游行业发展报告》，国家信息中心中经网。

要的意义和作用。

2.1.2 旅游产业结构差异

近些年，我国经济结构和经济特点发生了重要改变，与之对应的，人民对幸福生活的追求有不同的理解。随着乡村振兴战略、区域协调发展战略等战略的全面推进，旅游市场的客源和目的地的城乡结构、地域结构等呈现出较大的变化，值得探究。

（1）城乡结构

从城乡划分来看，目前城镇居民是主要的客源市场，且城镇居民的出游人数近年来均在稳步提升。（见图 2-3）乡村振兴战略的逐步推进让农村居民有了更稳定的收入来源，也催生了农村居民享受生活、追求幸福的旅游需求，农村居民的出游人数逐年稳步提升。

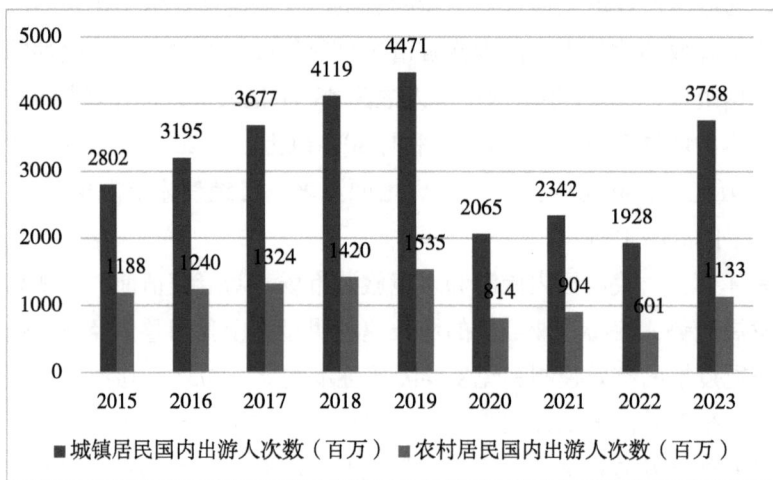

图 2-3 2015-2023 年城镇居民和农村居民出游情况

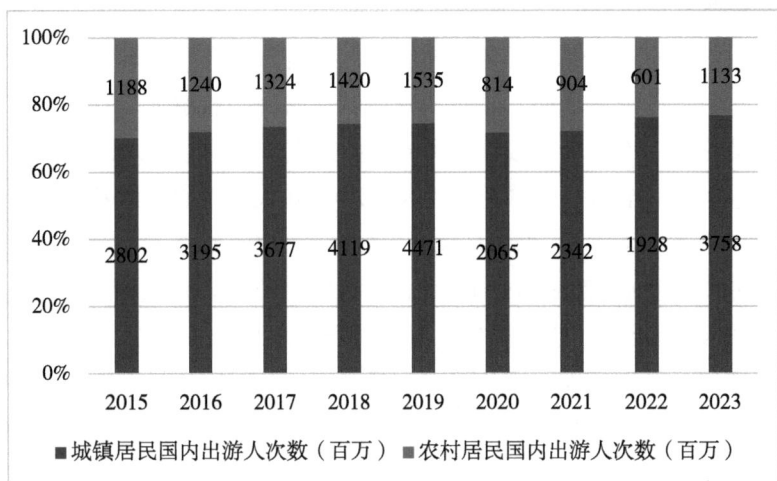

图 2-4　2015-2023 年城镇居民和农村居民出游人数占比

图 2-3 和图 2-4 反映了 2015-2023 年城镇居民和农村居民出游人数和比重的变化[①]。新冠疫情前，城镇居民和农村居民的出游人数逐年上升，城镇居民的增幅更大，导致农村居民的出游比例逐年减少。这可能是因为城镇居民对旅游等精神消费的关注度更高，拥有更高的参与度。同时，随着城镇化的推进我国城镇人口在不断增加，乡村人口在向城镇人口转化。新冠疫情后，农村居民的出游比例提高，这可能是对人口密集程度的城镇地区进行出行管控所导致的。2022 年后，新冠病毒感染被纳入"乙类乙管"，城镇居民的出行比例随之提高。

城镇居民的出游人数占比稳定在总人数的 73% 左右，明显高于城镇人口的总人数占比 63.6%[②]，说明乡村人口出游比例与城镇人口出游比例有显著的差距。总体而言，农村居民是旅游产业发展的重要潜在市场，其出游潜力有待进一步的发掘。要想刺激农村居民的旅游消费，一方面需要旅游产业开发更具针对性的旅游产品、打造更稳定的旅游市场，提高旅游活动对农村居民的吸引力；另一方面需要引导农村居民自发产生旅游意愿，通过旅游补贴、门票减免、宣传引导等手段鼓励农村居民进行旅游活动。当然，

[①] 数据来源：https://zwgk.mct.gov.cn/zfxxgkml/tjxx/202402/t20240208_951300.html，文化和旅游部；《中国统计年鉴（2023）》，国家统计局。

[②] 数据来源：《第七次全国人口普查公报（第八号）》，国家统计局。

这些都需要配套的旅游产业政策出台。

图 2-5 反应了城镇居民和农村居民的人均旅游花费情况，在新冠疫情暴发之前两者均稳步增加。显然，当前城镇居民的旅游人均花费显著高于农村居民花费。2023 年，城镇居民的旅游人次占国内旅游人数的 76.84%，且旅游总花费占全部居民总花费的 85.09%，其人均每次旅游花费是农村居民的 1.71 倍[①]。这表明，城镇居民和农村居民的旅游情况存在明显差异，不仅体现在出游比例等数量指标上，也体现在旅游花费等质量指标上，呈现出明显的城乡二元结构特征。造成这种差异的原因，一部分是内生性的，城乡的经济差异和收入差异从根本上限制了农村居民的旅游购买力；另一部分是外部环境决定的，旅游对于城镇居民的友好性大于农村居民，例如，农村的交通便利性不如城镇，一定程度上限制了农村居民的活动。因此，农村居民和城镇居民在旅游目的和旅游花费结构上也有所差异。

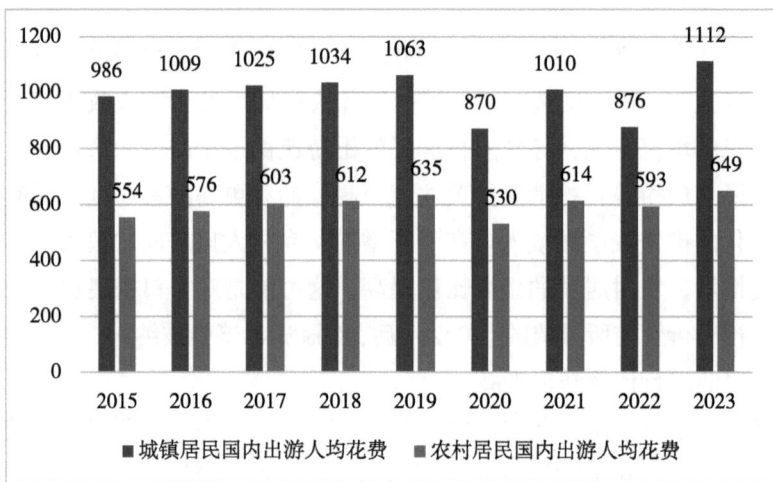

图 2-5 2015-2023 年城镇居民与农村居民旅游人均花费情况

图 2-6 和图 2-7 分别反映了 2019 年城镇居民和农村居民的出游目的结构[②]。数据显示，城镇居民和农村居民的主要旅游目的相同，均以探亲

---

① 数据来源：https://ceidata.cei.cn/db/，中经网统计数据库。

② 数据来源：《中国国内旅游发展年度报告 2021》，中国旅游研究院。该报告是中国旅游研究院 2020 年在全国范围内的抽样调查，调查结果于 2021 年 9 月公布。在后续年份的《中国国内旅游发展年度报告》中，中国旅游研究院并未继续关于出游目的结构和消费结构的调查。因此，2019 年的数据为这两项指标目前可获得的最新数据。

访友为主要出游目的，其中城镇居民该目的出游占比为 30.0%，农村居民的该目的出游占比为 37%；其次是以观光游览为旅游目的，其中城镇居民该目的出游占比为 28.8%，农村居民的该目的出游占比为 23.9%。文娱体育、养身疗养等其他目的仅占城镇居民和农村居民出行目的的极小部分，这说明尽管人民生活水平的提高催生了更多的精神需求，但是人民对旅游的了解还停留在传统的观光、休闲、消遣层面。当前，为了统筹旅游产业和其他产业的融合发展，我国各部门出台各类政策，引导旅游产业向全域旅游的大旅游模式发展，鼓励旅游产业不断突破当前的观光模式，创造新业态。未来，随着人本素质的不断提升，游客将不再满足于对风光的单纯欣赏，还想了解和学习背后的文化典故、天文地理、地质地貌、科学实验、科技博物等知识，因此研学游、文化旅游、农业旅游、养生旅游等多种旅游生态将逐步兴起，在游客出游目的的占比也将逐步提高。

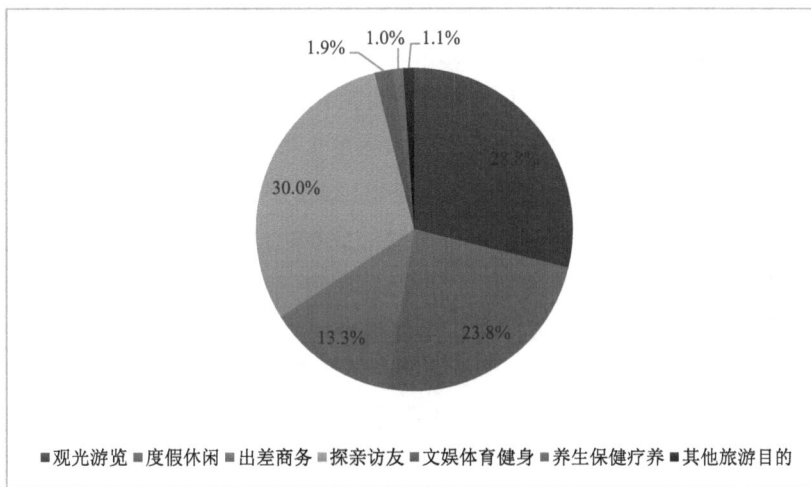

图 2-6　2019 年城镇居民旅游目的结构图

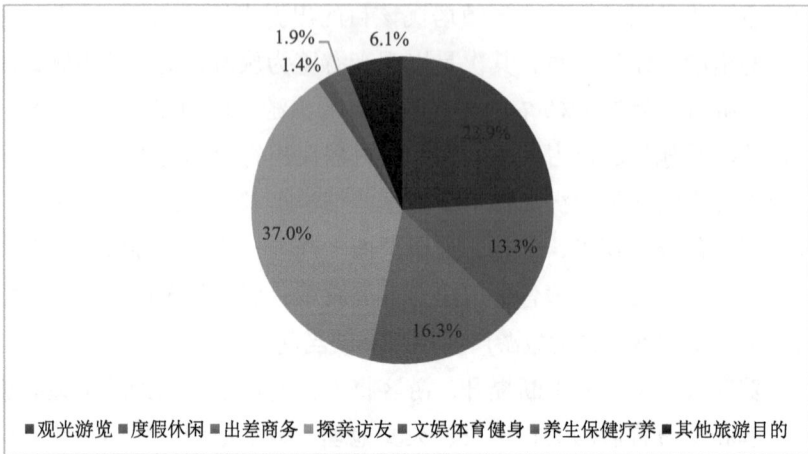

1.9% 6.1%
1.4%
22.9%
37.0%
13.3%
16.3%

■观光游览 ■度假休闲 ■出差商务 ■探亲访友 ■文娱体育健身 ■养生保健疗养 ■其他旅游目的

图 2-7 2019 年农村居民出游目的结构图

城镇和农村居民的旅游花费也有一定的差异，但结构大致相同。图 2-8 和图 2-9 分别显示了 2019 年城镇和农村居民在旅游活动中的花费构成。当前，城镇和农村居民在交通上花费最多，分别高达 34.3% 和 32%，其次是餐饮和住宿费用，相比之下，和游览直接相关的费用占比较少。事实上，这一部分不与游览直接相关的费用很大程度上影响着旅游目的地的选择，也影响着旅游意愿。未来，随着基础建设相关的产业政策出台，高铁网络、公路网络、客运枢纽会进一步建设，交通成本可能会显著降低；随着旅游市场监管和旅游企业补贴类型的产业政策出台，住宿费和餐饮费可能会减少，这些对游客的出游积极性有正向促进作用。

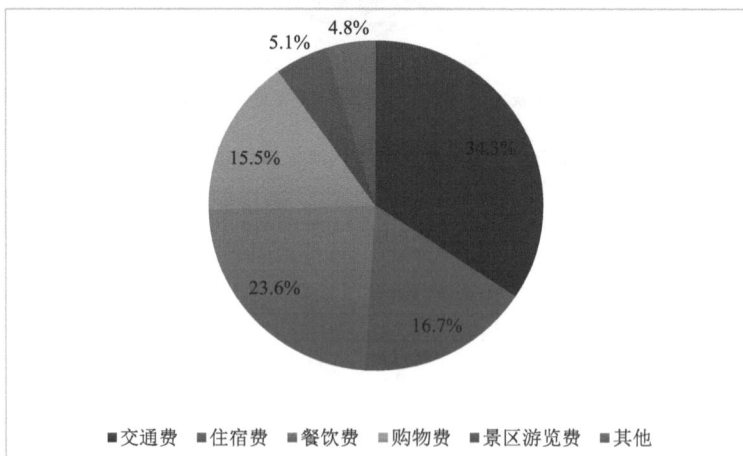

5.1% 4.8%
15.5%
34.3%
23.6%
16.7%

■交通费 ■住宿费 ■餐饮费 ■购物费 ■景区游览费 ■其他

图 2-8 2019 年城镇居民旅游消费结构

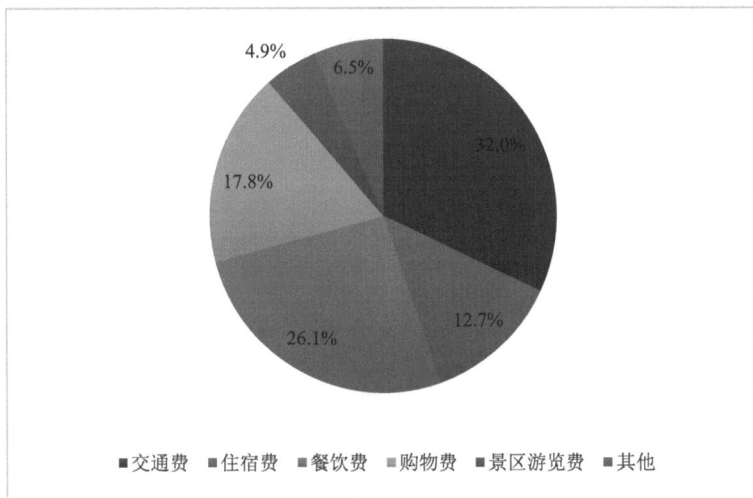

图 2-9 2019 年农村居民旅游消费结构

（2）区域结构

从客源市场的区域分布特征来看，2021 年东部地区占据了 51.44% 的国内旅游客源市场，西部地区占据了 24.47%，中部地区占据了 21.57%，而东北地区仅占 2.52%[①]。究其原因，一方面，各地区总人口数量有所差异，根据第七次人口普查数据，东部地区人口较多（39.93%），东北地区人口占比较少（6.89%）；另一方面，各地区的经济发展有所差异，东部地区的经济发展水平较高，居民生活水平较高，对应的出游需求越大，因此出游人数占总人口比重较大，导致东部地区成为最大的客源市场，反之，东北地区亦然。图 2-10 显示了 2021 年各经济区域的客源市场规模情况。

[①] 数据来源：《中国国内旅游发展年度报告（2022-2023）》，中国旅游研究院。后续年份的《中国国内旅游发展年度报告》中，不再按"四大经济区域"来划分客源市场，按省份来划分市场。因此，2021 年数据为按"四大经济区域"划分后可获取的最新数据。2022-2023 年的客源市场、旅游目的地等数据分析按省份划分。

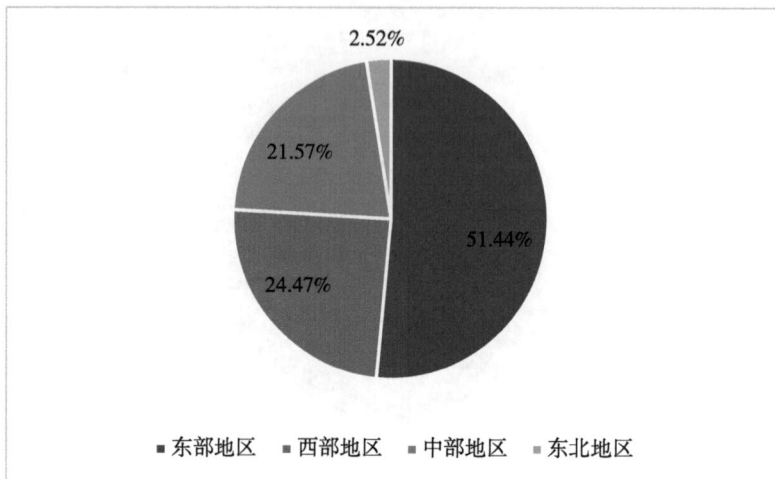

图 2-10 2021 年各经济区域客源市场情况

　　从旅游目的地的区域分布特征来看，东部地区、中部地区和西部地区三足鼎立，作为旅游目的地，其 2020 年接待国内旅游旅游人数的占比相近，分别为东部地区 32%，西部地区 32.9%，中部地区 30.2%，东北地区占比较少，为 5.9%。图 2-11 形象地显示了各区域作为旅游目的地接待旅游人数的结构。事实上，近几年我国东部地区、中部地区和西部地区的旅游产业差距在不断缩小，中西部地区的旅游接待人数的增速相比于东部地区更快（2020 年则体现为下降的速度更慢）。此外，东北地区旅游接待人次的降幅最大，受疫情影响最严重，侧面反映了东北地区旅游产业的发展还有较大的提升空间。因此，对于东北地区而言，如何把握旅游产业发展机遇，如何出台旅游产业政策引导至关重要。

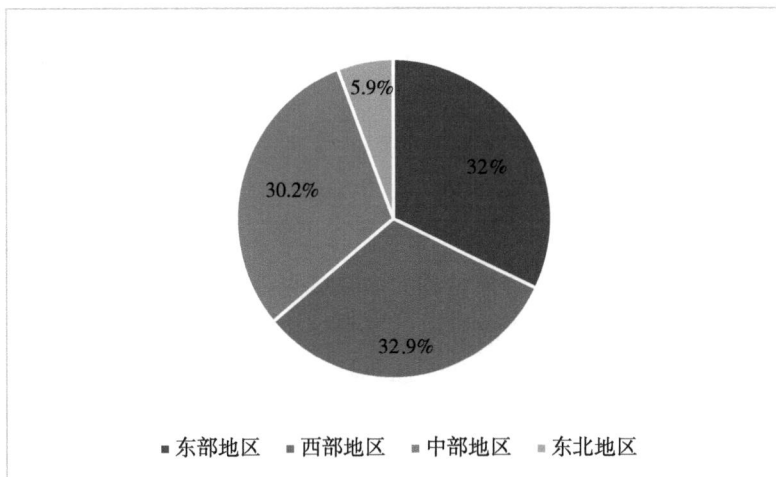

图 2-11　2020 年各经济区域接待人数占比情况

　　此外，2021 年，全国各地区国内旅游收入存在显著差异。其中，东部地区国内旅游收入为 57344.68 亿元，占全国总收入的 38.55%。中部地区、西部地区国内旅游收入分别为 38806.71 亿元和 44440.64 亿元，分别占全国总收入的 26.09% 和 29.87%。国内旅游收入最少的为东北地区，为 8172.91 亿元，仅占全国总收入的 5.49%。

　　2023 年 1—10 月，山东、广东、河南、江苏、四川、河北、湖北、湖南、浙江、安徽等 10 省份游客产出量与接待量均较为领先，其客流输出量与接待量分别占全国总游客量的 56.6% 和 56.4%。换言之，这 10 个省份既是十大客源地，也是十大目的地。这些地区在中、东、西部地区均有分布，东部地区省份数量较多，较为集中。城市群互为客源地与目的地的特征显著。图 2-12 展示了 2023 年前 10 个月的十大客流地和目的地的空间分布。事实上，后疫情时代旅游业依旧处于恢复时期，客源地和目的地在中东部地区的集聚，说明了这两大经济区域的旅游业韧性较强，由于经济环境、旅游资源和政策保障等方面的支撑，中东部地区旅游活动较为活跃。

　　（3）假日结构

　　2023 年主要节假日旅游人数和旅游收入均比 2022 年有一定程度增长（图 2-13），全年呈现出高开稳增的态势。"中秋 + 国庆" 8 天超长假期，国内旅游出游人数和国内旅游收入均恢复且略微超过至 2019 年的同期水

平。"中秋＋国庆"8 天出游人次同比 2019 年增长 4.1%，旅游收入同比
2019 年增长 1.5%。这段时期，国家发展改革委、文化和旅游部以及各地
文化和旅游局相继出台文旅产业扶持政策，孵化旅游新业态。常态化旅行
和相关政策的激励，推动中国内旅游产业快速复苏，游客出游距离和目的
地休闲半径明显增长。尤其 "五一""中秋＋国庆" 假期，目的地游憩
半径，均比 2019 年有微小提升。从节假日出游结构来看，假期时间越长，
出游人数、出游距离和出游消费越大。在节假日放假安排上，国家发展改
革委充分考虑假期长度，为居民提供更充分、更人性化的节假日安排，促
进节假日的旅游活动。例如，2024 年"五一"劳动节，通过调休共有 5 天
假期，为居民出游提供了时间保障。当前，国内旅游市场已经恢复了正常的
发展节奏。未来，在旅游政策的激励下，将有更多游客参与节假日的旅游活
动，也将有更多商家投身于文旅产业，形成供需螺旋式上升的产业局面。

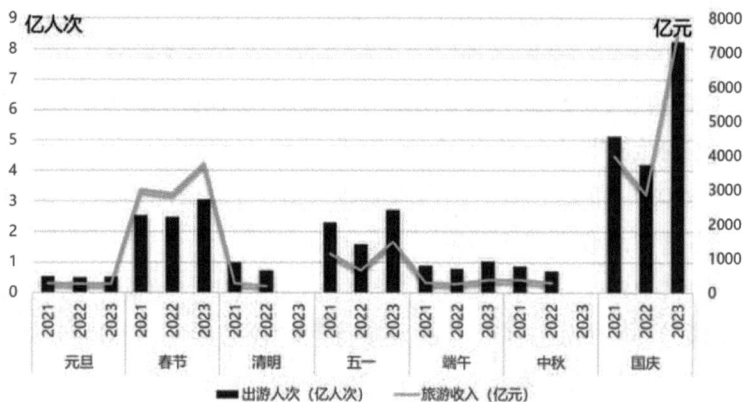

图 2-12 2021-2023 年主要节假日出游情况

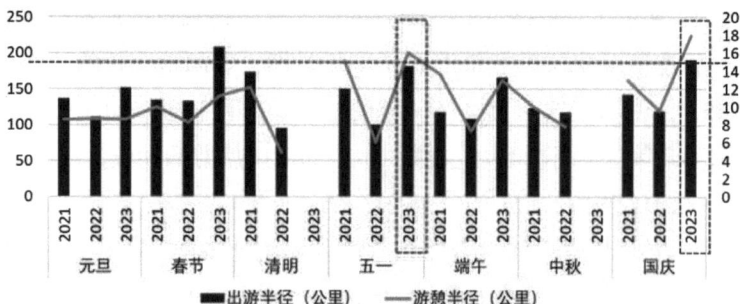

图 2-13 2021-2023 年主要节假日出游半径

2.1.3 重点旅游产业发展分析

随着人类文明的不断提高，游客在旅游过程中追求更复杂、更新颖、更个性的旅游活动，以了解和学习与旅游场景有关的文化、历史、地理、风俗等知识，旅游逐步变成学习自然和社会的手段。游客不再满足于传统的对风光的单纯欣赏和对同质化景区的游览，在相关旅游政策的指导和支持下，旅游商家不断推陈出新，改进旅游产品，融合更多文化、娱乐、休闲、学习等元素，呈现出旅游新业态。

当前，幸福产业与旅游产业融合发展成为旅游产业发展的重中之重，文化旅游、乡村旅游和红色旅游是中国特色社会主义进程中游客选择下最重要的几种旅游形式。

（1）文化旅游

文化旅游是文化和旅游融合发展的产物，两产业在天然耦合性、互补供应性和互动必要性的基础上，相互渗透、交叉，逐步形成了文化旅游产业。事实上，由于文化的广泛性、多样性和包容性，当前对文化旅游的概念尚未有统一的界定。通常来讲，文化旅游是指以旅游为载体，以文化为灵魂的旅游新业态，可以分为直接的文化旅游（例如，文化遗产、艺术作品为游览对象的旅游）和文化与其他专项旅游交叉（例如，研学游、宗教旅游等）的两种旅游形式。

文化旅游的旅游形式起源于欧美等西方国家，旨在通过文化元素提高旅游活动的吸引力，由此衍生出各类文化遗产旅游、宗教旅游等各类旅游形式。我国的文化旅游始源于对文化资源的运用，将名人故居、文学艺术、文化遗产等文化资源作为直接的旅游吸引物，打造相应的旅游产品。这段时期，相关机构出台了《关于整合文化资源发展文化旅游产业的若干意见》（2004）等产业政策支持旅游产业对文化资源的整合利用，原文化部和原旅游局发布《文化部、旅游局关于促进文化与旅游结合发展的指导意见》（2009）对文化元素作为旅游对象的旅游活动进行引导，并大量出台《加快文化旅游基础设施建设》（2010）等供给型政策保障文化旅游的健康发展。

随后，文化旅游从"游览文化资源"的阶段转向了"学习广义文化"的阶段，已经从之前对经典物质遗产的强调转向了更广泛、更具包容性的多元文化实践，形成社会文化旅游（涉及生活方式、创造力和日常文化）。

文化的范围逐渐大众化、生活化、广泛化，形成了广义的、无限的资源支撑。这一阶段内，各地区开始开展融入了各类文化元素的旅游文化节，原国家旅游局为支持"大文化"的发展，在《"十二五"旅游规划》（2011）中指出文化旅游的融合发展是"十二五"时期的旅游发展方向。各地方政府随之根据地方特色，推出文化旅游带、文化旅游节的建设通知，充分挖掘地方蕴藏的文化资源，进一步建立以更广泛化、更生活化、更创意化的文化资源为旅游吸引物的文化旅游产品和旅游市场。例如，北京市旅游发展委员会确立了"北京中医药文化旅游示范基地"，拉萨市建立"净土健康文化旅游产业"等。

当前，随着广义文化资源被不断发掘，文化元素的生活化使之具有更强的可塑性和融合性，文化旅游不再是以旅游的形式欣赏文化元素的活动，而是进入了互相深度融合的发展阶段。政策层面上，对于文化旅游的发展不再是简单的通过"整合文化资源""促进文化与旅游结合发展""加强旅游市场上的文化经营活动"等政策指导两个产业并列发展。原文化部和旅游局开始印发《关于促进文化和旅游融合发展的实施建议》（2014），意识到了文旅融合 1+1>2 的产业活力。各地方政府也开始强调进一步扩大文化和旅游的融合领域，进一步加大文化和旅游的融合深度。

（2）乡村旅游

随着中国特色社会主义发展进入新时代，城镇化不断推进，实施乡村振兴战略成为实现全面脱贫和全面小康的必然选择。乡村旅游是中国特色社会主义发展历程中的智慧产物，有力的契合了乡村振兴战略，通过解决农民就业、释放农村劳动力、改革农户收入结构等方式实现了旅游扶贫。我国乡村旅游起源于 20 世纪 90 年代初期，并得到了迅速的发展。当前，学术界对乡村旅游的概念尚且没有统一的界定。在中国特色社会主义背景下，一般是指以旅游度假为目的，以乡村景点为游览对象和吸引物，以游居和野行为特色的村野旅游形式。

2003 年，国家旅游局正式提出发展乡村旅游的战略规划，弥补建设小康社会中的乡村短板。各地方政府大力响应号召：安徽省下发《关于大力加强乡村旅游宣传工作的通知》（2006）；陕西省（2007）、山西省（2007）、湖北省（2007）、福建省（2008）、江西省（2009）等省份先后发布《乡村旅游发展指导意见》。农业部（2011）随后为进一步扶持乡村旅游，推动乡村旅游工作纵深进行，开始进行全国休闲农业与乡村旅游示范点的认定工作，使乡村旅游规范化、标准化。2014 年，国家发改委发布《关于实施乡村旅游富民工程推进扶贫工作的通知》，乡村旅游的扶贫作用初显；2017 年，国家发改委等部门发布《促进乡村旅游发展提质升级的行动方案》，奠定了乡村旅游是实现社会主义新农村建设、突破城乡二元结构的有效途径的重要地位。2022 年 3 月，文旅部和教育部等六部门联合出台《关于推动文化产业赋能乡村振兴的意见》，再次提到乡村旅游成为乡村振兴的典型范例。

当前，乡村旅游具有农业多产化、农村景区化、农民多业化和资源产品化的重要特征，促进了农产品的销售，增加了农民的收入渠道。2019 年，全国乡村旅游总人次为 30.9 亿次，乡村旅游总收入 1.81 万亿元，乡村旅游成为我国旅游产业中的重要组成部分，约占国内旅游总人次的一半和国内旅游总收入的三分之一[①]。2023 年，全国乡村旅游消费者主要由 19–35 岁来自一线和新一线的年轻人构成，乡村旅游消费金额集中于 300–900 元区间内[②]，较 2022 年有小幅上升。乡村旅游呈现出逐步上升的发展趋势。

（3）红色旅游

红色旅游是我国弘扬社会主义核心价值观的特色旅游形式，以中国共产党在革命和战争时期形成的纪念和标志为旅游吸引物，以革命事迹和革命精神为文化内涵，组织接待旅游者进行观光、学习的旅游活动。红色旅游具有学习性、故事性、参与性和精神指导性，目前已经成为中国特色的旅游形式。

为了广泛开展爱国主义教育，发掘利用革命历史资源，2004 年，国家发改委、国家旅游局等多个部门开始发布和转批《2004–2010 年全国红色旅游发展规划纲要》，坚持因地制宜、统筹协调、多方参与以获得最高的社会效应。随后国家发改委配套出台《关于做好红色旅游景点门票价格管理工作的通知》（2006）、《全国红色旅游景点景区总体建设方案》（一期、二期和三期）等配套政策，支持基础设施建设并规范红色旅游市场。2004–2007 年，我国已经建成了 30 条红色旅游精品路线，100 个红色旅游

---

① 数据来源：http://www.zjsjw.gov.cn/shizhengzhaibao/202009/t20200913_2740700.shtml，文化和旅游部。

② 数据来源：《2023–2024 年中国乡村旅游发展现状及旅游用户分析报告》，艾媒咨询。

景点景区以及 12 个重点红色旅游区。2008 年后，红色旅游的基础设施配套水平持续提高，实现了红色旅游的产业化，带动了数以百万计的直接和间接就业人数。

"十三五"期间，红色旅游的出游人数逐年增长，红色旅游收入保持稳固增长，呈现大众化、常态化的旅游消费趋势。2023 年，全国红色旅游接待人数已突破 20 亿人次，红色旅游市场规模接近万亿元[①]。不仅如此，我国红色旅游的网络关注度也在高速上涨，2023 年"红色教育""红色旅游"等相关关键字的搜索分别较 2022 年同期大幅上涨[②]，反映了红色旅游的迅速发展态势。《"十四五"旅游业发展规划》指出，要大力发展红色旅游，充分运用红色资源，壮大新的旅游业态。红色旅游将成为"十四五"期间重要的发展方向。2023 年 8 月，文化和旅游部、教育部等五部门联合印发《用好红色资源 培育时代新人 红色旅游助推铸魂育人行动计划（2023-2025 年）》，凸显了红色旅游的重要作用。

不难发现，当前旅游产业的重点发展方向是幸福产业和旅游产业的融合、协同发展。究其原因，人民精神需求水平的提高使很多生活元素、社会元素和学习元素休闲化，欣赏和学习这些元素需要具体行为作为载体。旅游产业作为包容性和可塑性极强的产业，能够自然而然地吸纳这些其他产业的元素，形成新的旅游休闲形式。事实上，这一产业变革是旅游产业发展的必然趋势，不同的融入元素给旅游产业注入了个性化的活力，满足了多元的需求，升级了旅游体验。《国民旅游休闲发展纲要（2022-2030）》也将延伸旅游休闲内容，加强相关产业的融合程度作为重要的发展目标。旅游产业的融合发展趋势是适宜的、良性的、可持续发展的，不仅满足了旅游者的需求，更带动了所融合的相关产业的经济发展，盘活了不同产业之间的经济联结。因此，旅游产业的融合发展是畅通经济循环的重要环节，是健康的产业发展方向。

旅游产业政策引导旅游产业良性发展，通过对旅游者的激励、对旅游企业的补贴和监管、对旅游市场的建设和规范、对旅游整体环境的引导和保护，实现了旅游产业走上正确的发展道路。因此，无论针对性或是非针对性的产业政策，旅游产业政策都保障了旅游产业的融合发展，能够促进

---

① 数据来源：《红色旅游蓝皮书：中国红色旅游发展报告（2023）》。
② 数据来源：百度指数。

融合纵深，更突出经济带动效应。研究旅游产业政策的经济效应，能够使得旅游产业融合发展更加突出经济优势，具有重要意义。

2.2 旅游产业要素现状分析

经济增长源于要素投入，旅游经济的增长异曲同工。影响旅游经济增长的因素主要包括旅游资本、旅游劳动、旅游资源、信息技术、知识创新、产业政策等。借鉴众多学者利用生产函数理论对包括旅游政策在内的要素进行分析的分析框架（生延超等，2020），本研究顺应这一逻辑，对旅游资源、旅游资本、旅游劳动、信息技术和政策要素进行分析。

2.2.1 资源要素

经济学家诺德豪斯（1992）曾指出，自然资源的短缺是经济增长的阻力，因此自然资源应该引入主流的经济增长模型中。旅游作为满足主观偏好的精神消费品，旅游资源是重要的吸引物，直接影响了游客的旅游意愿。当前，随着人民人本素质的进一步提高，传统的景区景点已难以满足游客的个性化需求，旅游供应商为应对这些挑战，不断推陈出新，丰富游览对象，实现了旅游资源的广泛化、生活化和创意化。本节将选取全国 5A 级景区和世界遗产作为传统景区景点旅游资源的代表，选取博物馆数量作为广义文化旅游资源要素的代表，分析我国旅游产业中的旅游资源要素情况。

2000 年开始，世界遗产数量一直在缓慢上升，我国旅游资源的内在价值在不断提高。2001 年，我国依据 1999 年发布的《旅游景区质量等级的划分和评定》，开始正式实施景区的评级，2010 年开始评选出 5A 级景区。从 2010 年开始，5A 景区的数量快速上升，彰显出我国旅游景区快速发展的发展趋势和旅游产业提质增效的发展方向。全国博物馆数量在 2008 年以前缓慢增长，2009 年开始，增速明显提升，截至 2023 年，全国博物馆数量达到 6833 个[①]，反映出新形势下人民精神文化需求的提升催生了广义文化旅游资源的增多。

---

① 数据来源：http://www.sanyamuseum.com/a/2/2024/0520/6843.html，三亚市博物馆。

2.2.2 资本要素

旅游产业的发展不仅依赖于资源禀赋等天然旅游吸引物，对旅游资源的后期开发、塑造、修缮和其他配套设施的建设也影响其发展。旅游资本投入越多，越有利于为游客提供完善的旅游基础设施，增加目的地的旅游吸引力。资本要素一般是指直接或间接投入最终的产品和服务或生产过程中的中间产品的资产，一是以投资的形式存在。旅游资本要素是对旅游产业基础设施和旅游资源开发的投入，主要包括旅游企业的资本投入、资本性支出和非旅游企业中和旅游相关业务的固定资产投入。

我国旅游企业（主要包括旅行社、旅游景区和饭店）的固定资产原值从 2001 年的 333 亿元人民币增长到 2022 年的超 1200 亿元人民币[①]，表明了我国旅游企业的迅速发展势头。其中，旅游企业固定资产最多的省份为北京，其次是广东省。纵观我国各省份旅游企业的资本要素空间分布情况，东部地区和沿海地区从 2001 年至 2022 年，自始至终资本要素投入较大，北京、上海、江苏、浙江、广东和山东等省（市）是旅游企业固定资产最多。相比之下，西部地区的旅游企业资本要素投入较小，宁夏、西藏、青海等地区的旅游企业固定资产原值处于较低水平，但其增幅较大，说明我国西部地区的旅游企业资本投入在逐步增加，全国层面上的布局越来越合理化。

事实上，我国的旅游产业资本化程度较低，众多中小型旅游企业存在融资问题。为应对这些问题，国家层面上出台了一系列的金融政策促进对旅游企业的投资。目前，我国在乡村旅游、红色旅游和度假区方面的投资是旅游投资热点，预计我国未来的旅游年度直接投资额和旅游产业间接带动的综合投资额将大幅增加。

2.2.3 劳动要素

旅游产业作为服务业，属于劳动密集型产业，对旅游服务人员的参与有较大的依赖。由于旅游产品具有定制性质，旅游路线和配套的吃住行购娱等活动都需要相应的服务人员提供咨询、预订和售后服务，旅游从业人员的参与保障了旅游产业的有序经营。事实上，旅游产业是综合服务型产业，其多样化、个性化的发展趋势催生了旅游劳动岗位的多样性，吸纳了

---

① 数据来源：https://www.drcnet.com.cn/，国务院发展研究信息中心统计数据库平台。

大量的、不同层次的就业人口，保障了旅游产业的良性运行。旅游劳动要素主要包括各类旅游相关企业的从业人员，传统意义上包括旅游景区景点、星级饭店和旅行社的从业人员。

我国旅游核心企业的从业人员近几年迅速增长，数量从 2001 年的 200 万人上升至 2022 年的 235 万人 ①，增幅较大。与此同时，我国的国内旅游收入的增幅大大超过核心企业从业人数，表明我国旅游从业人员的效率在不断提高，也侧面反映了我国旅游产业的核心从传统的景点旅游形式转向了生活化、个性化、创意化旅游形式。与旅游企业的固定资产情况类似，旅游企业的从业人员人数呈现东部地区多，西部地区少的分布态势。山东省、广东省拥有最多的旅游企业从业人员；青海、宁夏等地区从业人员较少，说明我国西部地区的部分省份的旅游企业从业人员有较大的提升空间。近几年，我国各地区的旅游企业从业人数在不断升高，但东部等经济和旅游发达的省份增速在逐渐放缓，2012-2016 年还出现了从业人数波动的情况。相比之下，西部地区的部分省份的从业人数在持续增加，且增幅高于东部地区，正在努力形成均衡化、多元化的旅游从业格局。

事实上，我国近几年愈发重视旅游人才，通过财政支持等手段，鼓励旅游人才向西流动，这也是促成我国近些年西部地区旅游企业的从业人员不断增加的重要原因之一。未来，旅游产业应继续发挥就业容量大、带动能力强的特点，不断优化旅游从业结构，推动形成多地区多元人才发展格局。

2.2.4 技术要素

技术进步推动旅游产业的变革，其中较为显著和重要的技术是互联网信息技术。不论是旅游在线代理平台的出现，还是旅游业务的网络化，都给旅游者和旅游经营者提供了极大程度的便利，提高了旅游交易的效率，拓展了旅游营销渠道。互联网的出现压缩了传统旅行社的生存空间，使旅行者从旅游产品的被动接受者变成了合作创造者，彻底颠覆了旅游产业的运营模式。互联网信息技术也通过高效的信息传递，更深层地激发了游客的旅游需求，也通过便捷的网上交易保证了需求的变现能力，提高了旅游产品的交易效率。可以说，互联网信息技术是旅游产业发展和变革历程中重要的技术推动力。与此同时，旅游目标吸引物的日常化、生活化和创意

---

① 数据来源：《中国文化文物和旅游统计年鉴（2023）》。

化使得任何的网络讯息都与广义的旅游行为相连，不仅仅局限于旅游网站，社交媒体、搜索引擎中出现的任何信息都能成为激发旅游需求的潜在因素。因此，推动旅游产业变革和发展的互联网信息技术不仅仅局限于旅游相关平台和网站的建设，越多的民众接触和使用网络，就越有可能推动旅游产业的发展。

互联网普及率是民众使用互联网情况的最直观体现，也是信息技术推动旅游产业进步的重要考量。2001 年以来，我国互联网的普及程度加速纵深，从 2001 年的 2.64% 的普及率提高到了 2023 年的 77.5%[①]。我国互联网在 2006—2013 年的发展速度最快，以每年 5% 以上的增长率增加值发展。从互联网发展的空间格局来看，经济较为发达的东部地区在互联网普及率方面一直领先于其他地区，但随着时间发展，中部地区和西部地区从 2014 年开始普及率迅速上升，和东部地区的差距不断缩小。随着社会发展进程的推进，互联网资源的布局越来越合理。2001—2023 年，我国旅游网站的用户量从寥寥无几增加到 3.11 亿人。截至 2023 年 12 月，我国在线旅游旅行的预订用户规模达到 5.09 亿，其业务包括机票预订、景区景点预订、酒店预订、度假产品预订等多方面。

事实上，我国在不断强调互联网和旅游产业的融合，例如《旅游电子商务技术规范》（2006）指出互联网信息技术对旅游方式的影响；"十三五旅游规划"指出旅游信息化发展的重要性等。当前，旅游产业正在从劳动密集型产业向信息密集型产业转型，互联网信息技术在不断影响传统旅游生产要素的效率。

2.2.5 政策要素

旅游政策体系影响着旅游产业发展的制度空间和发展环境，旅游产业的快速发展离不开国家政策的支持，旅游市场的规范经营离不开旅游法规的建立，旅游结构的方向转型离不开产业政策的引导。事实上，新中国成立以来，我国旅游产业的发展经历了几个重要的阶段，从改革开放前的政治接待阶段，到创汇阶段，再到如今的大众旅游阶段，旅游政策适应着不同时期的经济社会发展使命，服务着国家整体战略方针，同时也辅助着旅游产业发展壮大。可以说，旅游政策是旅游产业发展的风向标，也是连接

[①] 数据来源：第 53 次《中国互联网络发展状况统计报告》。

旅游产业和国家经济社会整体战略发展的纽带。

　　我国的旅游产业政策的数量也在逐步增加，据不完全统计，2001 年我国国家层面和地方层面发布的旅游产业的有效政策共 68 项，2017 年则高达 478 项，2023 年有效政策数量有所回落，为 234 项。在旅游产业发展的不同阶段内，政府机构对旅游产业发展的重视程度和调控力度有所差异，出台的政策类别、政策目标和政策内容因时、因地制宜。目前，我国的旅游产业政策体系日渐完善，政策目的愈发明确，政策红利逐渐变成各地旅游产业和经济发展的重要动力。

2.3 旅游产业政策体系分析

　　当前，旅游产业政策体系日趋完善，形成了多类型、多主体、多阶段的复杂政策空间。从政策工具的分类来看，旅游产业政策可为环境型政策、供给型政策和需求型政策（罗恩韦尔等，1985）；从政策对象分类来看，旅游产业政策可以分为乡村旅游政策、红色旅游政策、文化旅游政策和一般旅游政策等不同产业对象的旅游政策，这些政策针对不同的旅游产业发展。此外，还可以根据政策形式，将旅游产业政策分为正向激励政策和逆向限制政策。事实上，旅游产业政策应该是贯穿旅游经营各个环节、全面针对各个旅游子产业、各项政策工具相结合的系统性的政策体系。

　　在当前的政策理论分类中，政策工具类型是运用最广、学术界接受程度较大的分类实践依据。鉴于此，本节将从政策工具的角度对我国当前的旅游产业政策体系进行分类解析。依据罗恩韦尔和泽格维尔德的政策理论，所有政策工具的运用均可以分为供给、需求和环境三种不同类型。综合当前学者对我国旅游产业政策的分类研究，将三类政策进行进一步细化。其中，环境型政策主要是对旅游产业发展的宏观社会环境进行规制和引导，主要包括发展方向、产业改革、目标规划、税收支持、法律规制和金融支持等相关政策；供给型政策主要从对旅游产业政策投入建设的角度出发，主要包括资金投入、基础设施建设、信息化与科技支持以及人才政策等相关政策；需求型政策主要包括从需求侧对旅游消费需求进行促进和管制，主要包括消费刺激、政府采购、对外旅游贸易管制和服务外包等政策。我国旅游产业政策的政策工具分类详见表 2-1。

表 2-1 我国旅游产业政策的政策工具类型

类型	类别	类型	类别
供给型政策	资金投入 基础设施建设 信息化与科技支持 人才政策	环境型政策	创新改革 目标规划 法律法规
			税收支持 金融政策 财政政策
需求型政策	消费刺激 政府采购 对外旅游贸易管制 服务外包		市场规制 机构管理 检查防控

2.3.1 环境型政策

当前,旅游产业的环境型政策主要可以分为三大类:第一类是宏观层面上的旅游产业整体发展政策,包括旅游产业的创新改革、目标规划和法律法规;第二类是经济层面上的旅游优惠和补贴政策,包括税收支持、财政补贴和金融支持;第三类是市场层面上的旅游企业经营政策,包括市场规制、检查防控和机构管理等。

宏观层面政策

旅游产业的发展决定了旅游产业政策的制定和内容,环境型政策中的旅游宏观政策把控着旅游产业发展的方向,引导着旅游产业的创新改革,并为旅游产业的发展提供了根本的法律依据。可以说,这一类政策涉及的内容较广,实施年限较长,效果不易评估,政策内容偏宏观不具体,但却是联结经济发展和旅游产业发展的纽带,也根本性地规定了旅游产业发展的法律边界。具体而言,这一类政策包括旅游产业的创新改革、发展规划和法律法规。

(1)创新改革政策

创新改革政策,主要指结合当前社会经济形势,政府通过为旅游产业指出先进性、创新性的发展思路和发展方向的方式,发布的建议性、鼓励性、激励性的措施。我国政府在不同的社会阶段,针对当下民众的旅游偏好和产业需求,制定了针对性的改革政策,改革政策涉及旅游产业的方方面面。

2000 年，《改革导游人员资格考试、等级考试及旅行社经理资格认证工作的意见》出台，全面改革了我国旅游产业的从业制度，对旅游从业人员的基本资格和素质的要求重新认证，保障了当时经济结构向第三产业的转型发展。全国 31 个省市自治区相继围绕着旅游机构改革工作职能、加快旅游业转型发展等方面，针对各地实际情况出台针对性的政策措施。2014 年，《关于促进旅游业改革发展的若干意见》发布，该意见强调要旅游产业适应群众消费升级，进一步发挥市场的资源配置作用，拓宽旅游融合发展的空间，创新新兴的旅游形式，并将旅游产业改革的任务细分和出台进度安排，保障旅游产业的改革顺利进行。

（2）发展规划政策

发展规划政策，主要指政府相关部门根据当前社会发展进程以及产业需求状况，结合实际旅游工作需要，遵循旅游活动发展的规律性，指导全国旅游工作的中长期发展，制定的有关产业发展方向和目标的政策。2000 年，国家旅游局首次发布国家级管理办法《旅游发展规划管理办法》，为各地方政府机构因地制宜、因时制宜地出台针对性的目标规划政策，该办法涉及目标规划政策的编制、衔接、报批和发布流程。以此办法为依据，原国家旅游局、国家质检总局等部委机构先后出台《中华人民共和国国家标准：旅游规划通则》（GB/T 18971–2003）、《全国旅游标准化发展规划》《全国旅游信息化发展规划》等总体规划，并随时间推移不断更新目标规划内容。这些目标规划政策以当前旅游发展形势为依据，不断强调旅游工作改革的有效深化，从旅游产品、旅游业态、旅游要素、旅游标准模式和旅游市场等方面强调当时的旅游工作重点，并细分任务完成机制，编制一系列政策条例保障规划目标的实现。

（3）旅游法律法规

旅游法律法规是为了规范利用旅游资源、保持良好市场秩序、保障各方权益而制定的法律法规，是一切旅游活动、旅游经营的行为边界，也是其他旅游政策制定的法律准绳。《中华人民共和国旅游法》于 2013 年 10 月 1 日正式实施，并于 2018 年进行了第二次修正。这项法律系统从旅游产业发展规划、旅游者、旅游市场、旅游经营者、旅游合同等旅游活动涉及的各方面进行说明和规范。事实上，旅游法中涉及对旅游产业宏观发展规划和促进，涉及旅游市场和旅游服务的规范经营，涉及旅游资源的开发和保护，涉及交通、通信、水电等基础设施的建设，涉及旅游合同外包、采购等事宜，旅游法律法规为环境型、供给型和需求型等一切旅游产业政策提供了根本的发布依据。

经济层面政策

环境型政策中与经济相关的政策指通过经济手段和经济工具以实现某些旅游产业目标，促进旅游产业良性发展的政策。这一类政策的形式主要以规章制度存在，是针对相应的旅游宏观政策和法律法规在实施过程中的具体化措施。当前，我国旅游产业政策空间中，实施的经济政策主要包括财政支持、金融支持和税收支持三大类。

（1）财政支持政策

财政支持政策，主要包括财政补贴、专项资金和贴息贷款的方式。其中，从政策工具角度来看，专项资金政策按资金用途，可以分成到不同类别中。投入到事业单位中的专项资金，其目的是激励相关主体发展指定的旅游形式，创造和改善了旅游产业的发展环境，属于环境型政策中的财政政策。最终投入到旅游供给方的专项资金，其目的是直接对旅游供给进行资金突破，属于供给型政策。在后续的分类中，本研究将遵循这一原则。财政补贴指以政府支出的方式，来减少旅游者旅游花费和供给方旅游成本的政策。国家层面上和地方层面上，为了促进旅游消费和鼓励旅游供给商的改革转型，在特定时间对特定的旅游产品和旅游业态进行补贴，包括对景区门票的财政补贴、对地接旅行社的补贴、对旅游交通的补贴、对特定旅游路线的补贴和对旅游扶贫产品的补贴等多种补贴形式。贴息贷款政策隶属于财政政策和金融支持政策两个分类，指政府相关机构代替企业支付一部分或者全部的贷款利息，为旅游企业贷款提供便利。

（2）金融支持政策

金融支持政策，是指通过提供金融服务的方式为旅游产业合理调配金融资源和融资渠道的一系列政策，主要可以分为财政手段和市场手段两类，其中，贴息贷款政策隶属于财政政策和金融支持政策两个分类。2012年，《关于金融支持旅游业加快发展的若干意见》出台，强调了各银行金融机构对旅游产业的扶持，强调了金融渠道的创新和贷款制度的创新，鼓励了各地政府对当地旅游企业的信贷支持。2019年，《关于金融支持全国乡村旅游重点村建设的通知》出台，号召各大商业银行为乡村旅游的发展提供金融支持。总体而言，金融支持政策的内容多样，包括贴息贷款、改革旅游企业的信贷管理和考核办法、提供多元化质押业务和鼓励银行出台针对性旅游贷款产品等具体手段。各地政府也相继出台了针对性的具体措施：例如，北京市加大商业银行的贷款投放力度、中国农业银行推出"美丽乡村贷"和"农家乐贷"等金融产品、上海市退还保证金以解决旅游企业资金流动性问题等。

（3）税收支持政策

税收支持政策，主要是指通过延长旅游企业的纳税时间，或减免旅游企业的纳税金额，以实现对旅游企业的支持的激励性政策。税收优惠政策中，涉及的税种包括营业税、所得税、关税等多个税种。2000 年，《关于进一步加强免税业务集中统一管理的通知》出台，确定了旅游免税产品和免税制度，鼓励旅游产品的出口。随着旅游产业逐渐变为我国经济支柱型产业，各地政府开始因地制宜、因时制宜的出台相关税收减免和优惠政策，例如，规定旅游企业采购相应设备抵扣所得税的优惠目录、停止征收发展旅游事业费、对小微型旅游企业减免相应税率的企业所得税、调整增值税的起征点和税率等多项措施。除此之外，还有许多特定的旅游专项项目享受专项的税收减免。例如 2007 年，国家税务总局将西部地区的旅游经营与开发纳入了税收优惠的范围，以扶持西部地区的旅游产业发展；2020 年，国家税务总局关于新冠疫情出台重振计划，出台专项税收减免以扶持旅游产业的疫后建设。

市场层面政策

旅游市场层面政策主要为维护市场秩序，根据市场运行的规律和导向，为市场参与的主体制定了相应的规则。这一类政策的形式主要以规章制度和旅游管理措施的形式存在，是旅游产业发展和市场管理的具体化措施。当前，我国旅游产业政策空间中，实施的市场政策主要包括市场规制、机构管理和检查防控三大类。

（1）市场规制政策

市场规制政策，指政府相关机构为了引导、监督和管理旅游市场的参与主体，针对市场上的经营行为制定相关规定的政策。这一类政策与宏观层面上的法律法规类似，是旅游产业中一部分对象的准则，但是是针对微观参与主体的具象性规章制度。与此同时，这类政策和旅游市场层面政策中的机构管理政策类似，区别在于市场规制针对的是旅游机构在市场上的行为，机构管理针对的是旅游机构本身的准则，例如许可、资质准则等。2002年，《关于整顿和规范旅游市场秩序工作的通知》出台，针对旅游环境、导游队伍和旅行社市场发布了对私拿回扣、非法导游和非法旅行社业务进行整顿，并全面推行了导游积分制度和两套管理体系。自2002年以来，我国根据市场具体的经营情况出台了众多不同的专项市场规制措施，包括对旅游市场价格的整顿、对船舶铁路交通的综合治理、对打假打非的专项整治、对"四黑"的综合整治、对市场监督长效机制的建立、对旅游购物货品的质量检查、对"零负团费"的专项整治、对"一日游"的专项整治等。除了对这些市场专题问题进行政策突破，特定时间点也有市场规制政策的出台，例如"两节"期间的市场秩序的综合检查、冬季旅游市场的综合监管等。

（2）机构管理政策

机构管理政策，指政府相关机构为旅游机构本身的资质、许可、评定、申报、处罚拟定的相关政策条例。这一类政策针对的是旅游市场上的参与者本身，而非市场行为，在前文与市场规制政策的区别中已说明。2006年，《国家旅游局行政许可实施暂行办法》发布，该办法是对旅游相关机构、法人组织和其他组织申请资质、许可，申报相关业务和进行相应处分的根本性文件。以此为依据，出台的机构管理类政策主要包括《旅行社条例》《下放旅游行政许可办法》《旅行社资质管理退出机制》《旅游单位行政处罚规定》等相关政策文件。经过十几年的实施经验总结，2018年国家旅游局出台正式的《旅游行政许可办法》，该项办法的出台完善和规范了我国旅游产业政策空间中对旅游机构的管理。

（3）检查防控政策

检查防控政策，主要是指对旅游活动过程中，为了保障过程安全卫生，强化风险评估而因地制宜、因时制宜出台的一系列具象化政策。这类政策的形式主要以旅游规章制度和旅游管理措施两种类型存在。我国相关政府机构对于旅游产业的检查和防控主要包括对旅游安全的常规性检查，例如，《旅游用车安全暂行规定》《旅游涉外星级饭店安全管理基本标准》等；对旅游安全的季节性和节日性检查，例如，《关于加强冬季旅游安全工作的通知》等；对旅游公共卫生的管理，例如《关于进一步加强旅游景区餐饮服务食品安全监管工作的意见》等；以及对旅游突发事件的防控，例如，

《关于贯彻突发事件应对法的意见》、各类应对安全突发事件紧急预案等。总体而言，这类政策旨在减少外部突发情况对旅游产业的冲击，确保应对突发情况能够迅速反应、科学规避，从而加强旅游产业的抗震能力和复苏能力。

2.3.2 供给型政策

旅游产业的供给型政策，是政府相关机构以直接提供相关要素或鼓励相关要素投入旅游产业的方式推动旅游产业发展的政策，其中的要素包括资金、人力、科技支撑、基础设施和公共服务等。通俗来讲，这一类政策工具的运用中，政府扮演着供给者的角色，或者作为管理者调动要素往旅游产业的投入并制定相应规则。当前，我国旅游产业的供给型政策涉及四个方面，分别是资金投入、基础设施建设、科技支撑和人才投入。

资金投入政策

资金投入政策，指政府设定专项资金划拨给相应单位，用于旅游产业的开发利用，或政府通过奖励等形式鼓励其他社会资金对旅游产业投资的政策。专项资金政策分为资金投入和财政政策两类，前文中已说明，投入到供给方的专项资金政策属于这一类政策。这类政策主要目的在于对旅游产业发展的某些关键领域进行资金突破，带动旅游产业的整体发展。我国各省市自 2001 年起相继发布本省市的旅游发展专项资金使用管理办法和旅游产业奖励扶持基金实施办法，这类政策规定了政府直接投入旅游产业的专项资金的扶持对象、申请方式和绩效考核方式。除了政府预算内的专项资金投入政策外，相关机构也通过鼓励和奖励的形式，出台鼓励社会资金投入的政策。2012 年，《关于鼓励和引导民间资本投资旅游业的实施意见》指出了一系列的鼓励措施，例如，向民间资本全面开放旅游产业及其相关产业的投资渠道，废除旅游民间资本的歧视性政策，加大民间旅游资本的金融支持力度并提供相应的公共服务等。政府专项资金的直接投入和对民间资本进行鼓励投资的间接投入让旅游产业能更科学地开放旅游产品和利用旅游资源，保障旅游产业的良性发展。

基础设施建设政策

基础设施建设政策，这类政策和资金投入政策有一部分重叠，即政府直接投入资金进行旅游基础设施建设和出台配套措施鼓励民间资本进行旅游基础设施建设的政策部分，这部分政策的分析与资金投入政策类似，在此不赘述。除了这部分政策，基础设施建设政策还包括相关机构对旅游产业基础设施建设的规划以及基础设施建设的标准。例如，规定时间之内建设哪些方面的旅游基础设施，形成怎样的接待体系、交通体系、饭店体系、旅游娱乐体系等。基础设施的建设政策保障了旅游者的旅游体验，是打造旅游品牌的基础。

科技支撑政策

科技支撑政策，以信息化和互联网技术支持的政策为主，主要包括对科学技术在旅游产业中应用的激励性政策和相关技术规范标准两大类。2003 年，国家统计局原信息中心发布通知，开始统计各地旅游信息化情况。随着互联网信息技术的不断发展和旅游产业的信息化转型，网络代替传统的旅行社成了主流的规划、预订和交易选择。2011 年，在此趋势下，国家旅游局信息中心出台《旅游电子商务网站建设技术规范》，为旅游产业的信息化发展提供了建设规范，并相继出台各年度的信息化工作行动方案，保障旅游产业的数字赋能。

旅游人才政策

旅游人才政策，指政府相关机构对就业人员进入旅游业从业的鼓励性政策和针对当前旅游从业人员进行管理、奖励和处罚的政策条例。旅游产业作为劳动密集型产业，人力的投入十分重要，关于旅游人才的鼓励政策众多。2010 年，国家旅游局发布《关于开展全国旅游人才开发示范试点工作的通知》，鼓励人才向旅游产业的流入，建设相关的旅游人才培训基地，并与旅游企业开展人才建设经验交流。关于旅游从业人员的管理规定主要围绕导游资质、从业人员标准、从业人员语言能力三方面实施。

2.3.3 需求型政策

旅游产业的需求型政策，是指政府针对需求侧出台的相关政策，包括拉动和保障旅游产业需求出台的相关政策、对旅游需求侧的管理政策以及政府充当"购买方"而出台的相关政策。具体而言，按照需求型政策工具的定义，这一类政策工具的政策应该包括需求刺激政策、政府采购政策、服务外包政策和旅游贸易管理政策。值得说明的是，当前阶段，我国旅游产业的政府采购政策和服务外包政策非常稀少，仅对旅游外包的规则进行了简要说明，或小范围的政府单位采购旅游产品作为员工年度奖励的公示。

因此，对于需求型旅游产业政策的介绍性分析中，仅分析需求刺激政策和旅游贸易管理政策。

需求刺激政策

需求刺激政策，是指政府直接或间接通过倡导、奖励来吸引更多需求者进行旅游消费的激励性政策。2015 年，《关于进一步促进旅游投资和消费的若干意见》明确指出，要通过提升基础设施质量来改善消费环境、打造新型旅游产品开拓新的旅游消费市场、优化弹性假日制度来鼓励旅游消费需求。在我国现有的旅游产业政策空间中，旅游需求的刺激政策细则基本围绕着弹性节假日制度、旅游消费券的发放两方面展开。除此之外，各地方政府出台相应的游客招徕奖励办法，间接通过奖励旅游企业的办法来拉动旅游需求。

旅游贸易管理政策

旅游贸易管理政策，在现有的旅游产业政策体系中，以对入境旅游的价格管制以及国际旅游服务中的贸易规则制定为主，集中在对入境旅游贸易的管理上，且文件数量较少。2007 年，《国家旅游局关于大力发展入境旅游的指导意见》对入境贸易的客源渠道、产品销售、配套设施建设等方面提出了建议和要求，以确保我国入境旅游业务水平的提高和保障入境旅游贸易的销售。各地政府也对入境旅游贸易的目标责任制度、价格管理、入境安全管理等方面出台各项措施，保障入境旅游贸易的顺利进行。

2.4 基本结论

在中国经济快速发展的二十年里，旅游产业始终保持蓬勃发展的态势，旅游产业的竞争力也在逐年迅速提高，成为世界旅游格局中的重要力量。尽管 2020 年旅游市场受到新冠疫情的影响业绩有所回落，但随着疫情的控制国内旅游市场开始稳步复苏。

从旅游产业的发展趋势来看，当前我国旅游产业处于快速发展阶段。新冠疫情前，国内旅游市场持续高速增长，2019 年全年无论是国内旅游人数还是国内旅游收入的增速，均远高于国民经济的总体增速；入境旅游市场稳步发展，国际游客人数排名保持稳定，国际旅游收入排名和在全球的比重不断上升。新冠疫情后，旅游市场的复苏劲头明显，2023 年国内旅游市场已恢复至 2019 年同期水平的 85% 以上。疫情封锁时期积蓄的旅游意愿在高效抗疫的背景下得以释放，旅游企业抓住数字化转型契机打破地理限制提供延伸旅游服务，使得旅游业保持了恢复性的增长态势。

从旅游产业的发展结构来看，旅游市场的客源和目的地的城乡结构、地域结构等呈现出较大的变化。城乡结构方面，城镇居民和农村居民在出游人数、出游花费上有一定的差距，但差距在逐步缩小；同时，城乡居民有相似的出游目的，均以探亲访友为主。区域结构方面，东部地区因人口众多、经济水平较为发达等因素，成为最大的客源市场，反之，东北地区客源最小，同时，四大地区的数量差距在逐步变小；中、东、西部地区有相近的游客接待情况，各区域之间的景区资源分布也比较均匀，各大区域的旅游收入和旅游接待人数有趋同趋势。随着旅游的普及化发展，游客在旅游过程中追求更复杂、更新颖、更个性的旅游活动，幸福产业和旅游产业的融合发展成了旅游产业的新发展趋势，催生了文化旅游、乡村旅游和红色旅游等旅游新业态。

旅游产业的经济发展依赖于相关要素的投入，影响旅游经济增长的因素主要包括旅游资本、旅游劳动、旅游资源、技术进步、知识创新、产业政策等。当前，我国旅游资源要素有着广泛化、生活化和创意化的发展趋势，旅游资源的内在价值在不断提高。我国资本要素迅速累积，呈现出东部沿海地区资产要素发达，西部地区落后的空间分布局面，但近几年来西部地区资本增速大于其他地区，差距不断缩小，资本要素布局越来越合理化。我国旅游劳动要素近些年迅速增长，旅游从业人员的效率在不断提高，并且正在努力形成均衡化、多元化的旅游从业格局。互联网作为旅游产业发展过程中最重要的技术动力，其普及程度加速纵深，且互联网资源的布局越来越合理。旅游产业的政策要素日渐完善，政策红利逐渐变成各地旅游产业和经济发展的重要动力。

旅游产业的经济发展也离不开完善的产业政策体系，当前，我国旅游产业已经形成了多类型、多主体、多阶段的复杂政策空间。根据运用最广、接受度最高的政策工具类型分类理论，我国的旅游产业政策可以分为供给、需求和环境三种不同类型，其中环境型政策较多，需求类政策较为匮乏。环境型政策对旅游产业发展的宏观社会环境进行规制和引导，可以分为宏观层面上的改革规划与法规，经济层面上的补贴和金融政策，以及市场层面上的旅游企业经营政策。代表性政策包括《关于促进旅游业改革发展的若干意见》《关于金融支持旅游业加快发展的若干意见》《关于整顿和规范旅游市场秩序工作的通知》等。供给型政策直接提供或鼓励相关要素投入旅游产业，其代表性政策包括《关于鼓励和引导民间资本投资旅游业的实施意见》《关于开展全国旅游人才开发示范试点工作的通知》《关于加强旅游基础设施建设的意见》等。需求型政策拉动和保障旅游产业需求，并对旅游需求侧进行管理，目前我国这类政策相对缺乏，《关于进一步促进旅游投资和消费的若干意见》等政策刺激旅游需求的产生并保障旅游需求的变现。

综上所述，本章系统性地分析了旅游产业的经济发展情况，解析了发展背后的要素投入情况，并结合本研究主题单独分析了当前旅游产业的政策空间。本章对旅游产业政策的解析集中在介绍性分析的层面上，定性地分析了当前政策体系"有哪些"的问题。关于我国当前政策体系中政策的时间演化、空间差异、主题关联、数量关系等深度解析需要对政策进行量化分析和文本分析，这一部分将在第一部分的第 2 章节，即在第 3 章中进行，以更深入地解析我国当前的旅游产业政策体系及其内在逻辑关联。

第 3 章

旅游产业政策量化分析

在了解旅游产业的发展现状和要素情况、定性解析旅游产业政策体系分类构成的基础上，本章尝试对旅游产业的政策进行量化分析，深入解析各项政策之间的演变和关联，从时间、数量、地区、单位、主题等多个方面对旅游产业政策体系进行多角度的统计分析。利用现代统计技术突破政策数据瓶颈是旅游政策评价从代表性政策向旅游政策体系分析升级的根本要素。本章将构建中国旅游政策语料库，并实现政策文本向实证模型的转换。（1）旅游政策全面获取。利用计算机技术，链接各级政府网站，尽可能全面获取旅游政策。（2）旅游政策语料库建立。提取每条政策的关键词进行分类，批量化剔除与旅游产业发展无关的政策，建立旅游政策语料库。（3）将遵循评价逻辑，实现对旅游政策内容特征的分析：借助主题词模型（LDA）等挖掘政策主题关联和语义关系，评价政策主题聚焦和内容组合，并分析旅游政策时间演化和空间特征。

具体而言，首先，本章选定了文本分析对象，运用网络爬取技术从各级别的政府网站上获取了相关政策文本，通过人工筛选和检验，最终选取 5757 条 2000–2020 年的细致到区县级别的旅游产业政策文本作为研究语料库，尽可能完全地还原了当前的旅游产业政策空间。在此基础上，本章研究了政策发布的数量结构，探索不同时间、地区和发文单位的政策数量变化。与此同时，本章采用主题词模型（Latent Dirichlet Allocation），通过构建 3 层贝叶斯概率模型来确定每个政策文档的主题分类概率以分析政策的主题及其演化特征。最后，本章采用政策力度测算的方法量化分析政策力度。本章对旅游产业政策的量化分析，在定性分析的基础上更深入地解析政策内容和政策力度，揭示了旅游产业的政策演进历程和内在规律。

3.1 研究方法与数据来源

3.1.1 研究方法

政策的量化分析旨在从大规模的政策语料库中提取有价值的、未知的信息，包括数量信息、文本信息、结构信息等，旨在实现政策的数据化和可视化。当前的政策量化研究中，关注焦点集中于对政策工具类型、政策力度大小、政策数量关系、政策府际关系和政策主题内容的探究中。基于当前的政策量化的研究基础，结合旅游产业政策体系的特点，本章将采取网络关系分析、主题词模型和政策力度测算三种方法，分别对旅游产业政策的网络关系、主题演化和政策力度进行分析。

主题词模型

主题词模型（LDA 模型）是一种文档主题生成模型，用于识别大规模文档集中所潜藏的主题信息。对于旅游产业政策语料库中的每一篇政策文档，该模型通过构建 3 层贝叶斯概率模型，先对每一篇文档从主题分布中抽取一个主题，随后从上述被抽到的主题所对应的词语分布中抽取一个词语，重复上述过程，直到遍历文档中的每一个词语，最后得到每个文档的主题分类概率：

$$p(\varphi_{1:k}, \theta_{1:D}, z_{1:D}, w_{1:D}) = \prod_{i=1}^{k} p(\varphi_i) \prod_{d=1}^{D} p(\theta_d) \left(\prod_{n=1}^{N} p(z_{d,n}|\theta_d) p(w_{d,n}|\varphi_i, z_{d,n}) \right)$$
$$(3-1)$$

公式（3-1）中，每一篇政策与 K 个主题的一个多项分布相对应，将该多项分布记为 θd，其先验分布为 $\theta d=Dirichlet（\alpha）$，每个主题又与词语表中的 V 个词的一个多项分布相对应，其先验分布为 $\varphi k=Dirichlet（\beta）$。具体来讲，LDA 模型来确定文档的主题分类概率的步骤如下：

首先，对于每个文档 $d, d \in D$，多项分布参数 $\theta d \sim Dirichlet（\alpha）$，$D$ 为整个政策文本空间，可得文档 – 主题对应的多项式分布参数 θd。

其次，对于每个主题 $z, z \in K$，多项式分布参数 $\varphi k \sim Dirichlet（\beta）$，$K$ 为所有主题组成的集合，可得。

接着，对于文档 d 中的第 i 个通过分词得出来的词语 $w_{d.i}$，根据文档对应的主题分布的多项式分布 $Z_{d.i} \sim Mult（\theta d）$，从中抽取一个主题。

最后，对于上述被抽到的主题 $w_{d.i}$，根据主题与词语对应的词语多项式分布 $W_{d.i} \sim Mult（\varphi k）$，得到词语，直到遍历每一个词语。文档所属主题概率依据贝叶斯公式，可用一组有关联的词语及其在该主题上的概率表示出来，即公式（1）。

值得指出的是，主题词模型通过吉布斯抽样避开了对于参数 α 和 β 的估计，变成对政策文档中每个词语的主题采样，通过对词语所属主题的确定和频次的计算，将 *Dirichlet* 分布中参数 α 和 β 变成了超参数。

政策力度测算

政策力度反映了政府机构对旅游产业的重视程度，一般来讲，某个地区的政策力度越大，该地区对于旅游产业的重视程度越高。对于政策力度的量化研究，要综合考虑政策的发布主体和政策类型两方面影响因素（张蕾等，2020），因此，本章将分别对政策发布主体和政策类型进行打分。其中，政策发布主体的评分中，一般认为，发布单位级别越高，政策作用力度越大（芈凌云等，2017），即政策力度按照国家级、省级、市级、区县级逐级递减，其评分赋值分别为 4—1 分。从政策类型的角度，《立法法》规定法律的效力高于行政法规，行政法规效力高于规划型文书，规划型文书效力高于其他规范性文件（郭振江，2015），其评分赋值按照上述标准逐级递减。各项政策评分表如表 3-1 所示。

表 3-1　政策发布单位、政策类型评分表

政策主体	得分	政策类型	得分
国家级	4	法律	4
省级	3	规划型文书（规划、纲要、方案）	3
市级	2	办法、规定、决定、意见、条例、细则	2
区县级	1	通知、公告	1

注：多机构联合发文时，按最高级别的发文单位进行赋值；当下级政府对上级政府的政策进行转发通知时，该项政策以上级政府单位进行赋值且不重复赋值。

基于表 3-1，政策力度计算公式如下：

$$EP = \sum_1^n (EI_i + ET_i)_i \tag{3-2}$$

式中，EP 为政策力度总分，为第 EI_i 条政策的政策主体评分，为第 i 条政策的政策类型评分。某地区某年份的政策力度值为该地区该年份内 n 条政策的政策主体和政策类型评分总和。

值得指出的是，由于政府发布政策文件习惯的不同，许多旅游产业政策涉及多个等级类型，例如，2011 年湖北省十堰市人民政府印发"十堰市人民政府印发《十堰市旅游业管理办法》的通知"，并未单独将《十堰市旅游业管理办法》公示于政府官网，而是以通知公告的形式，将"办法"作为附件发布在"通知"内。对于这一类政策，本研究认为它属于更高级别的政策类型，而不属于通知公告类的政策。

3.1.2 数据来源

21 世纪以来，我国的旅游产业随着人民物质生活水平的提高进入快速发展阶段，逐步开始获得各级政府的重视，旅游产业政策开始大量出台。2000 年，《旅游标准化工作管理暂行办法》出台，使得旅游产业的发展和政府机构对旅游产业的管理有了标准的依据。综合考虑旅游产业的发展阶段和旅游产业政策的情况，本章尽可能完全地还原当前的政策体系，因此，在时间跨度上，选取了 2000–2020 年期间的 5757 条旅游产业政策作为研究对象。本章中，旅游产业政策数据来源于国家和相关省市的文化和旅游部网站、中央和各级地方人民政府网站、国家统计局和各地方统计局、国家和地方各部委，以及法律之星网站作为政策数据的补充来源。本章将"旅游""文旅""景区"三个能描绘旅游活动的词语与"政策""通知""规划""意见""公告""方案"等规范性文件的用语进行排列搜索，依次从国家级和各省文化和旅游厅、相关政府网站，将这些政策爬取下来。同时，搜索"治理""饭店""旅行社""导游"等与旅游产业密切相关的词语，从中获取和旅游活动直接相关的政策。在此基础上，进入法律之星网站，查询对应的国家和地方的规范性文件，对现有的政策进行逐级补充完善。最后，进行人工筛选，去除重复的政策和有关旅游单位发布的与旅游产业无关的政策（例如旅游团建活动的通知等）。为了方便主题词模型的建立，政策内容包括政策标题、发布时间、发布单位、效力级别和政策全文。对各级别、各职能部门进行网罗式政策搜索，可以比较全面地获得所有发布过的旅游产业政策，进而还原和描述当前的旅游产业政策空间。

3.2 旅游产业政策结构分析

3.2.1 旅游产业政策数量

本节从旅游产业政策数量结构的角度，分时间、分地区对旅游产业政策数量进行统计分析，解析旅游产业政策发布数量的时间趋势和空间布局。

不同时间的旅游产业政策数量

旅游产业在我国的发展经历了漫长的时间，旅游产业的经济社会定位也在不断改变。因此，不同时间阶段中的旅游产业政策数量有所波动。同时，政策体系的完善和复杂政策空间的形成需要各级政府执政能力的提高和政府体制的完善，政府治理能力的提高是一个长期的过程，治理初期和完善时期的政策数量也会有较大差异。

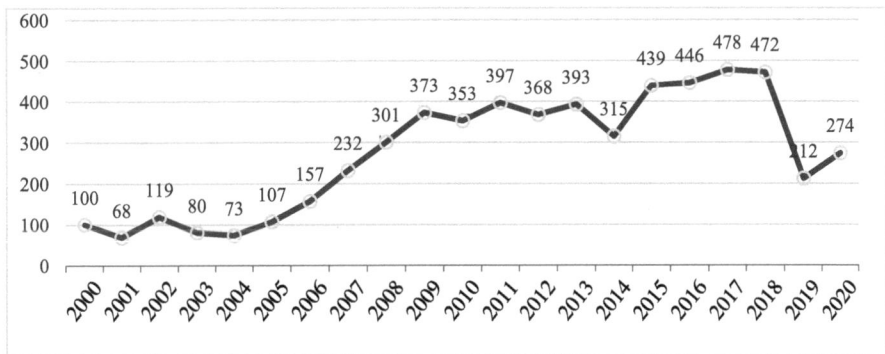

图 3-1　2000-2020 年我国旅游产业政策数量变化

图 3-1 报告了 2000-2020 年我国旅游产业政策体系的政策数量变动情况，不难发现，整体上我国旅游产业政策数量呈现上升趋势。2000-2005 年，旅游产业数量较少，平稳中上下波动，这段时间对旅游产业的关注度有所欠缺；2006-2009 年，是旅游产业政策数量的快速增长期，逐步重视旅游产业的发展；2010-2014 年，政策数量维持在较高的稳定水平上，表明这一阶段旅游产业进入了高水平的稳定发展阶段。2015 年，随着"旅游 +"概念的提出，旅游产业拥有更强劲的协同发展能力并衍生出更具吸引力的业态形式，注入了新的产业活力。随着政府发布和执行能力的大幅提高，与之配套的政策大量出台，2015-2018 年，旅游产业政策数量再次进入更高的稳定水平。2019 年，旅游产业在政府相应政策的引导下进入了良性的发展状态和较完善的产业发展阶段，政策数量开始减少。2020 年，新冠疫情的暴发使得政府出台更多的安全防控政策，政策数量有所回升。总体而言，从旅游产业政策数量的时间变化上看，我国对旅游产业发展的重视程度逐步增加，旅游产业的发展日趋完善，旅游产业政策与产业实践发展形成了较紧密的联系。

不同省份的旅游产业政策数量

我国各省份的经济发展程度差异较大，各省份的经济支柱产业也有所差异。同时，各省的旅游资源和产业发展特点有所差异，导致旅游产业政策的出台有地域差异。

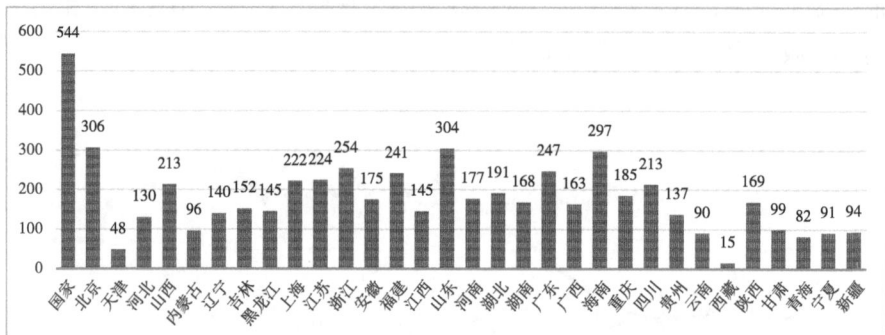

图 3-2 不同省份的旅游产业政策数量

图 3-2 显示了不同省份的旅游产业政策数量情况。不难发现，各省份之间的政策发布差异较大。中央级别的政策数量远大于所有省份的数量，可以初步认为旅游产业在全国层面上受到了重视，由中央部门统筹引导发展。北京、山东、广东和海南等地的政策发布数量较多，西藏、青海和天津等地区的旅游产业政策数量较少。总体而言，旅游产业政策的数量呈现东部地区最多，中部地区其次，西部地区和东北地区的数量最少的分布格局。这一分布趋势和旅游经济情况相吻合。因此，仅从政策数量层面上，可以初步认为旅游产业政策与旅游经济发展联系紧密。

3.2.2 旅游产业政策结构

除了数量关系外，旅游产业政策的发布结构、发文单位的网络关系也是量化分析旅游产业政策空间的重要角度。事实上，政策发布单位是政策制定的主体，不同级别、不同职能的单位出台的政策的针对性有所不同，各级别、各部门的相互配合保障了旅游产业的各个环节和各个方面的衔接与协同，引导旅游产业更好的发展。

政策级别结构

在 2000-2020 年 5757 条旅游产业政策中，中央级别的政策发布单位发布了 544 条，其他各级省份政府共发布了 5213 条政策，国家级别的政策数量占比为 9.46%。从这一政策级别结构来看，当中央级别的政府单位发出领导性的政策文件后，地方政府根据自身的经济社会环境和旅游产业发展状况会对政策进行细致的拆分实施，并因地制宜地发布对应政策。

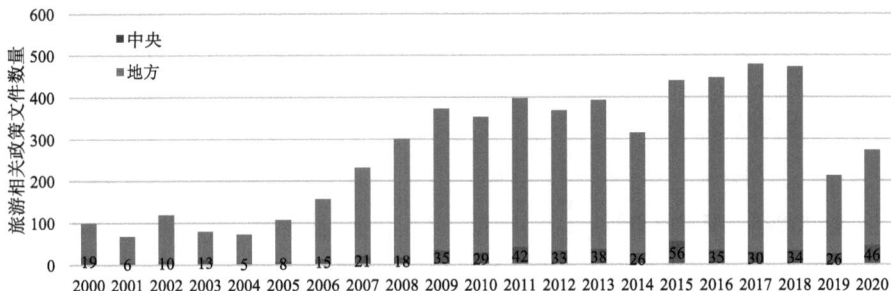

图 3-3　2000–2020 年中央和地方政策数量结构

图 3-3 显示了 2000–2020 年中央和地方政府发布的旅游产业政策的数量结构。不难发现，中央政策机构的发文在 2006 年之前较少，2009 年开始达到较高的水平。2015 年后，尽管中央级别政府的政策数量增加，但其在总政策数量中的占比在变少，旅游产业呈现出各地个性化引导发展的格局。

政策发布单位结构

对政策的发布的职能单位进行分析，可以探索旅游产业的主管部门以及各部门之间的合作情况，从而判断政府相关机构对于旅游产业的管理机制以及对旅游产业政策体系的参与思路。表 3-2 显示了旅游产业政策中中央级和地方级的政府机构的政策发布情况，由于存在多部门联合发文的情况，因此发文量的比例总和加起来大于 100%。

表 3-2　中央机构和各级政府发文情况

中央机构	发文量占比（%）	地方机构	发文量占比（%）
原国家旅游局 / 文化和旅游部	79.60	原旅游局 / 文化和旅游局 / 文化局	44.14
国家发展和改革委员会	6.99	人民政府	27.80
财政部	3.86	旅游发展委员会	10.07
农业部 / 农业农村部	3.49	物价局	2.49

中央机构	发文量占比（%）	地方机构	发文量占比（%）
交通运输部 / 交通部	2.76	人大常务委员会	2.03
公安部	2.39	主管委办局	1.98
国家林业局 / 国家林业和草原局	2.02	财政局 / 厅	1.00
原建设部住房和城乡建设部	2.02	各市市委	0.92
国务院办公厅	2.02	工商行政管理局	0.90
国务院	1.65	各省省委	0.58
国土资源部 / 自然资源部	1.47	税务局	0.38
国家工商行政管理总局	1.29	原建设厅 / 住建厅	0.38
工业和信息化部	1.29	农业局 / 厅	0.27
原国家食品药品监督管理总局	1.29	发展和改革委员会	0.15
其他	13.60	其他	7.67

注：联合发文时，一份政策会分别算到每个机构中，因此比例总和大于100%。

由表 3-2 可知，无论是中央机构还是地方机构都主要集中在旅游局 / 文化和旅游部（局）上。中央机构中，大部分旅游产业政策的发布集中在原国家旅游局 / 文化和旅游部上，这一比例高达 79.60%。这说明，旅游产业的主管部门是文化和旅游部，其他单位对于旅游产业发展的参与较少，旅游产业发展主要还是由文化和旅游部统筹发展。这也侧面反映了尽管旅游已经成为经济支柱型产业并且其地位大大提升，但是在政策层面上并没有受到其他部门更多的关注。排在第二的是国家发展和改革委员会，占比为 6.99%，和文化和旅游部的发布占比有断崖式的差距。国家发改委的职能是统筹和协调各产业的发展，因此相比于其他部门发布的政策数量较多。财政部、农业部 / 农业农村部、交通运输部 / 交通部和公安部的发文占比紧随其后，分别为 3.86%、3.49%、2.76% 和 2.39%。

地方机构的政策发布集中度相比于中央机构要分散，发文占比前三的机构分别是各地的原旅游局（厅）/ 文化和旅游局、各省市区的人民政府以及各地的旅游发展委员会。这说明，旅游产业的发展在地方政府层面上相比于中央级别更受重视，参与到旅游产业发展中的政府单位更为多样化。

在联合发文情况方面，中央机构的联合发文比例远高于地方机构的联合发文比例。中央政府所有发文单位占比的总和加起来为 125.56%，有大约四分之一的政策为多部门的联合发布，而地方政府所有发文单位占比的总和加起来为 101.15%，说明地方层面上的多部门联合发文情况较少。这一差别说明中央层面上的政策发布思路与地方层面上有所差别，中央层面上往往以宏观指导和多角度干预为主，因此会出现多个部门多角度综合发文的情况。而地方政府层面上的政策往往比较具体，由单独的部门贯彻实施。

3.2.3 旅游产业政策类别

政策类型分布

为了合理运用不同类型的政策影响力，以实现不同重要程度、不同范围、不同环节、不同对象的政策目标，发布的政策类型有所差异。在当前的旅游产业政策空间中，包含的政策类型多达等 12 种，详见表 3-3。

表 3-3 各类型政策的数量和占比情况

政策类型	数量	占比
法律	5	0.09%
规划纲要	168	2.92%
方案	68	1.18%
办法	583	10.13%
意见	686	11.92%
决定	67	1.16%
条例	183	3.18%
规定	84	1.46%
细则	63	1.09%
通知	3790	65.83%
公告	60	1.04%

表 3-3 显示了当前旅游产业政策空间中，各类型政策的占比数量和占比情况。不难发现，数量最多的是"通知"类政策，数量高达 3790 条，

占比为 65.83%。这一类政策的内容较具体，目标对象具有针对性。由于这类政策的影响力较小，政策发布比较灵活和频繁，成了最常用的政策发布类型。其次是"意见"和"办法"，分别占 11.92% 和 10.13%，这两类政策多为引导性政策，包含对旅游企业和下属政府机构的要求，这两类政策也有部分是产业运行的具体依据性政策。此外，"规划纲要"和"条例"的占比分别为 2.92% 和 3.18%。相比之下，其他类的政策较少。尤其是法律，仅有《中华人民共和国旅游法》（2013 年版，2018 年和 2020 年修订）以及《中华人民共和国出入境管理法》等。

政策工具分布

依据罗恩韦尔和泽格维尔德的政策理论，所有政策工具的运用均可以分为供给、需求和环境三种不同类型。其中，环境型政策主要是对旅游产业发展的宏观社会环境进行规制和引导，供给型政策主要从对旅游产业政策投入建设的角度出发，需求型政策主要包括从需求侧对旅游消费需求进行促进和管制。

对于我国 2000-2020 年 5757 条旅游产业政策的政策分类，本章采用人工逐条筛选分类的方法，将每一条政策逐一归类到每一个政策工具类型的小类别中。分类的依据是该政策中最主要的政策工具的应用情况。值得指出的是，目前我国有一些旅游产业政策中，有一些政策并未使用三大类政策工具，属于其他类政策。此外，有一些政策的政策工具运用中，同时使用了供给型政策工具和需求型政策工具，且通过人工判断认为两项政策工具的应用同样重要，则将这样的政策同时分到两种政策工具类型中，因此出现了政策数量占比之和大于 100% 的情况。具体而言，共有 50 条政策既属于需求型政策工具也属于供给型政策工具，例如《国务院办公厅关于进一步促进旅游投资和消费的若干意见》（2015）等。其他的旅游产业政策均能够比较清晰地判断主要的政策工具应用情况。同时，专项资金政策的分类遵循按政策目的分类的原则：拨给事业单位，通过举办活动和引导发展等方式，改善旅游产业发展环境的专项资金，属于环境型政策；最终拨给旅游供给方，目的是突破旅游供给的资金问题的专项资金，属于供给型政策。我国旅游产业政策的政策工具的分布情况详见表 3-4。

表 3-4 旅游产业政策的政策工具的分布情况

类型	类别	数量 / 占比	类型	类别	数量 / 占比
供给型政策 (631, 10.96%)	人才政策	187（3.25%）	环境型政策 (4031, 70.02%)	创新改革	619（10.75%）
	科技支持	73（1.27%）		目标规划	1367（23.75%）
	基础设施建设	276（4.79%）		法律法规	4（0.07%）
	资金投入	95（1.65%）		税收支持	48（0.83%）
需求型政策 (358, 6.22%)	消费刺激	278（4.83%）		金融政策	28（0.47%）
	政府采购	5（0.09%）		财政政策	41（0.71%）
	旅游贸易管制	74（1.29%）		市场规制	1405（24.41%）
	服务外包	1（0.02%）		机构管理	344（5.98%）
其他	其他政策	787（13.67%）		检查防控	175（3.04%）

由表 3-4 可以看出，我国旅游产业政策空间中最常用的政策工具是环境型政策，共 4031 条，占比为 70.02%；其次是供给型政策，共 631 条，占比为 10.96%；需求型政策有所匮乏，仅有 358 条，占比为 6.22%。这一政策工具结构的合理性有待提高，三类政策工具的数量差距较大，在各个旅游环节的衔接上可能会出现缺乏配合和效率较低的情况。在数量最多的环境型政策中，市场层面上的市场规制政策（1405 条，占比为 24.41%）和宏观层面上的目标规划类政策（1367 条，占比为 23.75%）最多，说明当前的旅游产业政策空间中，宏观上重视旅游产业的发展方向，并善于利用管理性和逆向限制性的政策对旅游市场的行为进行规范。这一结论也体现在经济层面上的政策数量较少上，财政、金融和税收政策均为正向激励性政策，即通过经济方面的激励保障旅游业更好的发展，但这一类政策的数量却较少，分别为 41 条（0.71%）、28 条（0.47%）和 48 条（0.83%）。

供给型政策中，基础设施建设政策数量最多（276 条，占比为 4.79%），其次是旅游人才政策（187 条，占比为 3.25%），说明在旅游要素的投入中，资本要素和劳动要素受到了较大的重视，事实上，旅游基础设施的完备与否决定了旅游景区的吸引力，旅游人才的素质高低决定了游客的旅游体验好坏，这两项是重要的供给投入。资金投入类政策共 95 项，主要是关于旅游产业的专项资金拨付和投入。旅游产业的信息化和科技支持是近几年互联网信息技术发展浪潮中产生的新概念，由于发展时间较短，因此涉及的政策数量也有限。

在需求型政策中，政府采购和服务外包极为匮乏，以需求刺激政策（278条，占比为4.83%）为主，其次是旅游贸易管制（74条，占比为1.29%）。尽管这类政策工具下以需求刺激型政策为主，但是政策形式多以宏观层面的鼓励和目标为主，缺乏具体的实施细则。关于旅游贸易管制政策，主要是对出入境市场进行管制。

3.3 旅游产业政策内容分析

3.3.1 旅游产业政策主题

对旅游产业政策体系的数量和结构进行分析，能够初步了解当前旅游产业政策空间的侧重点和政策发布趋势。产业政策内容和政策主题之间的管理需要通过文本挖掘等自然语言处理的方法，去解析其背后的政策逻辑。本节将以5757条政策的政策内容为语料库，利用主题词模型（LDA模型），挖掘出近20年来的政策主题和每个主题下的关键主题词，并解析各个主题逐年的演化趋势。

数据预处理

在从各省份、各级别的政府职能部门的网站上获取并筛选出5757条旅游产业政策后，首先需要对语料进行处理。未进行处理的语料库规模为2227万字，即所有政策文件的总字数共2227万字。考虑到除了政策内容外，政策的发布时间、发布单位和标题都是值得研究的对象，因此输入的语料库中也包括这些数据字段。随后，对文本进行预处理，主要包括分词处理和停用词处理，使得文本数据结构化，本章使用R语言中的jiebaR分词包对中文进行分词，最终获得jason格式的建模数据。

主题数量设置

对语料库进行LDA模型训练时，需要对主题的数目进行确定。如果主题数目太多，就会导致信息的分散，产生多余的、无意义的主题。但如果主题数目太少，则会导致多个主题糅杂成一个综合主题，增加解释难度。本章综合考虑LDA模型输出的困惑度指标（复杂性指标）和实际的产业政策分类数量，并利用主题熵进行主题过滤，最终认为主题词 K=12 时主题颗粒大小合适，主题意义明确，拟合效果较好。

模型结果分析

经过 LDA 模型的训练，可以获得词项 – 主题概率分布（某词语在某主题下的概率分布，为 V*12 维的矩阵，其中 V 为词项的数量）和主题 – 文档概率分布（某主题在某政策文档下的概率分布，为 5757*12 维矩阵，一个文档可能有多个主题）。通过比较分析各政策文档的主题概率和政策内容，再结合主题与词项关键词的概率分布关系，可以确定出主题 1 至主题 12 的具体内容分别是什么，得出旅游产业政策空间的主题及每个主题下的主题关键词，详见表 3–5。

表 3–5 旅游政策主题及其主题关键词表

主题编号	主题内容	主题关键词
1	旅游创新改革	智慧旅游 全域旅游 乡村建设 扶贫政策
2	旅游开发建设	资源开发 度假区 旅游圈 景区建设
3	旅游标准试点	标准化 行业标准 节能减排 试点工作
4	旅游法规条例	主管部门 经营者 法律法规 遵守条例
5	旅游安全检查	安全检查 事故隐患 安全意识 火灾 汛期
6	旅游市场秩序	门票价格 依法查处 宰客 打击欺诈
7	企业申报评定	申报材料 补贴补助 评委评定 检察院
8	文化和旅游融合	文化旅游 文艺创作 图书馆 中医药
9	旅游机构管理	旅行社 地接社 保证金 年检
10	卫生与突发防控	突发事件 传染病 食品安全 客房整洁
11	行政许可与处罚	行政许可 营业性 规范性 行政处罚
12	旅游消费拉动	投资消费 招徕 扩大消费 消费需求

为探寻旅游产业政策的主题强度大小，将所有主题 – 文档矩阵中各主题 – 文档对应的概率数值相加，得到 12 个主题下每个主题的主题强度大小，其分布见图 3–4。

由表 3–5 可知，我国近 20 年来的旅游政策内容主题主要包括旅游创新改革、旅游开发建设、旅游标准试点、旅游法规条例、旅游安全检查、旅游市场秩序、企业申报评定、文化和旅游融合、旅游机构管理、卫生与突发防控、行政许可与处罚和旅游消费拉动，这些主题既涉及宏观的旅游发展方向，也涉及微观的条例细则；既有涉及旅游开发建设的供给型主题，也有涉及旅游消费拉动的需求型主题；既有正向激励型的申报评定，也有逆向限制型的行政处罚。根据对内容主题的提取和分析，当前的旅游产业政策空间比较全面，但是关于旅游消费的政策强度有所欠缺，相比之下旅游市场规制和管理类的内容较多。

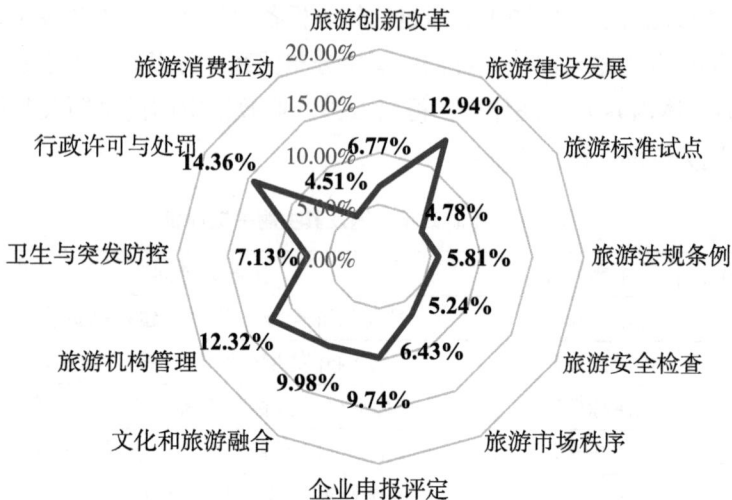

图 3-4 旅游产业政策语料库的主题强度分布

以旅游产业的革新为主题的政策旨在结合当前经济发展形势，为我国旅游产业的转型和改革提供指导。事实上，我国经济社会环境经历了复杂的变化过程，从经济快速增长转变为经济高质量发展，旅游政策目标以适应和辅助经济发展为指南，不断创新旅游发展方向：2009 年《国务院加快发展旅游业的意见》从需求侧提出推进旅游消费常态化，制定旅游休闲纲要；2013 年制定《旅游质量发展纲要》关注旅游产品的质量发展；2015年下发《农业部要求做好休闲农业与乡村旅游推介工作的通知》，大力发展乡村旅游等新形式旅游，旅游的扶贫作用初显；2016 年正式提出全域旅游新概念，2017 年 2 月出台《全域旅游旅游示范区创建工作导则》，旅游发挥带动作用协同经济发展；2018 年适应数字经济时代的转变，各地倡导旅游信息化，《关于加强规范引导提升旅游支付便利化水平的通知》等规定出台使旅游方式产生变革。未来，为适应经济变化、辅助经济增长和社会发展，旅游改革类的政策也会不断变化。这一类主题强度在所有主题强度中占比为 6.77%，主题强度不高。事实上，方向型的宏观政策作为指导性的意见，往往缺乏具体的实施准则，应用较少的篇幅规划产业的大致发展方向，这一强度结构在整个政策空间中比较合理。

旅游开发建设保障了旅游基础设施的建设和旅游带的形成。我国从 2004 年开始重视旅游基础设施的建设，例如，广东省设置景点建设的专项资金（2004）；四川省、海南省、山东省、江苏省等开展景区厕所专项建设项目（2005）。2010–2015 年，对于旅游开发建设的主题政策达到较高水平，以《国务院办公厅关于促进旅游投资和消费的若干意见》（2015）为代表的景区的资源开发和建设政策相继出台，保障了游客的旅游体验，是打造旅游品牌、推广旅游产品的基础。事实上，在旅游资源开发和旅游景区建设的过程中，除了鼓励开发的政策内容外，还有一系列税收财政政策和相应的生态环境保护政策配套实施，以提供经济支撑和生态保护。例如，《湖北省环境保护局关于加强旅游开发建设环境管理的通知》（2000）规定了配套措施，以限制旅游资源开发过程中对环境的影响。这类政策通过对旅游景区的建设不断拓宽旅游市场，拓展旅游产品的内涵，促进新形态和旅游圈的形成，推动了旅游经济的快速增长。旅游开发建设的政策内容的政策强度占比为 12.94%，在所有内容主题中强度较高，说明了各级政府的重视程度。旅游业的发展不仅依赖于资源禀赋，对旅游资源的后期开发、塑造、修缮和其他配套设施的建设也至关重要。

旅游标准试点、旅游法规条例、行政许可与处罚、企业申报评定、旅游市场秩序和旅游机构管理六类政策内容旨在规范旅游市场，出台相应标准，管理旅游经营，以保证旅游产业的规范和稳健发展。《全国旅游标准化工作办法》（2009）的出台为各地制定标准化试点工作实施方案提供了依据，规定了旅游业服务的基本标准和评定规则。随后，《国务院办公厅关于加强旅游市场综合监管的通知》（2016）进一步加强了监管力度，围绕着旅游各方各面，相继出台了《旅行社服务质量赔偿标准》（2011）、《旅游市场秩序专项整治工作方案》（2012）、《游客不文明记录管理暂行办法》（2015）等政策，陆续开展了全国旅游价格检查专项工作。从价格、市场秩序、服务质量等方面进行全面监管，确保旅游业健康发展。各地方政府深刻贯彻中央旅游工作精神，相继围绕相关文件，转发、学习并制定出符合当地旅游发展情况的政策。这一类规范旅游市场和管理旅游市场参与者行为的政策在政策强度方面最高，总共占比为 53.44%，体现了我国当前旅游产业政策空间中，大力关注旅游市场和旅游参与者的行为。这 6 个主题的政策中，旅游法规条例和旅游标准试点属于宏观层面上对微观主体的规制，剩下四类主题的政策属于针对微观主体行为的详细规则，包括经营的许可、标准、秩序、处罚、申报等各个方面的规定，当前旅游政策体系在旅游市场和市场参与者上有很大的投入。

旅游安全检查和卫生突发防控这两类政策旨在减少外部突发情况对旅游业的冲击，确保面对突发情况能迅速反应、科学规避，从而加强旅游业的抗震能力和复苏能力。《旅游健康安全工作基本要求》（2003）出台后，围绕着食品安全、消防安全、汛期安全、交通安全、暑期安全、传染病防控、灾害防控等方面，相关部门逐年出台了一系列安全与应急工作的通知，逐步形成《旅游安全管理办法》（2016），保障旅游业的平稳运行。地方政府根据自身地理特点、气候特点、经济特点和市场特点，进一步制定具有针对性的策略。例如，2008 年，四川省旅游局出台《地震灾后重建政策措施》、福建省定期出台《关于进一步加强台风天气旅游工作通知》等。2020 年，《关于做好新型冠状病毒感染的肺炎疫情防控工作的通知》紧急出台，控制人员流动。随着疫情的有效控制，相关部门逐步出台《旅游景区恢复开放疫情防控措施指南》等复苏措施。安全与卫生作为我国旅游产业政策空间中的两个重要主题，说明了当前政策体系的完善性。由于安全事件和健康事件的偶发性和突发性，这类政策内容的强度在整个政策空间中占比不高，共计 10% 左右，这一政策强度结构比较合理。

文化和旅游融合是当前旅游发展的重点方向，2018 年《国务院机构改革方案》规定成立文化和旅游部，标志着以文促旅、以旅彰文的重要发展方针。事实上，由于文化和旅游业的天然耦合性，文化和旅游的发展早有雏形：2009 年，文化部和旅游局印发《关于促进文化与旅游结合发展的指导意见》，为促进不同形式的文化旅游，相应政策应运出台：《关于进一步促进红色旅游健康持续发展的意见》（2009）；国家发展改革委和国家旅游局印发《全国生态旅游发展规划》（2016），国家旅游局制定《国家温泉养生旅游》行业标准（2017），融入不同文化要素的文化旅游形式在政策的引导下有条不紊地蓬勃发展。文化和旅游的融合作为旅游产业转型和改革发展的一个方向，其政策内容在政策体系中的强度占比为 9.98%，足以显示我国政府机构对文化和旅游融合发展的重视程度。

旅游消费拉动属于旅游消费刺激类政策，这类政策旨在从需求侧挖掘旅游消费潜力，通过补贴、优惠、奖励等手段刺激旅游需求的产生并保障旅游需求的变现。这类主题的政策涉及两个方面：一是直接对消费者进行激励，迎合消费者的消费热点，满足各类消费需求，以及给予直接的消费补贴。例如，《湖南省旅游局关于做好湖南旅游消费券兑付工作的通知》（2009）直接通过发放消费券的形式补贴民众的出行费用，进而促进旅游消费；《国务院办公厅关于进一步扩大旅游文化体育健康养老教育培训等领域消费的意见》（2016），开辟热点旅游消费市场，打造更具吸引力的旅游产品以拓宽消费空间。二是间接通过奖励供给商和规制供给商的行为，营造更好的旅游消费环境。例如，《河北省旅游局游客招徕奖励办法》（2012），通过建立旅行社的奖励机制，鼓励旅行社自行吸引游客。这类政策内容的强度在所有主题中最弱，仅占 4.51%，说明旅游消费刺激类的政策有所匮乏。究其原因，一方面，随着人民生活水平和可支配收入的提高，人民人本素质的变化催生了内源性的旅游需求，这一阶段内的国民旅游热情处于较高水平，旅游消费需求在不断自动涌现。另一方面，聚焦于需求侧的政策效果往往不如从供给侧对市场进行规制，政策实施难度大于从供给侧对旅游市场进行管理。因此，政策发布主体会选择通过保障供给市场秩序以提高游客体验，增加旅游吸引力，进而刺激旅游消费的产生。然而，随着国际经济社会环境的变化以及新冠疫情对旅游业冲击，要想实现旅游业的快速复苏，畅通"十四五"期间的国内经济大循环，旅游消费刺激类的政策应成为当前旅游政策的侧重点之一。

3.3.2 旅游产业政策演化

旅游产业政策的演化分析能够洞悉旅游产业的变迁和旅游产业的发展动向，是把握各阶段旅游热点的重要手段，本节将按照时间顺序对旅游产业政策的关键词和主题内容强度进行解析。对旅游产业政策语料库中的政策文本分词和去停词处理后，计算出词频，并去掉"旅游业""产业""人民政府"等无法反映主题的高频词后，得到表 3-6 "2000-2020 年间各年度旅游产业政策的高频词汇"，词语顺序按照词频由高到低排列。

表 3-6 2000-2020 年历年旅游政策语料高频词

年份	语料高频词
2000	旅游者 旅行社 主管 经营 服务 景区 标准 经营者 导游 安全 价格 资源 开发
2001	景区 开发 企业 服务 经营 市场 旅行社 旅游者 资源 安全 规划 主管 价格
2002	旅行社 导游 市场 经营 旅游者 行政 旅游业 整治 服务 景区 活动 企业 开发
2003	规划 旅行社 经营 旅游者 行政 景区 服务 企业 资源 旅游区 开发 厕所 安全
2004	旅行社 经营者 服务 经营 规划 资源 主管 景区 开发 活动 旅游区 安全 导游
2005	旅行社 景区 开发 服务 经营 企业 资源 旅游者 文化 旅游区 经营者 主管 宣传
2006	旅行社 企业 安全 服务 景区 市场 经营 开发 资源 宣传 文化 饭店 实施
2007	旅行社 安全 景区 经营 服务 企业 游客 市场 开发 导游 资源 乡村 检查 人员
2008	安全 旅行社 景区 企业 服务 活动 应急 经营 市场 饭店 旅游者 人员 休闲
2009	旅行社 安全 国际 景区 企业 服务 生产 经营 文化 组织 游客 规划 要求
2010	旅行社 安全 企业 服务 景区 组织 标准 经营 检查 开展 信息 游客 饭店
2011	景区 安全 旅行社 企业 服务 文化 休闲 规划 游客 组织 开发 检查 完善
2012	企业 景区 安全 旅行社 服务 文化 休闲 重点 乡村 经营 开展 标准化 游客
2013	安全 景区 旅行社 企业 检查 活动 游客 宣传 标准 文化 乡村 休闲 经营
2014	安全 景区 企业 旅行社 经营 生产 重点 检查 文化 信息 游客 活动 宣传
2015	景区 安全 企业 旅行社 服务 游客 文明 检查 应急 经营 重点 乡村 信息化
2016	安全 景区 企业 服务 旅行社 市场 乡村 经营 监管 文化 信息化 游客 检查
2017	安全 文化 景区 企业 服务 乡村 休闲 游客 责任 旅行社 特色 经营 打造
2018	景区 安全 文化 服务 企业 乡村 旅行社 实施 经营 责任 游客 信息化 全域
2019	文化 服务 景区 安全 市场 检查 企业 经营 组织 特色 乡村 推进 责任 规划
2020	文化 服务 企业 疫情 景区 安全 防控 体育 演出 乡村 责任 违法 市场 落实

表 3-6 的语料库高频词汇是指每一年所有的政策文件中提到次数最多的词语,反映了当年旅游发展的侧重点。不难发现,2000-2007 年,旅游景区和旅游资源开发是政策的重要关注点,这些年我国出于旅游基础设施的建设阶段,尚且没有形成完备的景区体系。2009-2012 年对于旅行社的管理和其他旅游企业的经营管理成为关注的重点。同时,文化、休闲、乡村等关键词逐渐出现,表明这些年旅游产业的发展方向由单纯的景点旅游

往更新的旅游业态方向发展。2013-2018 年，安全成为最高频的词汇，表明除了旅游市场本身的经营秩序外，外界的安全干扰也开始对旅游产业产生冲击。同时，信息化逐渐成为这些年的高频词之一，凸显了旅游产业顺应数字经济时代发展的转型特点。2018 年，文化和旅游部正式成立后，文化在 2019 年和 2020 年成为频率最高的词汇，充分凸显了旅游产业的发展方向和旅游政策导向。为了进一步探索各年度各政策主题的变迁，本章将每一年各个主体的主题文档概率分布数值相加，得到各年度各政策主题的政策强度，绘制成图 3-5。

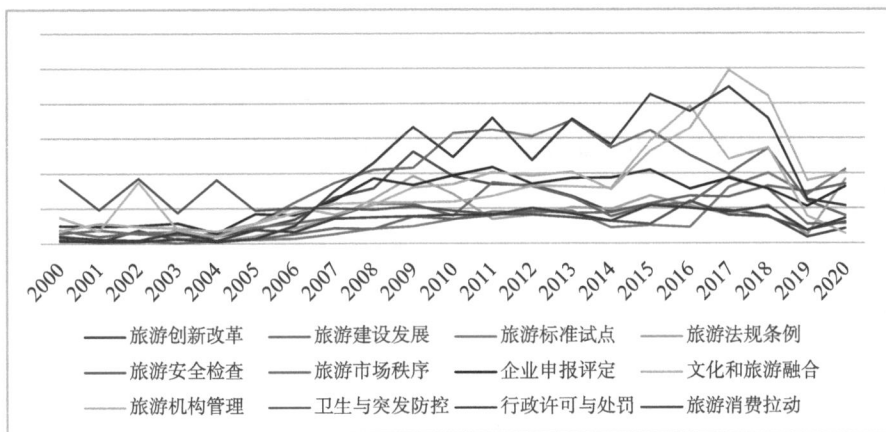

图 3-5　2000-2020 年各政策主题强度变化图

2000-2005 年期间，各项主题的政策强度都明显小于 2006 年以后的强度，这段时间内旅游产业并没有受到政府机构的足够重视，同时政府的执行能力也在完善的过程中，导致总体政策数量偏少，政策内容的强度偏低。2006 年开始，旅游区发展建设类的政策比例较大，并且呈现出先上升后下降的趋势。2006 年，当时许多旅游资源还处于开发阶段，2016 年开始逐渐形成了完善的旅游景区体系，景区景点的设施达到饱和状态。旅游机构管理类的政策占比逐年上升，行政许可与处罚类的政策始终占比较高。随着旅游市场的发展壮大，各地政府都在出台相应措施管理旅游机构的运营，保障旅游者的消费权利，保证旅游业的健康运行。相比之下，旅游安全类的政策占比较少，安全事件往往具有突发性质，并非旅游业常态，因此受到的关注没有对旅游市场的规制和旅游改革的引导类政策多。文化和旅游融合类政策从 2014 年开始迅速增长，在 2016 年和 2018 年占比较多，究其原因，2016 年正式发布《"十三五"旅游业发展规划》，明确指出文化和旅游融合发展的新方向，各地政府以此为依据，规划当地的发展规划，导致了文化旅游政策的集聚出台。2018 年文化和旅游部正式合并成立，使得文化旅游发展迈入新阶段，我国旅游产业结构实现了结构性的转型。

3.4 旅游产业政策力度分析

3.4.1 政策力度时间变化

根据表 3-1 中的政策评分表和式 3-2 的政策力度测算公式，计算得到2000-2020 各年的旅游产业政策的政策力度时间变化图，详见图 3-6。

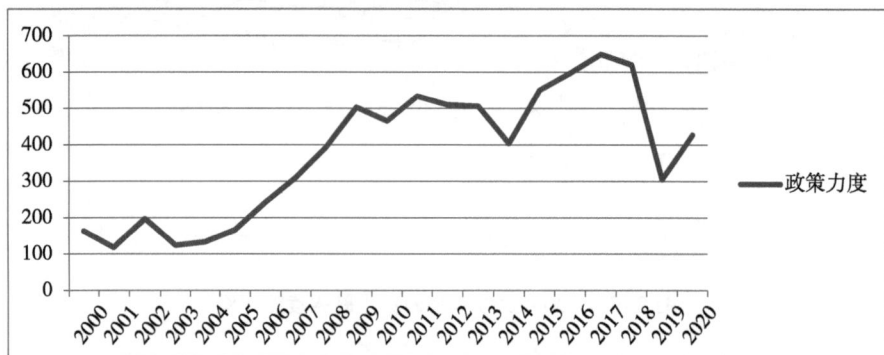

图 3-6 2000-2020 年旅游产业政策力度时间变化图

图 3-6 显示了 2000-2020 年来政策力度的变化情况，不难发现，旅游产业政策力度的趋势变化和旅游产业政策数量的趋势基本一致，但也有不同。2000-2005 年，旅游产业的政策力度较小，这段时间的政策数量也较少。值得注意的是，2002 年的政策力度相比于其他年份较高，这一年中，国家层面上出台了《中国旅游饭店行业规范》等效力较大的政策。2006-2009 年，政策力度迅速增大，这段时间旅游产业处于快速的成长阶段，这段时间政策数量和政策力度的发展趋势吻合。2010-2015 年，政策数量上升到比较稳定的区域中，但是相比于政策数量，这段时间的政策力度有更明显的波动，从波动情况来看，2014 年的发文单位效力级别和发文类型的

效力相对而言较小。2015-2018 年，政策力度不断增加，稳定在较高水平，说明旅游产业政策和旅游产业总体发展形成了协调发展模式。到 2019 年，政策力度开始有所回落，这一时期的政策数量也在下降，旅游产业在政府相应政策的引导下进入了良性的发展状态和较完善的产业发展阶段，对于政策引导和规制的依赖下降。

3.4.2 政策力度地区差异

　　旅游产业政策的发布不仅在不同的社会发展阶段有所差异，在各个地区之间也因为各省的经济发展情况和旅游发展情况的不同有所差异。事实上，旅游产业政策的发布会有一定的时滞性和时效性，即政策发布后，需要经过一定的实施时间，才能够看到政策效果，如果政策在有效期内，那么只要政策不被废止，就会持续发挥它的效果，直到被修改或被废止。因此，对于各个地区的政策力度计算，不可以只看某一个年度单独的政策力度，应该引入"政策存量"的概念。"政策存量"概念在研究政策力度中被大量学者所选择，例如，李倩等（2021）在计算新能源产业政策的政策力度时采用累加各年度新能源产业政策力度的方式来计算"政策存量"概念的政策力度，张国兴（2014）等研究节能减排政策的效应时，同样采用了逐年累加的方式计算之后年度的旅游产业政策力度。因此，本章中，将借鉴当前学者的研究，使用"政策存量"的概念计算每一年的政策力度，即以 2000 年为元年，之后的每一年只要政策没有被废止，都将前一年的政策力度叠加在本年度上；如果某项政策被废止或过期，则减去该项政策的政策力度。在后续的实证分析中，政策力度也将沿用"政策存量"的概念。

　　2020 年我国各地区的政策力度存在较明显的差异，也具备明显的空间分布特点。北京、山东、广东、浙江、江苏等东部沿海地区的政策力度相对较高；其次是东北地区和部分中部地区省份，例如吉林、湖北、山西、四川等；相比之下，西部地区，例如内蒙古、西藏、新疆、甘肃和宁夏等地区的政策力度较低。总体而言，东部地区的旅游产业政策力度较大，中部地区次之，西部地区最小，这可能与各省份的经济发展程度和旅游发展程度有关，也可能会对旅游产业的经济效应产生影响，具体的关系有待在后续的实证章节中对旅游产业政策效应的空间关联进行探索。

3.5 基本结论

本章在第 2 章的基础上，进一步从定量的角度分析了当前旅游产业政策体系的数量关系、结构关系、内容主题和政策力度。本章先利用网络爬取技术尽可能全面地获取了 2000-2020 年各个级别和各个职能部门发布的 5757 条旅游产业政策，以尽可能全面的还原出我国当前的旅游产业政策体系；随后对我国旅游产业政策体系进行量化分析：利用描述统计探索数量关系，利用贡献分析分析结构关系，利用主题词模型（LDA 模型）挖掘内容主题；最后测算和分析政策力度。

从旅游产业政策的数量结构来看，2000-2020 年我国旅游产业政策数量呈现上升趋势，我国对旅游产业发展的重视程度逐步增加，旅游产业的发展日趋完善，旅游产业政策与产业实践发展形成了较紧密的联系。地区的数量分布上，旅游产业政策的数量呈现东部地区最多，中部地区其次，西部地区和东北地区的数量最少，这一分布趋势和旅游经济情况相吻合。从旅游产业政策的结构关系看，中央级别的政策发布和地方级别的政府发布数量之比为 1:10.2。2015 年后，尽管中央级别政府的政策数量增加，但其在总政策数量中的占比在变少，旅游产业呈现出各地个性化引导发展的格局。此外，中央级别上，大部分旅游产业政策由文化和旅游部发布，拥有较大的话语权，地方层面上呈现政策发布机构多样化的结构。

从旅游产业政策的类别差异来看，数量最多的政策类型是"通知"类政策，这类政策内容较为具体，可执行性较强，目标对象具有针对性。由于这类政策的影响力较小，政策发布比较灵活和频繁，成了最常用的政策发布类型。其次是"意见"和"办法"，其他类型的政策较少。从政策工具类别的角度，我国旅游产业政策空间中最常用的政策工具是环境型政策，其次是供给型政策，需求型政策有所匮乏，政策工具结构的合理性有待提高。三类政策工具的数量差距较大，在各个旅游环节的衔接上可能会出现缺乏配合和效率较低的情况。

从旅游产业政策的内容主题来看，通过建立 LDA 模型对语料库的文本挖掘，认为我国近 20 年来的旅游政策内容主题主要包括：旅游创新改革、旅游开发建设、旅游标准试点、旅游法规条例、旅游安全检查、旅游市场秩序、企业申报评定、文化和旅游融合、旅游机构管理、卫生与突发防控、行政许可与处罚和旅游消费拉动。当前的旅游产业政策空间比较全面，但是关于旅游消费的政策强度有所欠缺，相比之下旅游市场规制和管理类的内容较多。

从旅游产业政策的政策力度来看，采用"政策存量"的概念对各年度的政策力度进行叠加结算，发现旅游产业政策力度的趋势变化和旅游产业政策数量的趋势基本一致，东部地区的旅游产业政策力度较大，中部地区次之，西部地区最小。结合旅游产业和旅游经济的发展情况，发现旅游产业政策力度较大的省份，往往旅游产业的经济发展也不错。因此，本研究初步认为旅游产业的政策力度对旅游产业的经济发展有一定的影响，具体的关系有待在后续的实证章节中对旅游产业政策效应的空间关联进行探索。

第二部分 总 结

旅游产业在经济转型提供的优质发展环境中，把握黄金发展阶段，不断吸纳其他产业的元素，盘活了其他经济产业的优质资源，不仅实现了旅游经济的增长，也带动了其他产业经济的协同发展，成了"十四五"时期畅通消费大循环、激发经济活力的支柱型产业。同时，旅游产业在不同发展阶段中有不同的使命，旅游产业政策适应着不同时期的经济社会发展使命，不仅促进了旅游产业发展壮大，也服务国家总体发展方针，具有重要的作用和地位。

因此，研究旅游产业政策及政策的经济效应至关重要。当前的研究存在研究对象单一、研究方法局限、研究深度不足的问题。政策数据难以全面获取、政策数据向实证模型转化的机制尚未统一等问题限制了实证方法的应用，使研究大多停留在政策有效性的验证上，导致了研究结论的单薄，也由此缺乏向具体省份案例应用的转变途径。

第二部分运用数据爬取技术、文本挖掘技术等现代化统计技术，分析了我国当前的旅游产业发展趋势、发展结构、发展要素，并从定性和定量分析两个角度，对我国旅游产业政策体系进行了深入挖掘。研究表明，当前我国旅游产业处于快速发展阶段，旅游产业结构在城乡和区域方面存在较大差异，但这些差距在逐渐缩小，逐步形成均衡化的发展局面。旅游要素投入方面，各项要素近几年都在迅速累积，且随着发展布局越来越合理化。当前，我国旅游产业已经形成了多类型、多主体、多阶段的复杂政策空间，政策涵盖环境、供给、需求等多各方面，涉及宏观、经济、市场、企业和游客等多个方面。

通过对政策体系的量化分析，研究表明，政策数量上呈现上升趋势，且数量分布与旅游经济发展情况相吻合；政策发布的单位结构上，呈现出由旅游部门主导、各地政府个性化引导发展的格局；政策的类别上以环境型政策为主，需求型政策有所匮乏，政策工具结构的合理性有待提高；政策的文件类型以可执行性较强的"通知"类政策为主；政策的内容上，主题包括旅游创新改革、旅游开发建设、旅游标准试点、旅游法规条例、旅游安全检查、旅游市场秩序、企业申报评定、文化和旅游融合、旅游机构管理、卫生与突发防控、行政许可与处罚和旅游消费拉动；政策力度上趋势变化和旅游产业政策数量的趋势基本一致。

第二部分是对旅游产业政策体系本身的定性和定量分析，能够清晰地展示政策体系的发布规律，帮助决策者了解政策的薄弱环节和欠缺之处，对未来的政策发布主题、发布数量上有一定的借鉴意义。然而，政策的实施效果，不同类型、不同地区的效果差异是政策发布更应关注的方面，效应是调整旅游政策的依据，也是保证旅游政策效率的必要条件。因此，在第三部分中，将深入分析旅游产业政策的经济效应。

第三部分
旅游产业政策经济效应分析

　　旅游产业政策引导旅游产业在宏观经济运行和国民幸福生活中发挥重要作用，具有重要的功能。对于旅游产业政策的分析，不仅要关注政策本身，更要关注政策产生的社会经济系统新机制及不断发展扩大的经济效益。各政府职能部门、各地区在不同的时间点根据自身发展需要颁布不同类型、不同主题、不同目标的旅游产业政策，形成了复杂的政策体系。在面对复杂的旅游产业政策空间时，单纯的验证政策经济效应会使研究成果停于表面，应深入分析其类别差异、空间关联和时间趋势。

　　因此，第三部分致力于多角度对旅游产业政策经济效应的研究：在验证旅游产业政策经济效应的基础上，初步分析旅游产业政策的作用机制，并进一步在第5、6、7章中深入探索了其类别差异、空间关联和时间趋势，以期得到更细致的结论，提出更有效的建议。

第 4 章

旅游产业政策经济效应及机制研究

本章在第一部分的分析基础上，对旅游产业政策的经济效应进行实证研究，验证了旅游产业政策的经济效应并分析了部分作用机制。在现有的相关研究中，众多学者从应用层面上，借鉴生产函数理论的逻辑，构建了相应的经济模型（余伟等，2016；王慧娴，2016；程华等，2013）。这些研究模仿生产函数的逻辑，侧重于建立旅游经济增长和政策变量以及其他变量之间的关系，本章借鉴这些研究，构建了理论模型，通过取对数的方式建立旅游产业政策经济效应的普通面板回归模型（Panel Model），验证了旅游产业政策的总体经济效应。本章以旅游人才储备为中介变量，建立了中介效应模型，初步探索了旅游产业政策的作用机制。

4.1 研究依据及设计

4.1.1 研究依据

政策的经济效应研究

在当前的实证研究中，众多学者将生产函数理论应用到旅游产业中。例如，帕帕乔吉欧（2008）指出与国民经济增长不同，旅游资源是旅游产业重要的物质基础，在经典的生产函数中增加了旅游资源要素以研究旅游产业的经济增长；王慧娴（2016）提出了包含资本、劳动、技术、资源和政策的生产函数。与此同时，在产业政策的研究中，也有众多学者以 C–D 生产函数的拓展形式为模型母板，将产业政策作为要素纳入模型中考量。

但事实上，上述的研究更多的是建立了包括政策在内的要素和旅游经济增长之间的关系，并非构建了严谨的生产函数模型。当前的研究更多的是从应用层面，模仿生产函数的经济逻辑，构建的普通经济理论模型。因此，出于对学术严谨性的考量，也出于实证研究的目的，在验证产业政策的经济效应时将借鉴上述研究的逻辑和生产函数构建的逻辑，从理论上设定普通的经济模型，并建立旅游政策和旅游经济之间的关系（即公式 4-1）。

政策效应机制分析

旅游产业作为劳动密集型产业，旅游服务人员是旅游产业发展的重要资源，也是旅游企业经营、服务、创新和转型的关键所在。众多学者指出旅游人才会受到旅游产业政策的影响，不仅体现在当前旅游从业人员上，也体现在旅游人才结构和未来旅游从业人员的期望上（张鑫，2014；郝丹璞等，2022）。事实上，当旅游产业政策释放出积极的行业信号时，会吸引更多的从业者加入该产业，也会引导更多学生学习旅游专业，形成丰厚的旅游人才储备力量。高等院校的旅游学生不仅是未来旅游人员的潜在人选，高等的专业训练也可能改变着未来的旅游人才结构。旅游人才结构对于旅游经济增长有重要的促进作用（刘军等，2018）。在众多产业政策效应的研究中，学者们都认为产业的人才储备作为产业的资源补充受到产业政策的影响，对产业发展产生重要影响，是产业政策发挥效用的重要途径。

在探究产业政策作用机制和作用路径的众多研究中，中介效应模型被广泛应用。中介效应模型是目前社会领域使用较多的工具，能够有效分析产业政策的渠道机制，打开政策作用的黑箱。例如，高伟等（2020）利用中介模型分析新能源汽车政策的政策路径，指出技术创新是重要的中介因素；何有幸等（2022）利用中介模型分析价值认知在环境政策中的中介作用。因此，以现有研究为依据，在政策效用机制分析中，认为旅游人才储备是重要的政策中介变量，将建立中介模型进行验证。

4.1.2 研究设计

研究思路

本章的研究思路分为两步：第一，验证旅游产业政策总体上的经济效应；第二，验证旅游产业政策是否能够通过旅游人才储备的政策渠道来影响旅游经济发展。首先，以当前的政策效应研究为依据，模仿生产函数的逻辑，建立旅游总收入和旅游资本、旅游资源、旅游劳动、信息技术、旅游政策之间的普通经济模型。在此基础上，通过取对数的方式建立旅游产业政策经济效应的普通面板回归模型，并对各个参数进行估计，对结果进行分析。其次，以旅游产业的人才储备为中介变量，建立旅游产业政策—旅游人才储备—旅游经济增长的中介效应模型，探究旅游产业政策的作用机制。

变量说明

（1）旅游业经济水平，被解释变量，选取旅游总收入来衡量。本研究探索旅游政策的经济效应，根据理论基础部分的分析，研究对象应为旅游产业的经营发展所获得的增加值。然而，前文已经说明，由于旅游产业增加值中劳动者报酬难以核算，当前的主流研究中多用收入法核算旅游产值，即用旅游总收入来代替旅游产业的总产值（钟伟，2013）。此外，在旅游政策经济效应的研究中，众多学者也用历年旅游总收入作为政策经济效应的体现。本研究将沿用这一思路，选择旅游总收入作为被解释变量的替代指标，记为 Inc。

（2）旅游政策，核心变量，选取政策力度的滞后项来衡量。政策的出台是根据市场现状和经济发展需求出台的一系列措施，政策力度的大小反映了政府对旅游产业的重视程度和规制力度，具有一定的时滞性。政策实施后，其影响具有持续性和时效性。换言之，在政策有效期内，政策一直发挥作用，将产生持续的影响效果，当政策被修改或废止时，认为政策力度随即消失。基于这一逻辑，本研究采用政策存量的概念测算旅游业的政策力度，即各省份当年的政策力度为之前年度已发布且生效的政策力度累计值，加上当年新发布的旅游政策，减去当年废止或超过有效期的政策力度。由于政策的出台以市场现状为依据，政策需要一定的时间去落实，故本研究使用政策力度的滞后项探索对旅游产业发展的影响，即探索前一年的政策力度对当年旅游业发展的影响，记为 Pol。

（3）旅游资本，控制变量。旅游业的发展离不开旅游相关设施的前期开发建设投资，根据旅游生产函数理论，投资是旅游经济快速增长的重要原因之一。旅游资本当前主要包括旅游企业的资本投入、旅游企业的资本性支出以及非旅游企业中属于旅游业务部分的资本投入，但统计难度较大，目前多数学者选取旅游企业的固定资产原值作为旅游资本的替代指标，并验证了该指标对旅游经济增长的重要意义。本研究将沿用这一思路，记为 Cap。

（4）旅游劳动，控制变量。旅游产业作为服务业，属于劳动密集型产业，对旅游服务人员的参与有较大的依赖。由于旅游从业人员存在直接和间接之分，同时部分规模以下的旅游相关企业不在统计范围内，使得旅游从业人员数据的全面获取变得困难。因此，本研究借鉴大部分学者的处理方法，以纳入旅游统计年鉴的旅游核心企业的从业人数作为旅游劳动投入的替代指标，记为 Lab。

（5）旅游资源，控制变量。旅游资源禀赋是旅游目的地的重要吸引物，是旅游产业开发利用的对象，是游客观光游览的主体对象，是旅游产业发展的基石。事实上，旅游的目的从以前的游览消遣目的逐步拓宽到当前的社会学习目的，通过和旅游资源对象的互动、沉浸体验和相关知识的学习，游客达到各自个性化的旅游目的，旅游资源作为主要吸引物，其概念随着旅游产业的发展而不断拓宽。随着我国旅游进入大众旅游阶段以及文旅融合的不断推进，旅游景点和非景点之间的界限逐步变得模糊，旅游资源成了一个复杂的概念，学术界缺乏权威的定义。考虑到旅游资源的吸引物性质和游览性质，同时考虑文旅融合的旅游发展趋势，选取全国 5A 级景区数量、全国国家级风景名胜区、世界遗产数量和博物馆数量的总和作为旅游资源的替代指标，记为 Res。

（6）信息技术，控制变量。旅游产业的技术进步主要是信息技术的进步发挥重要作用。互联网信息技术的发展引导着"互联网＋"与旅游业的深度融合，变革着旅游产品的定制、更新和销售方式。网络规划、预订、交易旅游行程已经成了旅游出行的重要选择。互联网打破了游客的信息不对称，赋予游客强大的产品选择能力，影响着旅游消费和旅游产业的发展。因此，互联网普及率是与旅游产业技术进步联系较为紧密的指标，能准确反映各地区的信息技术水平，采用互联网普及率作为信息技术的替代指标，记为 Int。

（7）人才储备，中介变量。旅游院校是培养专业旅游人才的重要场所，是旅游人才储备的重要来源。旅游院校分为高等院校和中等职业院校，培养了不同层次、不同岗位、不同目标的人才。事实上，旅游人才储备的数量和结构，都可能受到旅游产业政策的影响，进而影响旅游产业的经济发展，都值得探究其中介效应。因此，选取旅游高等院校数量和旅游院校总数量分别作为中介变量，探究旅游人才储备的中介作用，分别记为 Uni 和 Sch。

数据来源

旅游产业相关数据和中介变量数据，旅游资本、旅游劳动、旅游资源、旅游院校数据来源于 2001-2019 年《中国旅游统计年鉴》《中国文化文物和旅游统计年鉴》《中国统计年鉴》及各省份的《旅游统计年鉴》。互联网普及率来源于历年的《中国互联网络发展状况统计报告》和权威资讯公司。最终获取的旅游产业数据包括以及 2001-2019 年的旅游产业面板数据，具体指标包括各省国内旅游收入、国际旅游外汇收入、各类旅游场所数量、旅游院校数量、各地旅游企业的从业人员数和固定资产原值等。政策力度数据来源于各级、各部门的政府网站，政策的获取方法、获取范围、获取数量以及政策力度的计算方法在第 3 章已详细说明，在此不赘述。

值得说明的是，在政策量化分析中，本研究的目的是尽可能完整地还原当前的旅游产业政策体系，分析了截止到 2020 年的数据，以求充分分析政策体系。在实证研究部分，由于最新数据是 2019 年的数据，加上对政策滞后性的考量，2000 年的政策力度对应体现在 2001 年，因此实证的时间尺度为 2001-2019 年。时间尺度选择是综合考虑了分析完整性和数据局限性后的最优选择。

此外，对于旅游总收入、固定资产原值等价值量指标，以 2001 年为基年，对其进行可比价处理，使用剔除价格因素后的数据进行建模。

4.2 旅游产业政策经济效应分析

4.2.1 模型构建

借鉴当前政策经济效应的研究，模仿生产函数的逻辑，建立了旅游收入与旅游资源、旅游资本、旅游劳动、信息技术和旅游政策的经济模型：

$$Inc = APol_{\alpha 1}Res_{\alpha 2}Cap_{\alpha 3}Lab_{\alpha 4}Int_{\alpha 5} \tag{4-1}$$

式中，a_i 为各自变量的弹性系数，A 和 a_i 为常数。为估计各参数值，对（4-1）式左右两边同时取自然对数，建立以下的普通面板回归模型：

$$LnInc = C + \alpha_1 LnPol + \alpha_2 LnRes + \alpha_3 LnCap + \alpha_4 LnLab + \alpha_5 LnInt + \varepsilon \tag{4-2}$$

式中，C 为常数项，a_i 为待估的各自变量系数，ε 为随机扰动项。

4.2.2 实证结果分析

对（4-2）式中的各项系数进行估计，普通面板回归结果见表 4-1。回归结果为固定效应模型的估计结果。

表 4-1 旅游经济影响因素的模型估计结果

变量	系数	t 统计量	P 值
lnRes	0.545***	11.320	0.000
lnCap	0.077*	1.950	0.052
lnLab	0.098**	2.050	0.041
lnInt	0.388***	9.610	0.000
lnPol	0.211***	6.890	0.000
Constant	6.491***	8.890	0.000
Observations	589		
R-squared	0.893		
Number of state	31		
state FE	YES		
year FE	YES		

注：*** p<0.01, ** p<0.05, * p<0.1

基于 2001-2019 年的面板数据，建立（4-2）式中的普通面板回归模型，结果表明 F 统计量对应的 P 值为 0.000，即说明可以拒绝"该模型与空模型没有显著差别"的原假设，认为模型的建立是有意义的。从回归结果来看，除了旅游资产外，所有的系数均通过了显著性水平为 0.01 的检验，说明旅游资源、旅游劳动、旅游政策和信息技术对旅游产业的经济发展有显著的促进作用，初步验证了旅游产业政策的有效性。

政策变量分析

核心变量旅游政策要素的系数为 0.211，且通过了显著性水平为 0.01 的检验，验证了旅游产业政策的经济效应，即旅游产业政策的颁布能够促进旅游产业的经济发展。事实上，前文分析中已经提到，当前的旅游产业政策空间比较完备，尽管政策结构上有待提高，但考虑到了旅游产业发展的方方面面。从政策内容和形式的角度，当前的旅游产业政策既涉及宏观的旅游发展方向，也涉及微观的条例细则；既有涉及旅游开发建设的供给型主题，也有涉及旅游消费拉动的需求型主题；既有激励型的申报评定，也有限制型的行政处罚。宏观的政策为旅游产业发展指明方向，配合着具体实施细则，保证了旅游产业高效地顺应社会趋势发展；基础设施建设的投资类政策从供给的角度打造了更具吸引力的旅游吸引物，配合着消费拉动型政策，使得旅游产品契合消费热点、旅游发展引导消费热点，衔接起供需双方；激励型政策和限制型政策，能够维持旅游市场的秩序，有效管理旅游相关单位。

当前政策要素的系数比旅游资源和信息技术的系数低，单纯从数值上看，说明政策要素对于旅游产业的经济发展作用还有提高的空间。这可能是因为当前的政策结构和政策内容有待进一步完善。关于旅游政策内容方面，主要体现在需求类政策的缺乏上，对政策体系的分析中已经提到，当前的旅游产业政策空间比较完善，涉及旅游的各方面，但是政策结构中需求类政策较少，使得旅游消费缺乏活力，使旅游经济的发展略显疲软。关于旅游政策结构方面，战略层面的制度性政策和具体层面措施性政策的配合与衔接效率有待提高。事实上，制度性的政策把握旅游产业的发展方向，为旅游产业提供健康的发展环境。对应的，需要众多具体的措施性政策辅助，例如，纠正市场主体的不规范行为，激励相关主体顺应当前的方向发展，建立有序的市场秩序等，这些政策应对应宏观发展方向，为旅游产业的整体发展建立良好的微观基础。然而，实际操作层面上，宏观目标和方向类的政策并没有针对性的、具体性的措施性政策分解实施。例如，推动旅游产业的信息化和数字化发展的方向性政策下，只有为数不多的地方政府出台对旅游网站的扶持发展和旅游政务的信息化转型措施。

综上所述，尽管当前的旅游产业政策成了显著影响旅游经济发展的因素之一，但由于部分政策内容的缺失和宏微观政策配合衔接效率的限制，导致政策要素的作用有限。未来，随着旅游产业政策体系的不断完善，政策将发挥更重要的旅游推动作用，政策红利也将成为"十四五"期间挖掘旅游消费潜力和畅通消费循环的原动力。

其他变量分析

旅游资源要素的系数为 0.545，且通过了显著性水平为 0.01 的检验，并且其系数在各项要素中最大，说明旅游资源作为旅游目的地的重要吸引物，是游客观光游览的对象，是旅游产业发展的基石，对旅游经济的发展有重要促进作用。事实上，在旅游消费需求的升级导致旅游体验中对文化的需求与日俱增的社会发展背景下，文化具备了旅游吸引物的属性。同时，技术的创新模糊文化和旅游产业之间的技术边界，旅游资源的边界逐步扩大，形成了广义的、无限的资源支撑。因此，广义的旅游资源的作用在旅游经济发展中越来越重要。"十四五"文化和旅游发展规划中提到旅游产业的转型和升级，应大力发展乡村旅游、休闲旅游、老年旅游、红色旅游、健康旅游和邮轮经济，使得旅游吸引物的形式进一步广泛化，使依托于旅游资源的旅游产品进一步创意化，更加凸显了广义旅游资源的重要作用。

旅游资本要素的系数为 0.077，并且通过了显著性水平为 0.1 的检验。旅游业的发展不仅依赖于资源禀赋等天然旅游吸引物，对旅游资源的后期开发、塑造、修缮和其他配套设施的建设也影响着旅游产业的发展。但是，相比于其他要素，旅游资本要素的系数最小，说明当前的旅游形式已经逐渐从传统的旅行社导向转变为自由行导向，旅游吸引物也从传统的需要投入建设的景区景点拓展到了遍在性的社会化吸引物中。因此，在近 20 年的旅游产业发展中，游客对旅游企业的依赖越来越小，导致旅游企业的投资对旅游经济发展的影响越来越小。另外，我国旅游产业的基础设施建设和资金投入集中于 2000-2008 年。这期间，各级政府出台大量基础设施建设政策，旅游资本的投入在这一阶段迅速增长，随后接近饱和状态。因此，这期间内对于各大景区的开发已经基本完成，满足了游客的基本需求，导致了后续旅游资本的投入对于旅游经济发展的影响有限。

旅游劳动要素的系数为 0.098，且通过了显著性水平为 0.05 的检验，说明旅游劳动的投入能够显著促进旅游收入的增长，对旅游经济有重要的促进作用。事实上，旅游产业属于服务业，旅游产品往往具有定制性质，旅游路线和配套的吃住行购娱等活动都需要相应的服务人员提供咨询、预订和售后保障服务。旅游从业人员的参与保障了旅游产业的有序经营。无论是旅游景区的开放，还是饭店、交通、旅行社等传统旅游企业的经营，或者是度假村、民宿客栈、OTA（旅游在线代理商）平台的运营，都依赖于相关从业人员维持客企之间的沟通。相比于信息技术、旅游资源和旅游政策的变量系数，劳动变量的系数较小，且显著程度低，说明旅游产业正由传统的劳动密集型产业转型。这一现象的背后可能有两大原因：一是随着互联网信息技术的不断发展，互联网的交互影响下，传统的投入要素的作用被削弱。二是我国的旅游人才建设体制有待优化，旅游产业因其就业容量大、难度小等特点，广泛吸纳了中低层次的劳动力，整体的就业素质不够。未来，旅游产业的发展中，要展开旅游人才的培训，提高从业水平，顺应旅游产业的发展和改革趋势，成为不可替代的要素。

信息技术要素的系数为 0.388，并通过了显著性水平为 0.01 的检验，表明了信息技术在我国旅游经济发展中的重要地位。2006 年，《旅游电子商务技术规范》的出台为互联网融入旅游产业奠定了基础，确定了信息技术在旅游产业中的重要地位，促进了旅游业向信息密集型和信息依托型的产业转型，加快了旅游产业创造旅游收入的效率。从需求侧来看，互联网具有强大的信息影响能力，激发了游客的旅游需求，并保障了需求的变现能力。具体而言，游客能借助网络平台自主选择旅游产品，并利用互联网强大的预订和交易系统保障了需求的变现能力。从供给侧来看，互联网加快了需求向旅游产业的反馈能力，并通过强大的资源整合能力即时推出创新的旅游产品。互联网具有强大的学习能力，能够快速学习和挖掘旅游需求，为旅游产品的革新提供了方向，其强大的资源整合能力突破了个性化定制旅游产品的成本障碍，不断提供新的旅游产品。综上，互联网作为信息技术要素的核心代表，增加了游客的旅游需求并提高了旅游产业的生产效率，成为当前旅游经济发展的重要推力。

政策要素对于旅游经济的促进在本节中得到了实证验证，对于政策影响程度的初步分析中，初步推理认为由于政策内容和政策结构衔接等因素，导致了当前的政策影响程度不如其他作用显著的要素高。因此，探索不同类型政策的经济效应差异能够得到更细致的结论，有助于完善旅游政策的出台方向，这部分实证研究将在第 5 章中进行。

4.3 旅游产业政策作用机制分析

4.3.1 模型构建

在验证了旅游产业政策有效性的基础上，本节将进一步构建旅游产业政策的中介效应模型，对旅游产业政策具体的经济效应作用机制进行分析。中介模型的构造如下：

$$LnInc = a_0 + a_1 LnPol + a_2 LnRes + a_3 LnCap + a_4 LnLab + a_5 LnInt + \varepsilon$$

$$(4-3)$$

$$LnUni(LnSch) = b_0 + b_1 LnPol + b_2 LnRes + b_3 LnCap + b_4 LnLab + b_5 LnInt + \mu$$

$$\text{（4-4）}$$

$$LnInc = c_0 + c_1 LnPol + c_2 LnRes + c_3 LnCap + c_4 LnLab + c_5 LnInt + c_6 LnUni(LnSch) + \sigma$$

$$\text{（4-5）}$$

其中，a_i，b_i，c_i 为待估的各自变量（包括核心变量、控制变量和 / 或中介变量）和常数项的系数，ε、μ 与 σ 为随机扰动项。

式（4-3）和（4-2）相同，是对旅游产业政策的经济效应的检验，政策系数 a_i 表示旅游产业政策的经济效应大小。式（4-4）是旅游产业政策与中介变量影响效应的检验，b_i 表示政策变量的影响系数，$LnUni$（$LnSch$）为中介变量，在不同的中介机制简言之，分别代表高等人才储备（Uni）和全部人才储备（Sch）。式（4-5）同时检验旅游产业政策与中介变量的经济效应。其中，c_i 是控制了中介效应影响的情况下，旅游产业政策对旅游经济增长的直接效应大小，c_6 是控制了政策效应下，中介变量对旅游经济的效应大小。式（4-4）中的政策对产业政策对中介变量的影响系数 b_1 与式（4-5）中中介效应系数 c_6 的乘积 $b_1 c_6$，是旅游产业政策通过中间变量对旅游经济水平的影响效应大小，即旅游产业政策的间接经济效应。

在实际操作中，采用逐步法对中介效应进行检验。温忠麟（2014）指出，逐步法的检验力度最低，无法检验出弱中介效应。因此，如果逐步法检验出了显著的中介效应，则该中介效应的作用机制的可信度较强。具体的检验步骤为：

a. 验证模型（4-3）中的政策系数 a_1，若显著，则进行后续检验，否则终止。

b. 验证模型（4-4）中的政策变量的影响系数 b_1，以及模型（4-5）中的系数 c_6，若同时显著，则认为中介效应显著，中介效应大小为 $b_1 c_6$。

c. 若 a、b 的检验同时显著，且模型（4-5）中的系数 c_1 显著，则中介变量为不完全中介效应。

4.2 节中，已经验证了旅游产业政策的经济效应，即模型（4-3）中的政策系数显著，故而进行 b、c 两个步骤。

4.3.2 实证结果分析

对模型（4-4）和（4-5）各项系数进行估计，实证分析结果见表 4-2。

回归结果为固定效应模型的估计结果。表4-2中的（1）为模型（4-3）的估计结果，（2）、（3）为中介变量为全部旅游院校数量时（4-4）和（4-5）的估计结果，（4）、（5）为中介变量为高等旅游院校数量时（4-4）和（4-5）的估计结果。

基于2001-2019年的面板数据，分别建立式（4-4）和（4-5）中的中介效应模型。表4-2的第（2）列结果表明，以旅游总人才储备为中介变量的模型中，旅游产业政策的系数并不显著，未能通过检验，认为旅游总人才储备并不是旅游产业政策发挥政策经济效应的显著传导渠道。值得说明的是，采用逐步法进行中介效应检验，系数不显著可能是因为旅游总人才储备的中级效应较弱，并未被识别出来。

进一步，考察旅游高等人才储备的中介效应，表4-2的第（4）和（5）列结果表明，（4）中旅游产业政策的系数和（5）中中介变量模型的系数同时显著，可以判断认为旅游高等人才是可行度较强的中介变量。从结果来看，以Uni为中介变量的模型中，所有的系数均通过了显著性水平为0.1的检验。

表4-2　旅游产业政策经济效应的旅游储备人才中介作用分析

模型 变量	（1） Income	（2） Sch	（3） Income	（4） Uni	（5） Income
lnSch			0.179***		
			（6.34）		
lnUni					0.189***
					（6.22）
lnPol	0.211***	0.028	0.206***	0.210***	0.171***
	（6.89）	（0.63）	（6.95）	（5.08）	（5.64）
lnRes	0.545***	0.302***	0.491***	0.160**	0.515***
	（11.32）	（4.30）	（10.38）	（2.45）	（10.99）
lnCap	0.077*	0.032	0.072*	0.029	0.072*
	（1.95）	（0.55）	（1.87）	（0.54）	（1.87）
lnLab	0.098**	0.026	0.093**	0.026	0.093**
	（2.05）	（0.38）	（2.02）	（0.40）	（2.01）

续表 4-2

模型 变量	（1） Income	（2） Sch	（3） Income	（4） Uni	（5） Income
lnInt	0.388***	0.162***	0.360***	0.158***	0.359***
	（9.61）	（2.75）	（9.14）	（2.89）	（9.10）
Constant	6.491***	1.796*	6.171***	1.043	6.294***
	（8.89）	（1.69）	（8.72）	（1.06）	（8.90）
Observations	589	589	589	589	589
R-squared	0.893	0.351	0.900	0.577	0.900
Number of state	31	31	31	31	31
state FE	YES	YES	YES	YES	YES
year FE	YES	YES	YES	YES	YES

注：*** p<0.01，** p<0.05，* p<0.1

从第（5）列可以看出，在控制了旅游产业政策的情况下，旅游高等储备人才显著激励了旅游经济的增长。其中，中介效应的大小约为 0.0397（0.210*0.189），占总效应比重的 18.81%，说明旅游产业政策，一部分是通过影响旅游高等人才储备，对旅游经济增长产生了促进作用。由第（3）和（5）列可以看出，总旅游人才储备和高等旅游人才储备的系数均是显著的，说明旅游人才储备，对旅游经济发展有正向促进作用。由表 4-2 可以得出以下几个结论。

旅游人才储备，无论是总人才储备或是高等人才储备都对旅游经济发展有正向促进作用，高等人才储备的影响更大。旅游人才储备是旅游从业人员的重要后备力量，是旅游从业人员充满活力的补充来源。旅游产业发展至今，在旅游形式、旅游产品、旅游服务等方面都有了重大变化，对旅游储备人才的技能要求也随之提升，对旅游储备人才的多样性也有所要求。例如，旅游的形式从传统的旅行社旅游向线上发展，未来也会衍生出更多与互联网结合的新型旅游产品，因此需要更多的技能型旅游储备人才，以维护旅游网站的稳定运行；旅游产品的创新需要能够及时研究和预测游客旅游偏好的变化，并且研判经济社会形势，整合要素资源，因此需要研究型旅游人才；旅游企业需要高效整合企业资源，规划企业经营安排，也需要充足的服务人员在一线基础游客提供服务，因此需要管理型旅游人才和服务型旅游人才。无论是需要高等人才储备的科研型人才、管理型人才和技术型人才，还是普通的服务型人才，都在旅游产业的各个环节承担了重要的角色任务，各司其职，都对旅游经济发展起到了重要的促进作用。此外，对标准化后数据进行建模，旅游高等人才储备的系数比旅游总人才储备的系数大，说明高等人才储备对旅游经济的刺激作用更大，在旅游经济发展中扮演了更重要的角色。事实上，随着旅游信息化的推进，旅游产业逐渐由劳动密集型向信息密集型产业转型，技术型、管理型人才对于旅游产品创新、旅游信息化建设等重要的经营环节有重要作用，相比之下服务型人才容易被人工智能所取代。

　　旅游总人才储备不受旅游产业政策的影响，旅游高等人才储备受到产业政策的影响。旅游产业政策的力度越大，旅游高等人才储备也将会随之越多，但对旅游总人才储备的影响不大。究其原因，旅游产业政策反映了政府对旅游产业的重视程度，进而揭示了旅游产业的发展活力。一般来讲，高等院校的学生拥有更多的专业选择，更愿意选择朝阳产业或当前的热门专业。因此，当政策关注于旅游产业，为旅游产业发展营造了积极的预期，吸引了更多学生报考旅游院校，自然也就促进了高等学校旅游专业的开办和旅游院校的开办。另外，中等职业院校中旅游管理相关的专业一直以来都是招生的热门专业，相比于其他职业专业，旅游相关专业是更优的选择，因此旅游产业政策对旅游中等院校的选择影响不大。

　　旅游产业政策，一部分是通过影响高等旅游人才储备来发挥经济效应的。前面已经说明，旅游产业发展到当前的阶段，已经逐步脱离传统的旅行社主导的经营发展模式，转向了互联网技术支持下的游客主导旅游融合发展的需求主导模式。在此阶段下对于旅游产业的需求反馈能力、产品创新能力、资源融合能力有了更高的要求。因此，高素质高能力的高等人才是当前市场急需的人才类型，旅游高等人才储备相比之下对旅游经济发展有更重要的影响。旅游产业政策通过营造更好的旅游市场环境、打造更好的旅游人才扶持模式等方式，增强了旅游产业的发展预期与旅游产业人才的未来预期，进而吸引了更多高素质的储备人才加入旅游产业。这些高等人才储备在相应的岗位上发挥重要作用，促进旅游产业融合发展、创新发展、数字化发展，创造更高的经济价值。

当然，旅游产业政策的作用机制是多元的，由模型结果可知，旅游高等人才储备并非完全中介变量。旅游产业政策种类繁多，对旅游市场、旅游基础设施建设、旅游信息化建设、旅游人才培养、旅游发展方向调控等都会产生一定的影响。而旅游经济发展是一个复杂的问题，会间接因为旅游产业政策的实施受到多方面的影响。本研究囿于数据的局限性，仅考虑了旅游储备人才的传导机制。未来，可以综合考虑旅游资金投入、旅游产品创新等方面的中介作用。

4.4 稳健性检验

采用变量替换的方法进行稳健性检验。对于旅游产业政策经济效应的模型和中介模型的检验中，将被解释变量替换成为国内旅游收入，得到的结果见表 4-3 和表 4-4。

表 4-3 替换被解释变量的旅游产业政策经济效应模型稳健性检验

变量	系数	t 统计量	P 值
lnRes	0.559***	11.020	0.000
lnCap	0.084**	2.000	0.046
lnLab	0.100**	1.990	0.047
lnInt	0.397***	9.340	0.000
lnPol	0.217***	6.730	0.000
Constant	6.237***	8.110	0.000
Observations	589		
R-squared	0.888		
Number of state	31		
state FE	YES		
year FE	YES		

注：*** p<0.01, ** p<0.05, * p<0.1

表 4-3 显示了将被解释变量替换成各省份每年的国内收入后，重新估计固定效应模型后得出的结果。各变量的系数估计结果的正负性和显著性

水平与原模型一致，因此认为该模型的稳健性较好，由此得出的结论是可靠的。

表 4-4 替换被解释变量的旅游产业政策中介效应模型稳健性检验

模型变量	（1）Income	（2）Sch	（3）Income	（4）Uni	（5）Income
lnSch			0.191***		
			（6.43）		
lnUni					0.200***
					（6.25）
lnPol	0.217***	0.028	0.212***	0.210***	0.175***
	（6.73）	（0.63）	（6.80）	（5.08）	（5.49）
lnRes	0.559***	0.302***	0.502***	0.160**	0.527***
	（11.02）	（4.30）	（10.08）	（2.45）	（10.69）
lnCap	0.084**	0.032	0.078*	0.029	0.078*
	（2.00）	（0.55）	（1.92）	（0.54）	（1.92）
lnLab	0.100**	0.026	0.095*	0.026	0.093**
	（1.99）	（0.38）	（1.96）	（0.40）	（2.01）
lnInt	0.397***	0.162***	0.367***	0.158***	0.366***
	（9.34）	（2.75）	（8.86）	（2.89）	（8.82）
Constant	6.237***	1.796*	5.895***	1.043	6.028***
	（8.11）	（1.69）	（7.92）	（1.06）	（8.10）
Observations	589	589	589	589	589
R-squared	0.893	0.351	0.900	0.577	0.900
Number of state	31	31	31	31	31
state FE	YES	YES	YES	YES	YES
year FE	YES	YES	YES	YES	YES

注：*** $p<0.01$，** $p<0.05$，* $p<0.1$

表 4-4 显示了将被解释变量替换成各省份每年的国内收入后，重新估计固定效应模型后得出的结果。各变量系数估计结果的正负性和显著性水

平与原模型一致，因此认为该模型的稳健性较好，由此得出的结论是可靠的。

4.5 基本结论

本章根据生产函数的构造逻辑，构建了包含政策要素和其他生产要素的经济模型，并通过取对数的处理方法，构造了普通面板回归模型，以探索旅游产业政策的经济效应。基于 2001–2019 年 31 个省市自治区的面板数据，以旅游总收入为被解释变量，以政策力度的滞后项为核心变量，通过对普通面板回归模型的估计，得到了以下结论：

（1）当前的旅游产业政策体系对旅游产业的经济发展产生了重要的促进作用，但目前政策要素发挥的作用比旅游资源、旅游劳动和信息技术低。

政策变量通过了显著性水平为 0.01 的检验，验证了旅游产业政策的经济效应，即旅游产业政策的颁布能够促进旅游产业的经济发展。事实上，当前的旅游产业政策空间比较完备，尽管政策结构上有待提高，但考虑到了旅游产业发展的方方面面。当前的发展阶段中，政策要素的系数比其他显著的传统生产要素的系数低，说明政策要素对于旅游产业的经济发展作用有限。这可能是因为当前的政策结构和政策内容有待进一步完善，部分政策内容的缺失和宏微观政策配合衔接效率的限制，导致政策要素的作用有限。

（2）旅游人才储备，对旅游经济发展有正向促进作用，其中高等人才储备的影响更大。

旅游人才储备是旅游从业人员的重要后备力量，是旅游从业人员充满活力的补充来源。旅游产业发展至今，无论是需要高等人才储备的科研型人才、管理型人才和技术型人才，还是普通的服务型人才，都在旅游产业的各个环节承担了重要的角色任务，各司其职，对旅游经济发展起到了重要的促进作用。旅游产业发展到当前的阶段，已经逐步脱离传统的旅行社主导的经营发展模式，转向了互联网技术支持下的游客主导旅游融合发展的需求主导模式。在此阶段下对于旅游产业的需求反馈能力、产品创新能力、资源融合能力有了更高的要求。因此，高素质高能力的高等人才是当前市场急需的人才类型，旅游高等人才储备相比之下对旅游经济发展有更重要的影响，相比之下服务型人才容易被人工智能所取代。

（3）旅游产业政策，一部分是通过影响高等旅游人才储备来发挥经济效应的。

旅游产业政策通过营造更好的旅游市场环境、打造更好的旅游人才扶持模式等方式，增强了旅游产业的发展预期与旅游产业人才的未来预期，进而吸引了更多高素质的储备人才加入旅游产业。高等院校的学生拥有更多的专业选择，更愿意选择朝阳产业或当前的热门专业。因此，当政策关注于旅游产业，为旅游产业发展营造了积极的预期，吸引了更多学生报考旅游院校，促进了高等学校旅游专业的开办和旅游院校的开办。这些高等人才储备在相应的岗位上发挥重要作用，促进旅游产业融合发展、创新发展、数字化发展，创造更高的经济价值。

第 5 章

类别层面的旅游产业政策经济效应分析

旅游产业政策能够通过一定的途径产生经济效应，这一结论在第 4 章中得到了实证验证。本章在第 4 章的基础上进行类别层面的纵深研究，分析不同类型的旅游产业政策的经济效应差异。具体而言，本章按照政策工具类型，将旅游产业政策分为环境型、供给型和需求型三大类。沿用第 4 章的模型构建思路，借鉴生产函数理论的逻辑，将模型进一步拓展，建立旅游经济增长和各旅游生产要素以及三类旅游政策之间的关系，深入探索不同政策工具类别的运用的政策效应差异。

5.1 研究依据及设计

5.1.1 研究依据

依据罗恩韦尔和泽格维尔德的政策理论，所有政策工具的运用均可以分为供给、需求和环境三种不同类型。其中，环境型政策主要是对旅游产业发展的宏观社会环境进行规制和引导，供给型政策主要从对旅游产业政策投入建设的角度出发，需求型政策主要包括从需求侧对旅游消费需求进行促进和管制。这一套政策工具分类理论适合于所有产业的政策分类，同样也适用于旅游产业。

事实上，众多学者在对旅游产业分类研究时，均采用了政策工具的分类，为本章的政策分类提供了借鉴依据。例如，唐晓云（2014）对旅游产业政策进行量化研究时，以政策工具分类为分类依据，对三种工具类型的政策进行量化分析。不仅如此，为考察不同类型的旅游产业政策效应，有学者构建了同时包含不同类型的政策的经济模型，以考察政策经济效应的类别差异（王慧娴，2016）。本研究综合借鉴上述研究，为了深入研究不同类型政策的经济效应时，将以政策工具分类为依据，探索三种不同政策工具类型的旅游政策的经济效应差异。在进一步探索不同类型政策的经济效应时，将政策投入分解成环境型政策投入、供给型政策投入和需求型政策投入，加入拓展的经济模型中。

5.1.2 研究设计

本研究的研究框架在于，验证旅游产业政策的经济效应，并从不同角度（类别、空间、时间）对政策效应差异进行深入探索。本章的研究是在第4章验证了政策的有效性后，从类别层面上的纵深研究。各个章节应在统一研究框架下，以免改变了控制变量，导致结论的不可比性。因此，本章中的变量选取与第4章相同，变量的数据来源在此不赘述。

本章的研究思路将延续第4章的模型构建思路，以当前的政策效应研究为依据，模仿生产函数的逻辑，建立旅游总收入和旅游资本、旅游资源、旅游劳动、信息技术、环境型政策、供给型政策和需求型政策之间的普通经济模型。在此基础上，通过取对数的方式建立旅游产业政策经济效应的普通面板回归模型，并对各个参数进行估计，对结果进行分析。

5.2 不同类型政策的经济效应差异分析

5.2.1 模型构建

在现有的研究中，已经有学者将政策进行分类，并将不同政策类型的要素同时加入理论模型中，以探索不同政策类型的政策对旅游经济发展的影响差异。因此，本章借鉴王慧娴（2016）、齐天峰（2020）等学者的研究思路，以当前绝大多数旅游学者所使用的政策工具类型分类标准为分类依据，将我国旅游产业政策分为环境型政策、供给型政策和需求型政策，拓展4.2章节中的模型（即公式4-1），建立以下模型：

$$Inc = A_1 PolH_{\beta_1} PolG_{\beta_2} PolX_{\beta_3} Res_{\beta_4} Cap_{\beta_5} Lab_{\beta_6} Int_{\beta_7} \qquad (5-1)$$

式（5-1）中，为各投入要素的产出弹性，和为常数。为估计各参数值，对（5-1）式左右两边同时取自然对数，建立以下的普通面板回归模型：

$$LnInc = C_1 + \beta_1 LnPolH + \beta_2 LnPolG + \beta_3 LnPolX + \beta_4 LnRes +$$

$$\beta_5 LnCap + \beta_6 LNLab + \beta_7 LnInt$$
$$(5-2)$$

式（5-2）中，为常数项，为待估的各自变量系数。

5.2.2 实证结果分析

对式（5-2）进行估计时，对政策的处理中，将总政策的政策力度滞后项分解成环境型政策的政策力度滞后项、供给型政策的政策力度滞后项和需求型政策的政策力度滞后项，即分别计算这三类政策的各省份每年的政策力度，得到面板数据。对式（5-2）中的普通面板模型进行估计，估计出的各项系数值见表 5-1。值得说明的是，对模型进行估计时，本章选择了固定效应模型。

从表 5-1 显示的面板回归结果中看，旅游资源、旅游资本、旅游劳动和信息技术等其他要素对旅游经济的影响，无论是从显著性还是系数的正负性上都与总政策力度建立的普通面板回归模型的结果一致，某种程度上也验证了模型的稳健性。本节中，对这些因素的分析不再赘述，将着重分析不同工具类型的政策的经济效应的差异性，并尝试结合当前的旅游产业政策体系特征进行解释。

表 5-1　不同政策工具类型的政策的经济效应差异估计结果

变量	系数	t 统计量	P 值
lnRes	0.488***	9.590	0.000
lnCap	0.080**	2.040	0.042
lnLab	0.102**	2.160	0.031
lnInt	0.342***	8.150	0.000
lnPolH	0.094**	2.130	0.034
lnPolG	0.137***	2.740	0.006
lnPolX	0.029	0.890	0.375
Constant	6.626***	9.140	0.000
Observations	589		
R-squared	0.890		
Number of state	31		
state FE	YES		
year FE	YES		

注：*** $p<0.01$，** $p<0.05$，* $p<0.1$

对比来看，三种不同工具类型的政策中，供给型政策和环境型政策的系数为正，并且均通过了显著性水平为 0.05 的检验，可以认为这两类政策工具类型对旅游经济的发展有显著的促进作用。需求型政策的系数为正，但其对应的 t 统计量值为 0.89，并未通过显著性检验，无法认为需求型政策能够显著促进旅游产业的经济发展。为避免多重共线性造成系数不显著的情况，计算方差膨胀因子，$VIF_{pol}=7.15$，可以排除多重共线性问题，认为需求型政策的影响不显著。从三项不同工具类型的旅游政策的系数估计结果来看，当前的政策体系中主要是供给型政策和环境型政策发挥推动作用，并且单纯从数值上看，由于供给型政策的系数为 0.137，大于环境型政策的 0.094，并且对应的 t 统计量值更大，认为供给型政策发挥了更大的作用。进一步的，为使回归系数的数值具有可比性，本章将所有建模数据标准化，并用标准化后的数据进行模型建立和参数估计。标准化后数据的模型结果中，无论是系数大小，还是系数显著性，和未标准化的数据有相同的结论，某种意义上对回归系数的大小进行了检验。在后续分析中，为更好地分析各系数的经济意义，依旧使用未标准化的回归结果分析。

此外，所有的政策总和的系数估计为 0.211（表 4-1 中 lnpol 的系数估计值），大于分类别模型中的各类政策的系数（这里的系数应该用总政策系数直接和各类政策的系数作对比，而不是用总的政策系数和所有类别的系数之和进行比较。系数的意义是某类型或总政策力度增加一个单位，对应旅游经济增长的量，如果各类型的政策力度都增加一个单位，对应在总政策模型中政策力度应该增加三个单位），且更加显著。单纯地从数值上看，这表明环境型政策的政策力度单独增加一个单位，或是供给型政策的政策力度单独增加一个单位，对于旅游经济的促进作用都没有混合政策的政策力度增加一个单位带来的促进作用强。各类政策单独出台和实施产生的效果不如各类政策相互配合和协同实施产生的效果，再次说明了旅游产业政策体系中，由多元政策内容和合理政策结构组成复杂政策空间的重要性。

供给型政策在三类政策工具类型中对旅游经济发展的推动作用最大，这类政策无论是从系数大小上，还是显著程度上，都大于其他两类工具类型的政策。事实上，供给型的政策影响着旅游产业的要素投入情况，不仅通过政策红利的投入推动旅游产业的经济发展，也间接通过资金、人才等其他要素拉动了旅游生产。此外，供给型政策往往以措施性政策的形式存在，通过详细的实施细则对各旅游主体的行为和目标等进行了明确性的安排，政策的设计考虑到了实施层面的各项主体分工和配合，使得旅游产业政策能够较好地按计划落实并取得好的政策效果。供给型政策的良好效应也侧面验证了旅游产业政策空间结构、内容上的配合与衔接的重要性，全局上系统的设计各旅游主体的规范以及同步引导发展方向使得政策的实施事半功倍。

环境型政策对旅游产业的经济发展也有重要的推动作用，环境型政策占了所有旅游产业政策数量上的很大比重，其效果不如供给型政策。究其原因，环境型政策一般包含制度性政策和措施性政策，这两类政策的占比相当。制度性的政策着眼于宏观层面，指出旅游产业的发展方向，但这类政策往往难以落实，其政策效应的产生实际上依托于配套的措施性的政策，作用于具体的旅游主体上。因此，环境型政策如果要发挥更好的政策效果，应当注重宏观层面和微观层面政策的配合，出台更具体、更针对性的政策。

与环境型政策和供给型政策不同，需求型政策并未通过显著性检验，说明当前的需求型政策并未推动旅游产业的经济发展。一方面，聚焦于需求侧的政策效果往往不如从供给侧对市场进行规制，政策实施难度大于从供给侧对旅游市场进行管理。另一方面，我国的需求型旅游产业政策内容和结构存在较大的问题，只有极少数政策直接针对消费者的偏好出台消费补贴、消费券等刺激性措施，绝大多数政策以奖励供给商招徕游客的方式从需求侧进行政策措施的发布。例如，在所有政策中，仅有 2 条政策是关于旅游消费券的发放：《关于印发郑州市旅游消费券发行发放工作总体方案》和《关于做好湖南旅游消费券兑付工作的通知》，且均为地方政府的政策发布，全国层面上缺乏直接面对消费者的直接刺激措施。此外，关于刺激消费的大部分的政策站在宏观层面上，以提高供给端吸引力和培养消费热点的方式间接刺激消费，并未迎合消费需求。事实上，当前的旅游产业中，随着信息获取能力的增加已经从旅游企业的供给主导发展模式转变成了需求主导的发展模式。但消费型政策未能顺应这一改变趋势，依旧企图通过供给引导和培育消费热点，而非挖掘消费趋势并迎合消费热点。供需主导关系的倒置使得需求型政策未能发挥出政策效果。未来，随着旅游需求主导旅游发展模型的不断推进，需求型政策的作用会越来越重要，旅游产业政策发布单位应重新构建一套政策发布的逻辑体系，规划好各类型政策的发布结构，实现各个环节的高效衔接。

5.3 稳健性检验

本节中将采用变量替换的方法进行稳健性检验，将被解释变量替换成为国内旅游收入，得到的结果见表5-2。

表5-2 替换被解释变量的不同类型旅政策经济效应差异模型的稳健性检验

变量	系数	t 统计量	P 值
lnRes	0.466***	8.87	0.000
lnCap	−0.025	−0.51	0.607
lnLab	0.353***	6.41	0.000
lnInt	0.374***	8.69	0.000
lnPolH	0.113**	2.50	0.013
lnPolG	0.091*	1.76	0.079
lnPolX	0.019	0.57	0.566
Constant	5.445***	6.98	0.000
Observations	589		
R-squared	0.901		
Number of state	31		
state FE	YES		
year FE	YES		

注：*** $p<0.01$, ** $p<0.05$, * $p<0.1$

表5-2显示了将被解释变量由旅游总收入替换成各省份每年的国内收入后，重新估计固定效应模型后得出的结果。各变量的系数估计结果的正负性和显著性水平与原模型一致，微小的差异在于供给型政策的系数和显著程度略小于环境型政策的系数和显著程度。尽管这一微小的差别使得对于各类型政策的作用大小和效应差异的分析结论有不同，但是稳健性检验的本质在于验证模型的系数正负性和显著性水平是否有明显变化，并非要验证旅游总收入替换成国内旅游收入后各变量的影响程度依旧一致，因

此依旧可以通过系数正负性和显著性未改变的事实得出模型是稳健的这一结论。

5.4 基本结论

本章在第 4 章的基础上，根据生产函数的构造逻辑，构建了包含不同类型的政策要素和其他生产要素的经济模型，并通过取对数的处理方法，建立面板回归模型，以探索旅游产业政策的经济效应。基于 2001—2019 年 31 个省市自治区的面板数据，以旅游总收入为被解释变量，以环境型、供给型和需求型旅游产业政策力度的滞后项为核心变量，得到了以下结论：

（1）各类政策工具类型的政策单独出台的效果不如各类政策相互配合和协同实施的效果。

在对总政策力度进行回归的模型中，其系数大于分类别模型中三类政策各自的系数，并且其对应的 t 统计量值为 6.89，通过了显著性水平为 0.01 的检验，而在按政策工具分类分解后的各类政策的模型中，需求型政策未能通过显著性水平为 0.1 的检验，供给型政策和环境型政策对应的 t 统计量值分别为 2.74 和 2.13，均远小于总政策模型中政策对应的 t 统计量值。说明环境型政策或供给型政策单独产生的经济效应小于三类政策相互配合和协同实施产生的效应，再次说明了旅游产业政策体系中，由多元政策内容和合理政策结构组成复杂政策空间的重要性。

（2）供给型政策在三类政策工具类型中对旅游经济发展的推动作用最大，环境性政策次之，需求型政策对旅游经济发展的促进作用不显著。

供给型的政策影响着旅游产业的要素投入情况，不仅通过政策红利的投入推动旅游产业的经济发展，也间接通过资金、人才等其他要素拉动了旅游生产。此外，供给型政策往往以措施性政策的形式存在，通过详细的实施细则对各旅游主体的行为和目标等进行了明确性的安排，政策的设计考虑到了实施层面的各项主体分工和配合。

环境型政策的效应不如供给型政策，环境型政策一般包含制度性政策和措施性政策，制度性的政策着眼于宏观层面，指出旅游产业的发展方向，但这类政策往往难以落实，其政策效应的产生实际上主要依托于配套的措施性的政策，作用于具体的旅游主体上。

需求型政策目前对旅游经济没有显著的促进作用。一方面，聚焦于需求侧的政策效果往往不如从供给侧对市场进行规制，政策实施难度大于从供给侧对旅游市场进行管理。另一方面，我国的需求型旅游产业政策内容和结构存在较大的问题，当前旅游产业已经转变成为需求主导的发展模式，但消费型政策未能顺应这一改变趋势。旅游产业政策依旧企图通过供给引导和培育消费热点，而非挖掘消费趋势并迎合消费热点，供需主导关系的倒置使得需求型政策未能发挥出政策效果。

事实上，旅游产业本身具有空间移动的特性，旅游活动往往伴随着游客的位置移动而产生，使得旅游产业和旅游经济的发展具有较强的空间关联性。不仅如此，旅游产业政策的出台往往会产生示范效应，在促进当地旅游产业发展的同时，会给相同发展路径的区域提供政策范本。在探索旅游产业政策效应时，也应该加入对空间因素的考量，不仅关注政策工具的运用带来的政策效应的类别差异，也关注政策效应的空间溢出和示范效应，同时探索不同地区的政策效应的空间差异，以找寻政策效应的空间溢出路径。因此，第6章将进一步探索旅游产业政策的空间示范效应，同时探索不同空间之间的政策经济效应差异和空间关联情况。

第 6 章

空间层面的旅游产业政策经济效应分析

第 4 章实证验证了旅游产业政策的经济效应，本章将在此基础上进行空间层面上的纵深研究，加入对旅游空间位移特点和政策借鉴功能的考虑，探索政策效应的空间溢出和示范效应，并尝试探索不同地区的政策效益差异。具体而言，在旅游业发展过程中，因为旅游行为的跨区域空间流动性，旅游消费和旅游经济发展都存在普遍的空间相关性，与此同时，政策在不同省份之间会形成借鉴和示范作用，也可能在政策效应上存在空间上的关联。因此，本章将利用 2001–2019 年的面板数据，以旅游经济情况为被解释变量，以各旅游生产要素为解释变量，构建空间面板模型（Space Panel Model），探索旅游产业政策的空间关联情况。在验证旅游产业政策的空间溢出效应之后，对东、中、西三大地区分别建立面板模型，分析不同空间上的旅游政策效应差异和空间溢出路径，以深入分析旅游产业政策外溢效应产生的原因。

6.1 研究依据及设计

6.1.1 研究依据

旅游产业本身具有空间移动的特性，区域的旅游活动打破了地理的分割，使得旅游空间个体打破了单独发展的格局，本区域的旅游生产要素在促进当地旅游经济发展的同时，也对周围地区的旅游发展形成了一定程度的渗透。新经济地理学的理论指出，地理空间的邻近性决定着不同空间单元的效应溢出，并促进区域旅游经济的协同发展（王少剑等，2015）。旅游产业政策具有较为显著的示范特性，政策的扩散和借鉴都将对各地区旅游经济发展产生不同程度的影响，值得深入探讨研究。

当前已经有不少学者对各个产业政策效应的空间效应进行了探索。例如，李倩（2021）研究新能源产业的环保效应时，构建空间面板模型，探索了新能源政策、煤炭消费比例、城镇化水平等对大气污染的影响，并指出大力度的新能源产业政策对邻近省份形成了政策示范。这些产业政策效应的空间研究给本章提供了研究思路和研究方法上的借鉴依据。

进一步的，在探索了产业政策的空间效应后，研究不应只停留在结论层面上，还应该深入对产业政策效应的空间差异进行探索，以深入解释旅游产业政策空间效应产生的原因。在当前经济地理学的研究中，学者们大多采用对不同区域进行分别建模的方法来对比分析各区域的效果差异，并判断空间效应的溢出方向（郭峰等，2021）。也有学者通过分别建模和分析局部空间相关性相结合的方法，解释不同地区之间的效应差异和空间溢出的原因（王龙杰等，2019）。因此，本章对旅游产业政策空间差异和空间溢出原因的探索中，将采用对不同地区数据分别建模的方法，分析比较各区域的效应差异，深入探索政策的空间效应。

6.1.2 研究设计

本研究的研究框架在于，验证旅游产业政策的经济效应，并从不同角度（类别、空间、时间）对政策效应差异进行深入探索。因此，本章的研究是在第 4 章验证了政策的有效性后，从空间层面上的纵深研究。要想进行空间层面上的效应探索，就应该选择合适的统计模型，以揭示空间关联，综合考虑模型功能和现有的研究支撑，本章中将建立空间面板模型。同时，各个章节应在统一研究框架下，以免改变了控制变量，导致结论的不可比性。因此本章中的变量选取与第 5 章相同。

本章将先对旅游产业政策经济效应的空间示范效应进行分析，随后分析不同空间上旅游产业政策的效应差异，以深入探索其空间关联。具体而言，本章将以旅游经济水平作为被解释变量；以旅游政策作为核心解释变量；以旅游资本、旅游劳动、旅游资源和信息技术作为其他解释变量，建立空间面板模型，探索旅游产业政策和其他旅游生产要素的空间溢出效应。随后，分别对东、中、西部地区的数据建立普通面板模型，根据各大地区的系数和显著性水平差异，来深入分析空间溢出效应形成的原因，并推理判断空间溢出路径。

6.2 旅游产业政策经济效应的空间溢出效应分析

6.2.1 模型方法介绍

考虑到本章的研究目的，应该选择能够估计空间效应的统计模型。空间计量模型是传统计量模型的拓展，基于相邻关系引入合适的空间权重，能够有效解决空间效应的估计问题。

空间权重矩阵

创建空间权重在使用空间数据时尤为重要，首先需要定义 n 个观测值之间的邻近关系，以此作为创建空间权重的依据。空间权重可以看作一个权重列表 A，其中地区 i 和地区 j 之间的权重就是该权重矩阵 W 中的元素（W_{ji}，$W_{ji} = W_{ji}$），如果按照临近规则，j 没有出现在 i 的近邻列表里，则两者之间的权重 $W_j = 0$。目前，关于空间权重矩阵尚未出现严格的、统一的筛选标准，较为常见的邻近关系有自然近邻、K 值近邻、距离邻近和邻接近邻（一般近邻）关系。

基于邻接近邻的空间权重

这一关系很好理解，当两区域 i 和 j 相邻时，则两地区间空间权重系数等于 1，否则为 0。基于这一邻近关系的空间权重又分为 rook 标准即共邻边算相邻、bishop 标准即共顶点算相邻和 queen 标准即共边或共顶点算相邻三种。空间权重矩阵可表示为：

$$W_{ij} = W_{ji} = \begin{cases} 1, & \text{区域 } i \text{ 和区域 } j \text{ 相邻} \\ 0, & \text{区域 } i \text{ 和区域 } j \text{ 不相邻} \end{cases}$$

基于距离近邻的空间权重

该空间权重事先设定一个固定的距离 d，若 ij 两地之间的质心距离小于 d，则两地区间空间权重系数等于 1，否则为 0。这一关系里，d 的选取尤为重要，一般 d 的选取通过地球坐标来计算。空间权重矩阵可表示为：

$$W_{ij} = W_{ji} = \begin{cases} 1, & d_{ij} \le d \\ 0, & d_{ij} > d \end{cases}$$

本章将选取一般近邻的空间准则构建空间矩阵，以此为进行空间自相关检验和建立空间杜宾模型的基础。在稳健性检验中，本研究将采用320km 的距离邻近空间权重矩阵作为替换的空间权重矩阵。

空间自相关检验

本章将采用 Moran's I 指数来检验全局空间相关性，其计算公式如下：

$$I = \frac{n \sum_{i=1}^{n} \sum_{j=1}^{n} w_{ij}(x_i - \bar{x})(x_j - \bar{x})}{(\sum_{i=1}^{n} \sum_{j=1}^{n} w_{ij}) \sum_{i=1}^{n} (x_i - \bar{x})^2} \tag{6-1}$$

其中，n 为地区数量，W_{ij} 为空间权重矩阵，x_i 和 $\bar{x}$ 分别为地区某变量的观测值和平均值。

空间面板模型

根据空间项的不同，可分为三种最常见的空间面板模型。简单而言，空间误差面板模型认为空间效应存在于误差项之间；而空间滞后面板模型则认为空间效应存在于被解释变量和其他空间单元的被解释变量中。同时，随着理论的发展，有学者将这两个模型进行了综合，认为空间效应同时存在误差项和原模型的解释标量与被解释变量的不同空间单元中，构造了空间杜宾面板模型。空间面板模型的一般形式可以表示为：

$$y_{it} = \rho \sum_{j=1}^{N} W_{ij} y_{jt} + x_{it}\beta + \mu_i + u_{it}, \quad u_{it} = \lambda \sum_{j=1}^{N} W_{ij} u_{jt} + \varepsilon_{it} \tag{6-2}$$

式中，y_{it} 为空间 i 的因变量的观测值，x_{it} 为空间 i 的自变量观测值，ρ 为空间自相关系数，β 为模型的回归系数，W_{ij} 为空间权重矩阵，μ_i 为空间 i 的个体效应，

当式（6-2）中 $\lambda = 0$ 时，模型简化成空间面板滞后模型（Space Lag Model）：

$$y_{it} = \rho \sum_{j=1}^{N} W_{ij} y_{jt} + x_{it}\beta + \mu_i + \varepsilon_{it} \tag{6-3}$$

当式（6-2）$\rho = 0$ 中时，模型简化成空间面板误差模型（Space Error Model）：

$$y_{it} = x_{it}\beta + \mu_i + u_{it}, \quad u_{it} = \lambda \sum_{j=1}^{N} W_{ij} u_{jt} + \varepsilon_{it} \tag{6-4}$$

空间杜宾面板模型（Space Dubin Model）可表示为：

$$y_{it} = \rho \sum_{j=1}^{N} W_{ij} y_{jt} + x_{it}\beta + \mu_i + u_{it} + \sum_{j=1}^{N} W_{ij} x_{jt}\gamma \tag{6-5}$$

式中，γ，β 均为回归系数矩阵。$\gamma = 0$ 时，模型可简化为空间面板滞后模型；实则模型可简化成空间面板误差模型。

6.2.2 变量选取与数据来源

各个章节应在统一研究框架下，以保障结论的可比性。因此，本章中的变量选取逻辑和第 4 章相同，认为旅游资源、旅游资本、旅游劳动、信息技术和旅游政策会影响旅游经济的发展。本章将选取相同的数据，建立空间面板模型进行实证分析。本章中各个变量替代指标的选取及其数据来源与第 4 章相同，在此不赘述。

6.2.3 实证结果分析

空间自相关检验结果

在建立空间面板模型之前，需要验证空间效应的存在。本章将利用全局 Moran's I 指数，从整体上分析旅游经济发展在空间上的交互关系。利用局部 Moran's I 指数分析各个省份的空间相关关系，通过 Moran's I 散点图分析集聚情况。

（1）全局空间自相关检验

表 6-1 2001-2009 年旅游经济水平的全局 Moran's I 值

年份	Moran's I 值	Z 值	P 值	年份	Moran's I 值	Z 值	P 值
2019	0.233	2.251	0.012**	2009	0.219	2.173	0.015**
2018	0.212	2.082	0.019**	2008	0.221	2.194	0.014**
2017	0.191	1.908	0.028**	2007	0.235	2.311	0.010***
2016	0.150	1.574	0.058*	2006	0.225	2.225	0.013**
2015	0.149	1.570	0.058*	2005	0.198	2.057	0.020**
2014	0.144	1.562	0.064*	2004	0.227	2.256	0.012**
2013	0.144	1.518	0.064*	2003	0.217	2.189	0.014**
2012	0.205	2.050	0.020**	2002	0.097	1.162	0.123
2011	0.217	2.160	0.015**	2001	−0.084	−1.595	0.055*
2010	0.238	2.337	0.010***				

注：*** $p<0.01$，** $p<0.05$，* $p<0.1$

表 6-1 显示了被解释变量旅游经济水平的空间相关性检验结果，不难发现，2001 年的旅游经济发展具有负向的空间相关性，2002 年的旅游经济发展的空间相关性不显著，这可能是因为早期旅游产业处于起步阶段，地区之间的旅游产业发展参差不齐，并未形成较完善的空间发展格局。从 2003 年开始，我国旅游经济水平的 Moran's I 指数均为正数，且均通过了显著性水平为 0.1 的检验。这说明，从 2003 年开始，我国旅游产业的经济发展并非是完全随机的孤立、单独发展，受到了周围区域旅游经济发展的影响。并且，2003-2012 年，Moran's I 指数数值呈现越来越大的趋势，对应的 Z 值也具有同样的变化趋势，表明这些年间旅游产业发展的空间相关性越来越强，2013-2020 年也有相同的变化趋势。

旅游产业经济发展的空间相关性的形成，可能是因为随着旅游产业的发展和完善，旅游线路开始更多地涉及相邻的多个省份，形成了旅游发展带。同时，随着交通基础设施的完善，旅游的区域跨度越来越大，带动了游客和资源要素的进一步流动，加强了省际旅游交流，形成空间相关格局。那么，Moran's I 指数的实证结果表明，应考虑空间相关性对模型的影响。为了保证空间模型的建模意义，本章将从空间效应已明显形成的年份（即 2003 年）开始建模，运用 2003-2019 年的面板数据进行实证分析。

（2）局部空间自相关检验

在全局的全国层面上，我国各省份整体上从 2003 年开始形成空间相关的发展格局，局部的省份层面上的空间自相关性也值得探究。局部空间自相关散点图能够反映省份层面上的自相关关系，即探究旅游经济发展程度高的地区其周边地区的旅游经济发展情况。

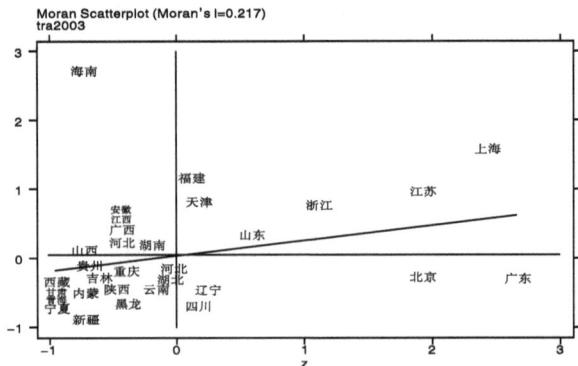

图 6-1 2003 年旅游经济发展情况局部莫兰散点图

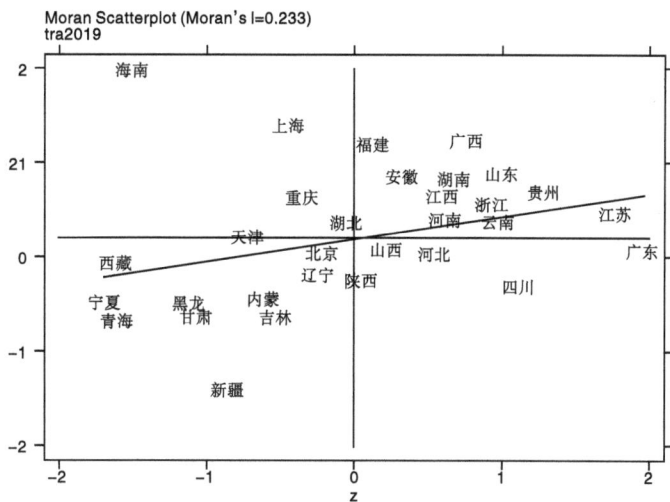

图 6-2　2019 年旅游经济发展情况局部莫兰散点图

图 6-1 和图 6-2 分别报告了 2003 年和 2019 年的局部空间自相关情况。在莫兰散点图中，"H–H"区域和"L–L"区域中的地区存在正向空间相关性，另外两区域存在负向空间相关性。两图中，所有的点并未均匀地分布在四个象限中，说明旅游产业的发展在空间层面上不是随机的。

2003 年，出现低低集聚的情况，说明此时我国的大部分省份的旅游产业还处于经济欠发达的状态。旅游经济较发达的省份中，北京和广东周边地区的发展并未被带动，江苏、浙江、上海、山东和福建这几个东部地区出现了高高集聚的现象，表明这几个区域已经基本形成了协同发展的空间格局。2019 年，更多的地区分布到了第一象限，即"H–H"区域，反映了这十几年来我国旅游经济的快速发展。由图 6-2 可以看出，中部地区和东部地区的部分省份已经形成了空间协同发展的格局，例如，云贵地区、江浙地区形成了集聚发展的旅游带。但是西部地区的大部分省份还是集中在第三象限，这些地区和周围地区的旅游经济发展都有待突破，未来可能需要先重点指定的一两个省份，再利用空间相关性和区位优势，带动区域中其他省份的旅游经济发展。

空间面板模型回归分析

通过空间自相关检验，本章认为有理由建立空间计量模型以探索各生产要素的空间溢出效应，尤其是核心变量政策要素的空间示范效应。在建立模型之前，需要根据数据的特点，通过检验判断空间相关的存在形式，以选择合适的空间面板模型。由于空间板模型的空间因素形式有空间滞后和空间误差两种，因此先对建模数据的空间特征进行判别，以筛选模型形式。Lagrange 乘数检验、稳健 Lagrange 乘数检验、似然比检验和 Wald 检验将用于判断模型形式，检验结果见表 6-2。

表 6-2 空间计量模型选择检验结果

模型 检验统计量	空间误差模型		空间滞后模型	
	统计量值	P 值	统计量值	P 值
LM test	128.495	0.000***	158.431	0.000***
R–LM test	28.532	0.000***	58.505	0.000***
LR test	78.120	0.000***	86.700	0.000***
Wald test	42.670	0.000***	31.400	0.000***

注：*** $p<0.01$，** $p<0.05$，* $p<0.1$

表 6-2 结果表明，LMLag 和 LMerror 检验，以及进一步的 R-LMLag 检验和 R-LMerror 检验，都通过了显著性水平为 0.01 的检验。此外，空间杜宾模型同时考虑了空间滞后项和空间误差项，需进一步进行似然比检验和 Wald 检验。结果表明模型无法简化成空间误差模型或空间滞后模型，故建立空间杜宾模型。

同时，随机效应模型认为个体效应是外生的，当样本来自特定个体，应选择固定效应模型。显然，本研究数据来自各地区，固定效应模型更合适。在选择固定效应模型形式时，本章将综合考虑各模型中空间自回归系数、拟合优度和似然比等判断指标，并结合经济意义进行综合判断，选择模型形式。

表 6-3 报告了三种固定效应的空间杜宾面板回归模型的系数估计结果和对应的空间自相关系数、拟合优度和似然比值。在所有模型中，空间自相关系数均不为 0，再次说明了模型的空间相关性以及空间计量模型建立的合理性。综合各项判断指标，选择时间固定效应模型。

表 6-3　空间杜宾面板模型估计结果

模型	时间固定效应模型		空间固定效应模型		时空固定效应模型	
变量	系数	Z 值	系数	Z 值	系数	Z 值
Res	883.324***	12.520	818.365***	9.160	817.846***	9.030
Cap	0.013***	4.800	0.000*	1.700	0.005**	1.970
Lab	0.296***	3.310	−0.095	−0.970	−0.095	−0.890
Int	224320.200***	4.070	470887.600***	5.570	465581.600***	5.380
Pol	63.688	1.150	112.376**	2.020	92.492	1.600
W_Res	−1040.454***	−7.630	−931.447***	−5.300	−907.876***	−5.000
W_Lab	0.436***	3.620	0.817***	7.110	0.753***	5.150
W_Int	−766103.400***	−7.120	−543886.200***	−5.870	−560974.200***	−3.470
W_Cap	−0.001	−0.160	0.000	0.110	0.003	0.670
W_Pol	820.370***	6.800	781.2471***	7.630	666.373***	5.570
ρ	0.159***	2.890	0.246***	4.740	0.213***	3.870
R−Square	0.867		0.600		0.632	
Log−Like−lihood	−6082.003		−6576.918		−6574.088	

注：*** $p<0.01$，** $p<0.05$，* $p<0.1$

　　值得指出的是，当空间面板模型的空间自相关系数时，回归系数会有偏差（莱萨格，2009），不能直接运用这些系数对各个变量的经济意义进行解释，需要利用偏微分的方法将回归系数进行分解，分解成直接效应和间接效应（郑亚男等，2020）。其中，直接效应的经济意义是本区域内旅游要素对旅游经济的影响情况，间接效应的经济意义是本区域内相关旅游要素对相邻地区的旅游经济发展的影响情况，效应分解结果见表 6-4。

表 6-4　时间固定效应模型的直接效应和间接效应分解

	直接效应				间接效应		
变量	估计结果	Z 值	P 值	变量	估计结果	Z 值	P 值
Res	852.070***	12.160	0.000	Res	−1028.721***	−6.620	0.000
Cap	0.013***	4.920	0.000	Cap	0.002	0.270	0.788

续表6-4

	直接效应				间接效应		
变量	估计结果	Z值	P值	变量	估计结果	Z值	P值
Lab	0.310***	3.500	0.000	Lab	0.552***	3.560	0.000
Int	203094.000***	4.100	0.000	Int	−848066.400***	−6.710	0.000
Pol	92.535*	1.680	0.094	Pol	958.563***	7.100	0.000

注：*** $p<0.01$, ** $p<0.05$, * $p<0.1$

根据表6-4中的模型效应分解结果，不难发现，各要素对于旅游经济发展的影响情况和第5章中有类似的结论。在直接效应中，所有的变量对于旅游经济发展都有显著的正向促进作用，某种意义上也验证了之前的结论。在间接效应中，旅游资源和信息技术系数显著为负，表明当地的旅游资源和信息技术会抑制周边地区的发展；旅游劳动和旅游政策的系数显著为正，表明当地的旅游劳动和旅游政策能够显著促进周边地区的旅游经济发展。

（1）政策要素分析

旅游产业政策pol的直接效应估计结果为92.535，并且通过了显著性水平为0.1的检验，说明当本地区政府加大旅游产业政策力度后，一段时间内会产生直接的政策效应，提高本地的旅游产业经济水平。旅游产业政策的力度加大时，根据政策力度的计算方法，是由政策数量和政策级别类型的增加共同导致的。一方面，一个地区政策数量的增加，往往会拓宽旅游产业政策涉及的方面，使得当地的政策体系更加完备。旅游产业政策发挥效果不仅看单个政策的效果，也受到政策配合和政策结构的影响，当政策数量和涉及的方面更多，政策之间的配合和交互作用变大，导致更好地促进本地的旅游经济发展。另一方面，当政策类型级别增大时，政策的形式会变得更多样，实现制度性政策和措施性政策配合实施的局面，更好地实现本地区旅游政策在宏观上和微观上的配合、实现方向上和措施上的一致、实现供给上和需求上的衔接、实现市场上和决策上的协同。因此，当一个地区的旅游产业政策力度增加时，当地更加重视旅游产业的发展，会使旅游政策涉及更广的方面，使当地旅游政策结构更加完善与合理，从而使当地能够更好地享受旅游政策红利，推动当地旅游经济发展。

旅游产业政策 pol 的间接效应估计结果为 958.563，并且通过了显著性水平为 0.01 的检验，说明当一个地区政府加大旅游产业政策力度后，政策的辐射范围不局限于本地区，还会对周围地区形成政策渗透，带动周围地区的旅游经济协同发展。政策空间溢出效应的形成主要有三方面的原因，第一，旅游产业的经济发展具有空间相关性，形成了空间集聚发展的格局，旅游产业的空间集聚发挥了规模化效应，导致旅游经济的发展不是孤立的，而是整体协同发展的。前文已经利用 Moran's I 指数验证了当前我国旅游经济的发展具有明显集聚特征，旅游产业政策通过促进区域间的旅游带的规划实现了优势互补和协同发展，产生了对周围地区旅游经济发展的外溢效应。第二，旅游产业政策具有示范效应，旅游政策不仅规范了本地区的旅游市场运营，引导了本地区旅游业发展，往往还具有示范作用，促进邻近省份的政策出台，进而间接促进了周围地区的旅游经济发展。第三，旅游产业政策具有空间上的效应差异。效应差异的形成源自地区之间的不均衡发展，旅游产业处于不同发展阶段导致了旅游政策的出台和实践的能力不一致，进而导致了旅游政策对旅游经济的作用机制不一致。政策效应的差异导致了部分地区政策效果不明显，但另一部分地区因旅游产业政策红利的原因大幅推动了本地旅游建设，使得本地旅游产业链升级和延伸，成为"旅游中心枢纽"，使政策效应随着旅游产品对地理空间的跨越辐射到另一区域中，导致政策效应的外溢。当然，第三部分的原因有待进一步的验证，本章将在下一小节中用标准面板模型对不同地区的政策效应进行回归检验，以期验证政策效应差异并探索溢出方向。

此外，旅游产业政策的间接效应远大于旅游产业政策的直接效应。这一结论体现在间接效应系数的估计结果远大于直接效应系数的估计结果上，并且间接效应更加显著。事实上，这一现象也充分说明当前旅游产业的发展已经突破了传统地理空间上的限制，旅游产业不再是孤立发展的局面，不同地区之间的产业关联变得日益紧密。这一现象的原因有待在下一节中，结合不同地区之间的政策效应差异作出更深入更准确的分析。

（2）其他要素分析

在对于其他要素的分析中，由于在直接效应中，所有的变量对于本地的旅游经济发展都有显著的正向促进作用，和第 5 章中的结论一致，导致这一现象的原因已经在第 5 章中进行了比较细致的说明，在此不对各个要素的直接效应进行重复分析，只分析各要素的间接效应。

旅游资源要素的间接效应系数为 –1028.721，且通过了显著性水平为 0.01 的检验，说明旅游资源具有空间抑制效应，一个省份的旅游资源越丰富，会抑制周围地区的旅游经济发展。当某地的旅游资源越丰富时，作为旅游目的地其吸引力相对而言会更大，使更多游客产生到当地旅游的旅游动机，从而吸引了周围地区的游客来源，抑制了周围地区的旅游发展。

旅游劳动要素的间接效应系数为 0.552，且通过了显著性水平为 0.01 的检验，说明旅游劳动具有空间溢出效应，一个省份的旅游从业人员越多，会促进周围地区的旅游经济发展。事实上，旅游产业作为特殊的服务业，其从业人员的流动性较大，一个区域的旅游人力资源丰富往往会在其他区域中流动，从而带动周围地区的旅游经济发展。另外，由于旅游产品的跨区域性，本地有不少的旅游服务是基于周围地区的旅游吸引物，这些本地旅游从业人员提供旅游的同时也带动了周围地区的旅游经济。

信息技术要素的间接效应系数为 –848066.4，且通过了显著性水平为 0.01 的检验，说明信息技术具有空间抑制效应，一个省份的信息技术越发达，周围地区的经济发展越弱。究其原因，从微观角度看，信息技术投入促进本省份景区的智能化发展，本省份景区的智慧化水平明显高于周边地区，游客更愿意选择旅游体验好的景点，导致周边省份的旅游消费趋势下降，不利于周边省份旅游消费；从宏观角度看，信息技术投入使得地区的发展更迅速，导致人才资源和其他资源要素从周边省份向本地转移，各省份之间的人才资源存在一定的竞争关系，抑制了周边省份旅游业发展。

旅游资产要素的间接效应不显著，说明本地区旅游资产的变动对周围地区的旅游经济发展没有影响。这可能是因为旅游的固定资产难以像旅游劳动要素一样具备强大的流动性，受到地理空间上的限制较大，导致本地的旅游资产在地理空间范围上的作用有限，其外溢效应不显著。

6.3 旅游产业政策经济效应的空间差异分析

6.3.1 研究方法

在当前经济地理学的研究中，学者们大多采用对不同区域进行分别建模的方法里对比各区域的效果差异。因此，采用对不同地区数据分别建立普通面板模型的方法，根据各大地区的系数和显著性水平差异，来进一步分析政策外溢效应的形成原因，并推理判断空间溢出路径。

6.3.2 实证结果分析

在《中共中央、国务院关于促进中部地区崛起的若干意见》中，国务院对我国的经济区域进行了划分，划分成了东部地区、中部地区、东北地区和西部地区四大区域。由于本章是对于旅游产业的研究，与经济区域的研究有一定的区别，因此综合四大经济区域的划分方法和大部分旅游学者对于旅游区域的划分，本章中将经济区域中的东部地区和东北地区进行合并，将北京市、天津市、河北省、上海市、江苏省、浙江省、福建省、山东省、广东省、海南省、辽宁省、吉林省和黑龙江省共 13 个省份划分为东部地区；将山西省、安徽省、江西省、河南省、湖北省和湖南省共 6 个省份划分为中部地区；将内蒙古自治区、广西壮族自治区、重庆市、四川省、贵州省、云南省、西藏自治区、陕西省、甘肃省、青海省、宁夏回族自治区和新疆维吾尔自治区等 12 个省市自治区划分为西部地区。

划分好区域后，为了保证研究的一致性和可比性，本节中的实证研究将和空间计量模型选择同样年份的数据，即从空间效应显著的年份 2003 年开始建立模型，以保证对政策外溢效应和溢出路径的解释是合理的、准确的。对各区域 2003-2019 年的面板数据建立普通面板模型，模型系数估计结果见表 6-5。

表 6-5 东、中、西部地区政策经济效应估计结果

模型	（1）	（2）	（3）
变量	东部地区	中部地区	西部地区
lnRes	0.579***	0.507***	0.513***
	（7.51）	（3.62）	（8.00）
lnCap	0.099*	0.290**	0.114*
	（1.78）	（2.24）	（1.85）
lnLab	0.339***	0.092	0.044
	（4.28）	（0.79）	（0.58）

模型	（1）	（2）	（3）
变量	东部地区	中部地区	西部地区
lnInt	0.331***	0.399***	0.598***
	（4.62）	（3.50）	（8.97）
lnPol	0.284***	0.209***	0.029
	（5.28）	（2.98）	（0.54）
Constant	2.884***	3.831**	7.985***
	（2.83）	（2.03）	（8.64）
Observations	221	102	204
Number of state	13	6	12
state FE	YES	YES	YES
year FE	YES	YES	YES

注：*** $p<0.01$, ** $p<0.05$, * $p<0.1$, 括号内为 Z 统计量值

由表 6-5 中的估计结果，可以看出，东部地区的 13 个省份的面板回归模型中，旅游政策的系数为 0.284，且通过了显著性水平为 0.01 的检验；中部地区的面板回归模型中，旅游政策的系数为 0.209，小于东部地区模型中的政策系数，也通过了显著性水平为 0.01 的检验，其对应的 Z 统计量值相比于东部地区模型中旅游政策变量对应的 Z 统计量值小，说明中部地区的旅游政策效应不如东部地区显著；西部地区的面板回归模型中，旅游政策的系数并未通过显著性检验，说明西部地区的旅游政策对于西部地区旅游经济的发展没有影响。

东部地区旅游产业政策的作用最明显。事实上，东部地区的经济发展位于全国前列，并且是最早开始大力发展旅游产业的地区，对于旅游产业的发展较为重视。因此，这些地区从认知层面上，对于旅游产业政策的响应程度较高。与此同时，这些地区的经济建设比较发达，无论是交通基础设施还是景区建设能力都处于全国前列，同时也拥有高素质的人力资源和丰富的资源要素作为旅游产业的发展支撑，有强大的政策响应能力。在高度的旅游产业政策响应意愿和强大的政策响应能力的双重作用下，东部地

区的旅游产业善于抓住政策红利，充分利用政策要素带来的发展机遇，促进旅游经济发展。此外，在第 4 章的分析中已经指出，东部地区的旅游产业政策力度普遍较高，这意味着东部地区发布的政策数量较多，政策涉及范围更广，政策类型更多样。前文的分析已经指出，完善的政策体系结构能发挥更大的效用，东部地区的旅游产业政策发布的质量比其他地区高，因此，在政策本身和政策响应两方面的共同作用下，旅游产业明显地受到了政策的推力。

中部地区的旅游经济发展受到旅游产业政策的显著影响，其影响程度小于东部地区。同样，从政策响应和政策体系本身两方面进行分析。中部六省的经济发展水平和旅游产业对当地经济的贡献率相比于东部地区较低，对于旅游产业的重视程度不如东部地区，在认知层面上对于政策的相应意图比东部地区稍低。但是，中部地区的内陆旅游资源比较丰富，交通处于核心枢纽的地位，旅游产业发展的资源要素流通性强，导致这些地区也拥有迅速响应政策并从基础设施建设、服务队伍建设、旅游产品发布等方面进行旅游建设的能力。另外，中部地区的旅游产业政策体系近几年来越来越完善，从政策力度上看，其政策力度和东部地区的差距并不大，除了和广东、江苏、浙江、福建等少数沿海省份的政策力度差距较大外，跟其他内陆东部地区省份的政策力度相当。因此，在政策本身和政策响应两方面，中部地区都在一定程度上占有发展旅游经济的优势。

西部地区的旅游产业政策经济效应不显著。西部地区经济相对落后，经济的开放程度较低，其经济发展主要依赖于制造业的发展。同时，因为这些地区的先天地理和气候条件较差，拥有的旅游资源比较贫乏，导致西部地区的旅游产业发展缺乏先天优势，加上对旅游产业的不重视，这些地区的旅游产业政策的响应意愿较差。除此之外，由于地区的基建能力较差，资金、人才等方面也有所匮乏，将政策落实的能力也较差导致旅游产业政策对于旅游经济的促进作用有限。

实证结果也验证了三大地区的政策效应差异是我国旅游产业政策外溢效应的重要原因之一。实证结果说明，当前我国各地区因为旅游产业发展处于不同阶段，旅游产业政策在不同地区的作用机制和作用效果不一样。西部地区的政策发布能力和对于本地旅游政策的响应能力有限，但中东部地区因旅游产业政策红利的原因大幅推动了本地旅游建设，使得本地旅游产业链升级和延伸，导致了全国总体层面上政策效应的显著。随着中东部地区在旅游产业政策的扶持下逐步发展成为"旅游中心枢纽"，政策效应随着旅游产品对地理空间的跨越辐射到相邻中，导致政策效应的外溢。通俗地讲，众多中东部地区的旅游企业受到政策的鼓励迅速发展，不仅打造了依托本土旅游资源的旅游产品，也将更多的游客带到了周围地区进行旅游消费。与中、东部地区接壤的陕西省和四川省是西部地区旅游产业政策的出台高地，也是西部地区中旅游经济发展较好的头部省份。这些省份因为地理上和中东部地区接壤的优势，充分享受了中东部地区旅游发展带来的红利。未来，要想实现西部地区旅游产业的崛起发展，应该重点培养这两个省份的增长极作用，以此为发展试点，逐步完善这两个省份的政策体系和政策响应能力，进而发挥渗透和辐射作用，由近及远的推动政策红利向其他省份的扩散。

进一步的，实证结果也对旅游产业政策的外溢效益大于其直接效应的现象进行了解释。第 2 章的分析中已经指出，当前西部地区的旅游经济发展增速较大，与中东部地区的差距在逐步缩小。事实上，东部地区的旅游产业发展已经到了接近饱和的状态，其增速相对而言比较缓慢，旅游产业政策对于旅游经济发展的边际效应在不断减小。中部地区尽管边际效应的递减程度小于东部地区，但该地区的政策推动能力也小于东部地区。而西部地区政策对于本地旅游经济发展没有影响，政策对西部地区的推动更多的是中东部地区对相邻西部省份的外溢效应。因此，在综合作用下，中东部地区政策在本地的直接作用小于政策外溢到中、东、西部其他地区的效应总和。

最后，结合各个省份旅游经济发展和政策出台情况的空间分布特征，不难发现，旅游产业政策的溢出路径为东、中部地区向西部地区由近及远的溢出。一方面，全国的总体层面上，旅游产业政策对于旅游经济具有显著的推动作用，但是地区层面上西部地区对本地旅游经济的促进作用不明显，说明中、东部地区的政策效应向西部地区的外溢。另一方面，与中、东部地区接壤的陕西省和四川省是西部地区旅游产业政策的出台高地，四川省和陕西省因为地理上和中东部地区接壤的优势，充分享受了中东部地区旅游发展带来的红利，说明了政策效应由中东部地区向相邻西部地区由近及远的逐渐外溢。

6.4 稳健性检验

对于空间计量模型的稳健性检验，一般有两种形式：一是对变量进行替换，二是对空间矩阵进行替换。因此，为了强调模型的稳健性，本节中将采用上述两种方法。对于不同地区的政策效应分析的普通面板模型，本节中将和第 4、5 章一样，使用变量替换的方法。

6.4.1 变量替换

空间面板模型的稳健性检验

将被解释变量替换成为国内旅游收入，重新建立时间固定效应的空间杜宾面板模型。并对直接效应和间接效应进行分解，分解后的结果见表 6-6。

表 6-6 替换被解释变量后的效应分解结果

变量	直接效应			统计量值	间接效应		
	估计结果	Z 值	P 值		估计结果	Z 值	P 值
Res	848.540***	12.170	0.000	Res	−967.056***	−6.110	0.000
Cap	0.011***	4.410	0.000	Cap	0.002	0.280	0.778
Lab	0.240***	2.730	0.006	Lab	0.523***	3.300	0.001
Int	131022.200***	2.680	0.007	Int	−767816.700***	−6.030	0.000
Pol	99.681*	1.810	0.070	Pol	890.943***	6.470	0.000

注：*** $p<0.01$，** $p<0.05$，* $p<0.1$

表 6-6 显示了将被解释变量由旅游总收入替换成各省份每年的国内收入后，重新估计固定效应模型后得出的结果。各变量的系数估计结果的正负性和显著性水平与原模型一致，因此认为该模型的稳健性较好，由此得出的结论是可靠的。

普通面板模型的稳健性检验

对于普通面板模型的稳健性检验，与第 4、5 章类似，采用变量替换的方法，分别对三大地区的三个模型通过将被解释变量替换成国内旅游收入的方法进行稳健性检验，检验结果见表 6-7。

表 6-7 东、中、西部地区政策经济效应的稳健性检验

模型	（1）	（2）	（3）
变量	东部地区	中部地区	西部地区
lnRes	0.580***	0.520***	0.555***
	（7.31）	（3.69）	（7.94）
lnCap	0.108*	0.283**	0.111*
	（1.87）	（2.17）	（1.66）
lnLab	0.326***	0.088	−0.005
	（3.99）	（0.75）	（−0.06）
lnInt	0.341***	0.388***	0.595***
	（4.60）	（3.37）	（8.18）
lnPol	0.293***	0.222***	0.036
	（5.26）	（3.14）	（0.62）
Constant	2.818***	3.804**	8.276***
	（2.70）	（2.00）	（8.22）
Observations	221	102	204
Number of state	13	6	12
state FE	YES	YES	YES
year FE	YES	YES	YES

注：*** $p<0.01$, ** $p<0.05$, * $p<0.1$, 括号内为 z 统计量值

从表 6-7 中可以看出，各变量的系数估计结果的正负性和显著性水平与原模型一致，因此认为该模型的稳健性较好。

6.4.2 空间矩阵替换

将被空间权重矩阵由 0-1 相邻权重矩阵换成 320 千米的距离权重矩阵，被解释变量和解释变量不变，重新建立时间固定效应的空间杜宾面板模型。为了避免回归系数的偏差，对直接效应和间接效应进行分解，分解后的结果见表 6-8。

表 6-8 替换空间矩阵后的效应分解结果

直接效应			间接效应			
变量	估计结果	Z 值	P 值	变量	估计结果	Z 值	P 值
Res	849.320***	12.080	0.000	Res	−1053.071***	−6.650	0.000
Cap	0.012***	4.920	0.000	Cap	0.002	0.270	0.788
Lab	0.310***	3.520	0.000	Lab	0.547***	3.520	0.001
Int	208214.600***	4.270	0.000	Int	−861644.100***	−6.850	0.000
Pol	91.995*	1.670	0.095	Pol	991.066***	7.390	0.000

注：*** $p<0.01$，** $p<0.05$，* $p<0.1$

表 6-8 中空间权重矩阵由 0-1 相邻权重矩阵换成 320 千米的距离权重矩阵后，被解释变量和解释变量不变，重新估计固定效应模型后得出的结果。各变量的系数估计结果的正负性和显著性水平与原模型一致，因此认为该模型的稳健性较好。

6.5 基本结论

本章在第 4 章的基础上进行了空间层面上的纵深研究，探索旅游产业政策效应的空间溢出和示范效应，并尝试探索不同地区的政策效益差异。基于 2001-2019 年 31 个省市自治区的面板数据，选择和第 4 章中相同的变量，本章先构建了空间面板模型，探索旅游产业政策的空间关联情况。随后，本章对东、中、西三大地区分别建立普通面板模型，分析不同空间上的旅游政策效应差异和空间溢出路径，以深入分析旅游产业政策外溢效应产生的原因。本章的实证研究得到了以下结论：

（1）从 2003 年开始，我国旅游产业的经济发展具有空间相关性，呈现出空间集聚发展格局。

从 2003 年开始，我国旅游经济水平的 Moran's I 指数均为正数，且均通过了显著性水平为 0.1 的检验，这说明，从 2003 年开始，我国旅游产业的经济发展并非是完全随机的孤立、单独发展，受到了周围区域旅游经济发展的影响，呈现出显著的空间自相关特征。这可能是因为随着旅游产业的发展和完善，旅游线路开始更多地涉及相邻的多个省份，形成了旅游发展带。同时，随着交通基础设施的完善，旅游的区域跨度越来越大，带动了游客和资源要素的进一步流动，加强了省际旅游交流，形成空间相关的格局。

（2）旅游产业政策具有正向空间溢出效应，即本地区的旅游产业政策对周围地区的旅游经济发展也有显著促进作用，这是由于旅游产业集聚发展、旅游产业政策示范效应和不同空间上的旅游政策效应差异共同导致的。

利用空间相关性显著形成后（2003年后）的面板数据建立空间杜宾面板模型，发现当一个地区政府加大旅游产业政策力度后，政策的辐射范围不局限于本地区，还会对周围地区形成政策渗透，带动周围地区的旅游经济协同发展。政策空间溢出效应的形成主要有三方面的原因：第一，旅游产业的经济发展具有空间相关性，导致旅游经济的发展不是孤立的，而是整体协同发展的。第二，旅游产业政策具有示范效应，旅游政策不仅规范了本地区的旅游市场运营，还促进邻近省份的政策出台，间接促进了周围地区的旅游经济发展。第三，旅游产业政策具有空间上的效应差异。分地区的普通面板回归结果证实了这一原因，西部地区的政策发布能力和对于本地旅游政策的响应能力有限，但中东部地区因旅游产业政策红利的原因大幅推动了本地旅游建设，使得本地旅游产业链升级和延伸，导致了全国总体层面上政策效应的显著。随着中东部地区在旅游产业政策的扶持下逐步发展成为"旅游中心枢纽"，政策效应随着旅游产品对地理空间的跨越辐射到相邻中，导致政策效应的外溢。

（3）东部地区和中部地区的产业政策对旅游经济有显著的促进作用，而西部地区的旅游产业政策对旅游经济的作用不显著。

东部地区在高度的旅游产业政策响应意愿和强大的政策响应能力的双重作用下，善于抓住政策红利，充分利用政策要素带来的发展机遇，促进旅游经济发展。在政策本身和政策响应两方面的共同作用下，旅游产业明显地受到了政策的推力。中部地区的内陆旅游资源丰富，交通处于核心枢纽的地位，资源要素流通性强，拥有迅速响应政策并从实施建设的能力，再加上政策体系的不断完善，导致了旅游产业政策效应的凸显。西部地区相对于中、东部地区而言，地区经济比较落后，经济的开放程度较低，拥有的旅游资源比较贫乏，导致西部地区的旅游产业发展缺乏先天优势，再加上地区的基建能力较差，人才等方面也有所匮乏，导致了旅游产业政策对于旅游经济的促进作用有限。

（4）旅游产业政策的空间溢出效应比直接效应大，其溢出路径为由中、东部地区向西部地区由近及远的外溢。

东、中部地区旅游经济增速相对而言比较缓慢，旅游产业政策对于旅游经济发展的边际效应在不断减小，而西部地区政策对于本地旅游经济发展没有影响。在综合作用下，中东部地区政策在本地的直接作用小于政策外溢到中、东、西部其他地区的效应总和。尽管全国的总体层面上的政策经济效应显著，但是地区层面上西部地区对本地旅游经济的促进作用不明显，说明中东部地区的政策效应存在向西部地区的外溢。另外，与中、东部地区接壤的陕西省和四川省是西部地区旅游产业政策的出台高地，充分享受了中东部地区旅游发展带来的红利，说明了政策效应由中东部地区向相邻西部地区由近及远的逐渐外溢。

在验证了政策经济效应后，本研究随后从类别层面和空间层面进行了纵深研究。无论是第 5 章中分类别地对不同工具类型的政策效应差异研究，还是第 6 章中进一步分空间地对不同地区的政策效应差异研究，都能够帮助发掘政策发挥更好的经济效应所应该具备的特征和条件，以期帮助政策决策者设计和出台更高效的政策，将政策红利的作用发挥到最大。事实上，政策效应的发挥还会受到不同发展阶段中不同发展特征的影响。因此，探究不同时间下政策效应的差异和变化，有助于探索当前发展下最适合的政策体系。第 7 章将对旅游产业政策的经济效应进行时间层面上的纵深研究。

第 7 章

时间层面的旅游产业政策经济效应分析

在实证验证了旅游产业政策的经济效应后，第 5 章和第 6 章分别在类别层面和空间层面上进行了纵深研究，本章将从时间层面上，对不同发展阶段中旅游产业政策的经济效应变化进行纵深研究。具体而言，本章将以旅游经济水平为被解释变量，以各项旅游要素为解释变量，建立状态空间模型（State Space Model），分析不同时间下政策要素和其他要素的效应的变化情况。

7.1 研究依据及设计

7.1.1 研究依据

随着经济社会的发展，旅游市场结构、旅游产品结构和旅游出行方式都发生着重要的变化，形成不同时期不同的旅游发展目标和旅游发展特点。事实上，旅游政策以当前实际经济社会发展需要为总体方针，旨在通过颁布当前阶段适用的规范制度来辅助旅游产业的发展。由于社会发展阶段的变化，不同时期旅游产业承担着不同的社会角色，旅游产业政策的侧重点也有所不同，这就导致了旅游产业政策对产业发展的影响在不同阶段有所差异，值得深入讨论。

当前已经有不少学者对政策效应的时间变化进行了实证研究，大部分学者选择了建立时间序列模型，例如 VAR 模型、VEC 模型和 SSM 模型等，研究不同产业的政策效应。然而，VAR 模型、VEC 模型等方法估计出来的参数都是固定的，无法反映旅游产业政策经济效应随时间的动态变化。为了解决这一问题，部分学者选择了分段回归的方法进行每一年的政策效应验证，但是由于数据的切割导致样本量的减少，影响了结果的准确性。因此，有学者开始考虑选择状态空间模型（SSM）。例如，严丹霖（2016）运用状态空间模型，对我国风电产业政策的产业绩效波动情况进行了动态分析，指出风电产业政策对产业发展有积极作用，在 2011–2013 年政策效果尤为显著。对于全时间段的政策效应动态研究给本章提供了研究思路和研究方法上的借鉴依据。

7.1.2 研究设计

本章是继类别层面和空间层面上的研究后，从时间层面上进行的深入探索研究。因此，本章希望建立时间序列模型，以分析旅游产业政策经济效应的时间趋势。考虑到不同社会阶段的旅游产业结构、发展目标有所差异，旅游产业政策发挥效用的大小和方向也有所存疑，采用 VAR 等固定参数的时间序列模型无法分析政策效应的动态演变情况。如果采用分段回归不同阶段的数据，可能会因为样本量的减少导致精确性的缺失。因此，综合考虑模型功能和现有的研究支撑，本章中将建立状态空间模型，得到动态的估计系数，分析旅游产业政策效应的动态变化情况。同时，本研究中各个章节应在统一研究框架下，以免改变了控制变量，导致结论的不可比性。因此本章中的变量选取与第 5 章和第 6 章相同。

本章将以旅游经济水平作为被解释变量；以旅游政策作为核心解释变量；以旅游资本、旅游劳动、旅游资源和信息技术作为其他解释变量，建立状态空间模型，探索旅游产业政策 2001–2019 年的效应动态变化。随后，本章将进一步对其他的旅游产业要素的效应动态变化进行分析。

7.2 旅游产业政策经济效应的动态演变分析

7.2.1 模型方法

状态空间模型作为一种动态估计的可变参数模型，已经被广泛地运用到了计量经济学相关领域中，该模型建立了可观测变量和系统中不确定的不可观测因素之间的关系，并通过迭代算法卡尔曼滤波对时间等无法直接观测的变量进行过滤，得到更加精确的估计。状态空间模型由两个重要的方程构成：量测方程和状态方程。设为包含所有变量的 k 维可观测向量，则：

量测方程是对可观测因素和不可观测因素之间关系的等式，其方程如下：

$$y_t = x_t \alpha_t + \mu_t \qquad\qquad (7-1)$$

式（7-1）中，$t = 1, 2, 3, \cdots, T$，用于刻画时间，为可观测的变量，可

变的参数变量（状态向量）由可观测变量来估计，为扰动项。

状态方程是两种状态之间的转换关系，其方程如下：

$$\alpha_t = \varphi_t \alpha_{t-1} + R_t \varepsilon_t \tag{7-2}$$

式中，$t = 1, 2, 3, \cdots, T$，用于刻画时间，为扰动项。量测方程和状态方程中的扰动项和相互独立，且均值为 0，服从以下分布：

$$\begin{pmatrix} \mu_t \\ \varepsilon_t \end{pmatrix} \sim N\left(\begin{pmatrix} 0 \\ 0 \end{pmatrix}, \begin{pmatrix} \sigma^2 & 0 \\ 0 & Q_t \end{pmatrix} \right) \tag{7-3}$$

可变的参数变量（状态向量）一般通过迭代算法卡尔曼滤波进行估计，可以得到最优估计值。设和分别为可变参数和协方差矩阵的最优估计，那么有以下迭代关系：

$$a_{(t|t-1)} = \varphi_t \alpha_{t-1}, \ c_{(t|t-1)} = \varphi_t c_{t-1} \varphi_t' + R_t Q_t R_t' \tag{7-4}$$

根据上期时间的数据可以不断进行迭代和预测，并不断修正状态向量的估计值，每增加一个观测值，将得到的最优估计。

7.2.2 变量选取与数据来源

本研究中各个章节应在统一研究框架下，以保障结论的可比性。因此，本章中的变量选取逻辑与依据和第 5、6 章相同，依据生产函数理论，认为旅游资源、旅游资本、旅游劳动、信息技术和旅游政策会影响旅游经济的发展。由于本章是对时间层面上的分析，因此，本章的数据为 2001–2019 年全国层面上的时间序列数据。本章将利用这些数据建立状态空间模型，分析各大要素对旅游经济的影响程度随时间的动态演变情况。本章中各个变量替代指标的选取及其数据来源与第 5、6 章相同，数据是时间序列数据。变量的选择和数据来源前文中已详细说明，在此不赘述。

7.2.3 状态空间模型构建

在建立状态空间模型时，所选择的变量需要是旅游经济水平的显著影响因素，所建的模型才有意义。第 5、6 两章已经识别出旅游资源、旅游资本、旅游劳动、信息技术和旅游政策是旅游经济水平的显著因素，因此，可以以旅游经济水平为被解释变量，以五个要素作为解释变量，建立状态空间模型进行实证分析，具体的模型形式如下：

量测方程：

$$Inc = c(1) + SV1F * Res + SV2FCap + SV3F * Lab + SV4F * Int$$
$$+SV5F * Pol + [Var = exp(c(2))]$$

（7-5）

状态方程：

$$SV1F = SV1F(-1) + \varepsilon_{1t}$$
$$SV2F = SV2F(-1) + \varepsilon_{2t}$$
$$SV3F = SV3F(-1) + \varepsilon_{3t}$$
$$SV4F = SV4F(-1) + \varepsilon_{4t}$$
$$SV5F = SV5F(-1) + \varepsilon_{5t}$$

（7-6）

运用卡尔曼滤波的 Marquardt 迭代算法，可以将量测方程中的状态变量 2001-2019 年的 SV1F-SV5F 估计出来，这些状态变量即为各旅游产业要素的时变弹性系数，即每一年每个变量对被解释变量的影响程度。

7.2.4 状态空间模型结果分析

平稳性检验

在确定模型变量之后，应先对各变量进行平稳性检验，保证各变量是同阶单整的，以防出现"伪回归"的现象。本章中将采用 ADF 检验来检验时间序列的平稳性，其结果见表 7-1。

表 7-1 ADF 平稳性检验结果

变量	检验形式（c,t,k）	ADF 检验 t 统计量	P 值	平稳性
Inc	（C,0,0）	1.172	0.996	非平稳
$\triangle Inc$	（C,0,0）	−3.980	0.008***	平稳
Res	（C,T,1）	−1.901	0.610	非平稳
$\triangle Res$	（C,0,0）	−3.133	0.043**	平稳
Cap	（C,T,0）	−2.051	0.536	非平稳
$\triangle Cap$	（C,0,0）	−5.030	0.001***	平稳
Lab	（C,T,0）	−2.856	0.198	非平稳
$\triangle Lab$	（C,0,0）	−4.871	0.001***	平稳
Int	（C,T,0）	−1.869	0.626	非平稳

续表 7–1

变量	检验形式（c,t,k）	ADF 检验 t 统计量	P 值	平稳性
$\triangle Int$	（0,0,0）	−1.797	0.070*	平稳
Pol	（C,0,1）	−0.024	0.943	非平稳
$\triangle Pol$	（C,0,0）	−4.441	0.000***	平稳

注: 检验类型中，c 代表单位根检验方程中的常数项，t 代表时间趋势项，k 代表之后阶数。其中，c 和 t 根据时间序列趋势图判断，阶数由 SIC 准则判定。*** p<0.01, ** p<0.05, * p<0.1

表 7–1 显示了各个变量及其一阶差分后的变量的 ADF 检验结果。所有变量都是一阶单整的，初步判定其具备了建立状态空间模型的条件。进一步的，需要对数据进行协整检验，判断变量之间是否存在长期均衡关系。

协整检验

利用 Johansen 检验，对一阶滞后模型进行协整检验，检验结果见表 7–2。

表 7–2　变量协整检验结果

零假设	特征值	Trace 统计量	5% 临界值	P 值
None	0.985	131.735	69.819	0.000***
At most 1	0.874	60.124	47.856	0.002***
At most 2	0.423	24.861	29.797	0.167
At most 3	0.423	9.574	15.495	0.315
At most 4	0.013	0.216	3.841	0.642

注：*** p<0.01, ** p<0.05, * p<0.1

由表 7–2 不难得出，拒绝了"没有协整向量"和"至多只有一个协整向量"的原假设，说明本章所选择的各个变量序列之间存在着明显的协整关系，即长期具有稳定的均衡关系。因此，基于这些变量所建立的状态空间模型中的量测方程不会出现"伪回归"现象，可以对模型进行参数估计。

参数估计

利用卡尔曼滤波算法，对参数进行迭代估计，得到状态变量的最优估计值，其估计结果如表 7–3 所示。

由表 7–3 可知，所有的时变系数均通过了显著性水平为 0.01 的检验，模型的建立是有意义的。下一节中，将通过对状态空间模型建模结果的分析，来探索 2001-2019 年来我国旅游产业政策效应随时间变化情况，并结合具体年份的政策出台情况和社会经济状况进行原因解析。

表 7-3 状态空间模型最终状态

参数	系数	标准差	Z 统计量	P 值
C（1）	−1.521***	0.001	−2080.308	0.000
C（2）	0.490***	<0.001	>10000	0.000
	最终状态	MSE	Z 统计量	P 值
SV1F	960.203***	0.036	25082.230	0.000
SV2F	0.014***	0.000	36394.430	0.000
SV3F	0.133***	0.000	7841.701	0.000
SV4F	65619.390***	4.150	15811.330	0.000
SV5F	210.174***	0.005	44759.730	0.000

注：*** $p < 0.01$, ** $p < 0.05$, * $p < 0.1$

结果分析

状态空间模型最终能够输出各个变量的时变弹性系数，即各个变量每一年对于旅游经济水平的影响程度。本节中将重点分析旅游产业政策效应的动态变化，即旅游产业政策的经济效应随着时间推移动态变化的趋势，并结合该年度政策发布的内容和特点进行分析。将估计出的每一年的政策变量时变系数绘制成折线图，即图 7-1。同时，为了更好地展示旅游产业政策的总体变化情况，了解整体效应的波动幅度和效应极值情况，对旅游产业政策效应的所有年份（共 19 年）的效应系数（$t = 2001, 2002, \cdots\cdots$ 2019）进行描述性统计，其结果见表 7-4。

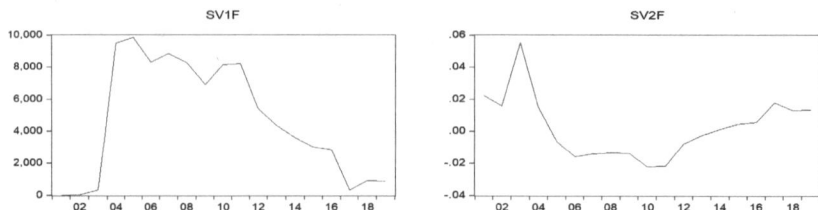

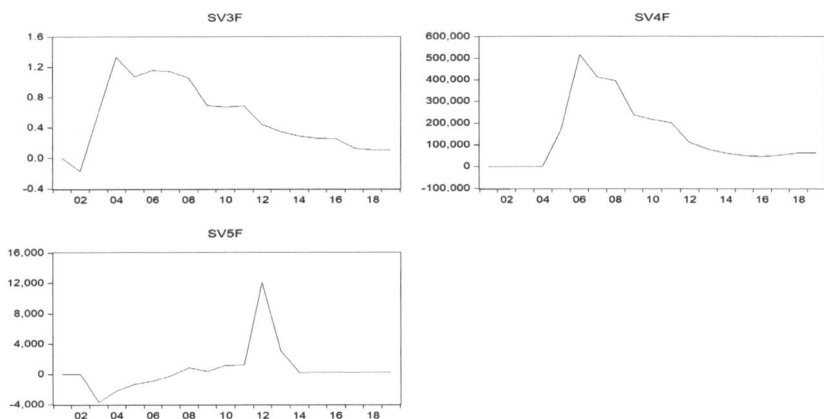

图 7-1　旅游产业政策 2001-2019 年经济效应的动态变化情况

表 7-4　旅游产业政策效应系数描述性统计

变量	平均数	中位数	最大值	最小值	标准差
SV5F	82.405	0.000	12076.830	-3741.228	3128.913

　　2001-2019 年，我国旅游产业政策对旅游经济发展的影响经历了比较大的波动，经历了显著负面效应—弱正面效应—显著正面效应—收敛至弱正面效应的变化。2014 年开始，我国旅游产业政策的效应趋于收敛，数值大小稳定在 200 左右，表明当前我国旅游产业政策进入了比较稳定的效应阶段，这也意味着我国旅游产业发展和旅游产业政策体系进入了成熟稳定的阶段。这十几年来，旅游产业政策的波动较大，正面最大效应年份为 2012 年，达到峰值 12076.830，负面效应最大的年份为 2003 年，达到谷值 -3741.228，极差较大，这也意味着在我国旅游产业迅猛发展的阶段中，旅游产业政策经历了一定时间的摸索，逐步形成了当前的政策体系。我国旅游产业政策 2001-2019 年效应大小的标准差比较大，意味着这十几年来的旅游产业效应波动较大。旅游产业效应的平均值大于 0，为 82.405，说明尽管存在旅游产业政策发挥负面效应的阶段，但是总体而言我国旅游产业政策体系对旅游经济的发展是正向促进的。

　　值得指出的是，由于本研究考虑了政策发布后无论是实施还是发挥政策效应均需要一定的时间，采用的是政策力度的滞后项来考量政策的经济效应，因此对于各年度旅游产业政策效应均对应分析前一年政策的发布情况。

2001-2007 年，政策效应是负值，且政策影响呈程度现"V"字形变化，说明这几年间旅游产业政策对于旅游经济发展具有一定的抑制作用，在 2003 年抑制效应达到了顶峰。事实上，在这几年间，旅游产业处于起步发展阶段，旅游产业政策的设计和发布尚且缺乏经验，旅游产业政策体系的建立处于摸索阶段，政策空间中无论是政策结构的合理性还是政策内容都有待完善，导致政策并未发挥出对旅游经济的推动作用。逐年来看，2000 年和 2001 年出台的政策数量较少，并且以宏观层面上的制度性政策为主，例如《旅游发展规划管理暂行办法》（2000）、《国务院关于进一步加快旅游业发展的通知》（2001）。各省市以此为依据，相继出台了旅游业管理条例。这些宏观层面的政策为旅游产业的发展指明方向，但是并没有配套的措施细则类的政策去落实相关政策内容，导致政策实施后 2001 年和 2002 年的经济效应不明显。2002-2003 年，无论是国家层面上还是地区层面上，开始密集的出台市场整改类措施和专项监管整治措施，开展了价格整治、打假打非、整序治黑的各项活动，例如，《关于整顿和规范旅游市场秩序工作的通知》（2002）、《关于开展旅游市场打假打非专项整治工作的通知》（2002）等。随着国家层面上专项整治政策的出台，各地方政府也开始因地制宜的整顿本地旅游市场。这两年对于旅游市场的规范和整顿导致众多不规范的旅游产品被取缔，旅游产业的不规范收入被大幅压缩，导致部分虚高的收入被打压，导致这两年旅游产业政策的发布对于旅游经济的发展有较大的负向作用。2004-2006 年，在市场治理的同时，相关机构开始逐步出台数量更多、种类更齐全的旅游产业政策，并且在这几年开始重视旅游基础设施的建设，例如广东省设置景点建设的专项资金（2004）；四川省、海南省、山东省、江苏省等开展景区厕所专项建设项目（2005）；旅游产业政策体系的完善和供给型政策工具的加强运用使得政策的正向效应开始凸显，抑制作用越来越小。

2008-2015 年，政策的正向经济效应开始逐步增大，尤其是 2011 年和 2012 年间有非常大的增幅波动，随后政策效应开始大幅下降，但依旧维持较高的正向效应。这几年间，政策效应呈现"倒 V"型变化。2007-2009 年出台的政策和前几年类似，政策数量开始逐步增大，政策体系处于初步完善的阶段，政策的正向推动作用开始显现。2010-2011 年这两年，出台的旅游发展建设类政策较多，旅游发展建设类的政策主题强度较高，并且景区、开发、文化、乡村等成为这两年的高频词汇。这说明，第一，在旅游基础设施建设尚且需要完善的时候，旅游发展建设类的政策对旅游经济发展有十分显著的促进作用，政策效用明显。第二，这两年的政策数量相比前几年而言有明显的增加，两年的政策数量均在 300 条以上，政策体系已经经过前几年的摸索，有了比较合理的政策结构和政策内容的配合。第三，这两年是我国旅游产业改革转型的萌芽阶段，文化旅游、乡村旅游等多样式的个性化融合旅游开始走进游客的视野，正式从政策层面开始探索旅游产业从单纯的景点旅游向多样化全域旅游的转轨发展。因此，这两年里，无论是从整体的政策体系的完善方面，还是政策内容偏向供给型工具的运用方面，还是说政策方向上的旅游发展关键转型方面来讲，都有较大的实践优势，导致了旅游产业政策效应在这两年内大幅拉升。2012 年以后，政策效应开始大幅回落，事实上，这一时期无论是政策数量还是政策工具的运用，或者是政策结构内容上，其实相比于 2010 年和 2011 年而言是数量略多并且供给型政策相当的，政策效果有所回落。一方面是基础设施建设从前两年的快速建设阶段转入了饱和阶段，导致进一步的建设政策的边际效应大幅下降。另一方面，2010 年和 2011 年是关键的旅游产业转轨阶段，这两年旅游形式有了关键的创新，实现了政策重心从单纯的景点旅游向文旅融合、全域旅游的转轨，这一创新为旅游产业的发展注入了一针"兴奋剂"，导致政策效应的迅速拉升。之后，旅游产业转型得到较大的推广，游客的旅游需求也相应提高，导致旅游产业政策效果的回落。

2015 年至今，旅游产业政策的经济效应收敛至较弱的正向促进作用。事实上，这段时间旅游产业政策体系已经比较完善，旅游市场趋于规范，旅游产业进入良性发展循环中。旅游产业已经达到了较优的状态，那么任何要素的边际效应都会递减，旅游产业政策也不例外。因此，旅游产业政策收敛到了最终状态的 200 左右大小的效应值。

事实上，有关政策效应的动态分析中，再次验证了第 5、6 章中所分析的结论，例如，2000-2001 年政策效应不太显著和 2010-2011 年政策效应的大幅增加，说明了旅游产业政策结构的重要性；2011 年旅游发展建设主题的政策强度较大导致政策效应的大幅上升和第 5 章中供给型政策工具的效用最显著的结论相一致。第 5、6、7 章中的实证结论虽然分别是从不同的角度对政策效应的差异进行了分析，但是也都共同验证了当前我国旅游产业发展过程中合理政策结构的重要性、不同类型政策配合与衔接的重要性、以及供给型政策工具应用的重要性。那么，在当前旅游产业各方面都达到高水平接近饱和状态的情况下，如果继续维持当前政策体系，就会出现收敛至弱效应的情况。因此，在当前的发展状况下，不能够满足于按部就班的套用之前的成功经验。例如，在当前旅游景区建设比较完善的情况下，供给型政策的效应会降低，在之后的政策体系建设中，就不应该继续依赖供给型政策，而应该寻求其他更为创新的政策以达到优化政策结构的目的。

7.3 其他要素经济效应的动态演变分析

不仅旅游产业政策的经济效应会因为社会发展阶段的变化而有所不同，其他的相关要素的效应也会存在动态演变的情况。本节中将简要地对其他四大旅游要素的动态演变情况进行分析，以深入了解旅游产业经济发展的逻辑。

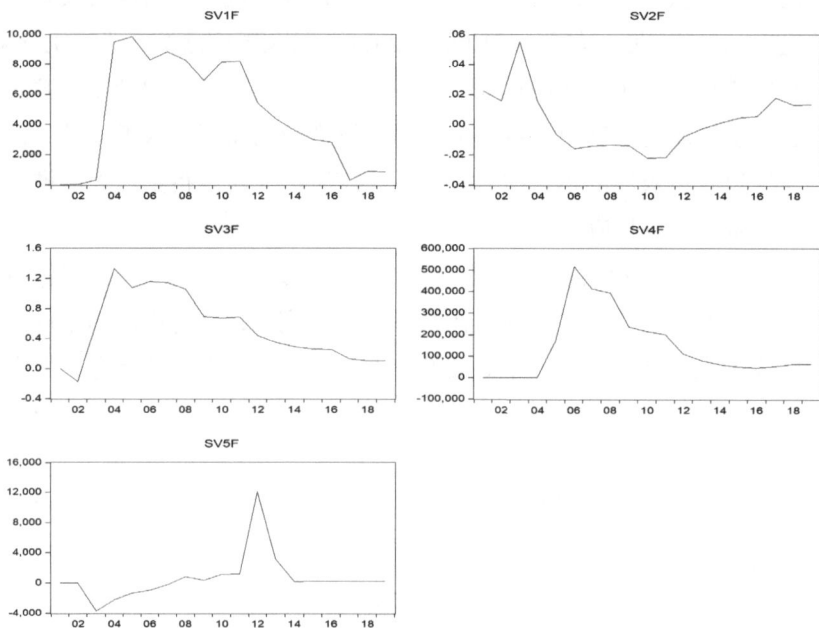

图 7-2 旅游资源 2001-2019 年经济效应的动态变化情况

图 7-2 是旅游资源的经济效应的动态演变情况，不难发现，旅游资源在 2003 年达到顶峰，随后小幅波动下降，到 2011 年都一直呈现出较高的促进作用。这段时间旅游产业处于快速发展阶段，旅游资源作为吸引游客的重要元素，呈现出重要且显著的作用。2012 年，旅游产业从纯景点旅游向个性化的全域旅游转型，旅游资源的效用开始呈现断崖式的下降。事实上，旅游形式的个性化创意化导致了当前旅游吸引物已经越来越生活化、广泛化和创意化，催生了遍在性的游览对象，拥有了无限的资源支撑。因此，世界遗产、国家公园、A 级景区、博物馆等传统的文化和旅游资源对旅游经济的促进作用越来越小。

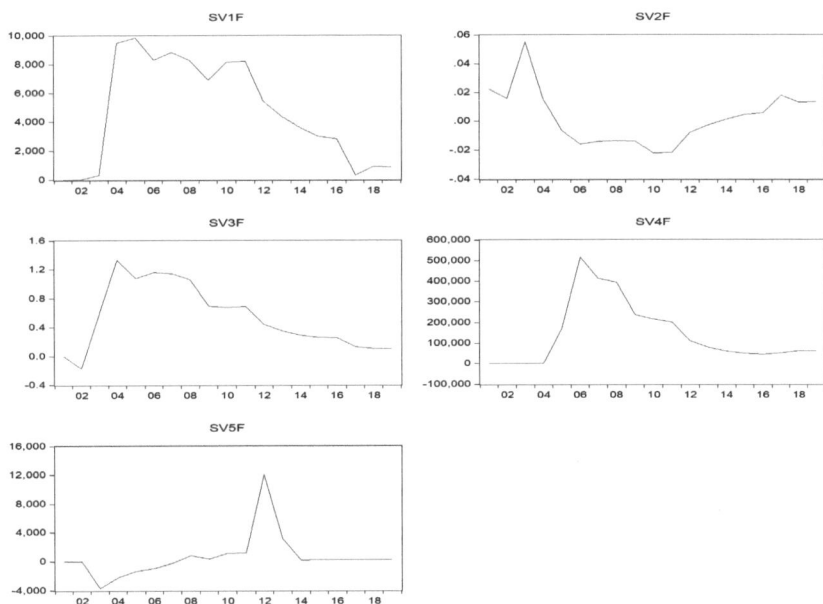

图 7-3 旅游资本 2001—2019 年经济效应的动态变化情况

表 7-3 是旅游资本的经济效应的动态演变情况，不难发现，旅游资产的效应呈现出先上升后下降再上升的变化趋势。值得指出的是，旅游资本投入的替代指标是所有旅游企业的固定资产原值，实际上是对包括旅行社和饭店在内的所有旅游企业的投资，并且是一个"存量"的概念，和对旅游景区、旅游基础设施的建设的资金投入有很大的差别。因此，旅游资本效应和供给型政策效应是两个不同的概念。可以看出，在旅游产业起步发

展的年份中，旅游资本的经济效应得以凸显，前期游客的出游对旅行社等旅游企业的依赖较大，对旅游企业资本的投入能够较大程度的推动旅游经济发展。随着互联网的发展，旅游者对旅游企业的依赖越来越小，导致盲目的资本扩张反而使旅游产业陷入"索洛悖论"，产生了负面效应。随着旅游企业逐步顺应生活化的旅游形式后，推出了众多迎合消费者的旅游产品，使得对旅游企业资本投入的效应逐步回升，最后稳定收敛在小幅的正向促进作用上。

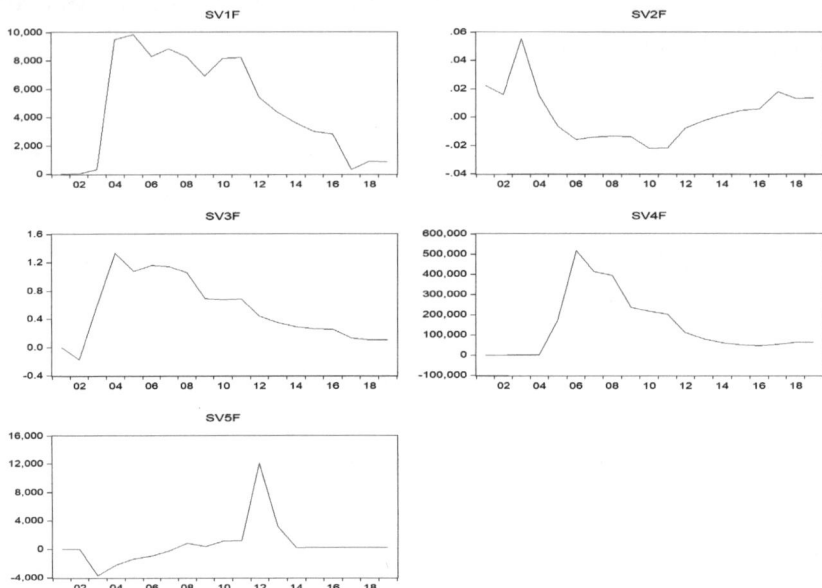

图 7-4 旅游劳动 2001-2019 年经济效应的动态变化情况

　　图 7-4 是旅游劳动的经济效应的动态演变情况，不难发现，旅游劳动在 2003 年达到顶峰，随后一直下降，到最后收敛到小幅的正向促进作用上。事实上，旅游产业作为服务业的一种，依赖于旅游从业人员的投入，尤其是在旅游产业发展的起步阶段，在旅游基础设施不够完备的情况下，旅游从业人员的服务显得至关重要。随着互联网技术的发展，旅游者从旅游产品的被动接受者逐渐转变为旅游活动的合作创作者和产品引导者，自助交易、自助选择和自助旅行成为越来越多游客的选择。因此，在互联网信息技术不断发展的过程中，旅游劳动对旅游经济发展的促进作用逐步下降，

传统的劳动要素作用逐渐降低，最后收敛到一个较低的稳定值上。虽然说当前对于旅游从业人员服务的依赖逐步减小，但是总体上旅游劳动要素还是会起到正向的促进作用。未来，要想节约人力成本，应该考虑对从业人员的进一步培训，使劳动要素的投入收敛到一个更高的稳定值上，提高旅游从业人员的产出效率。

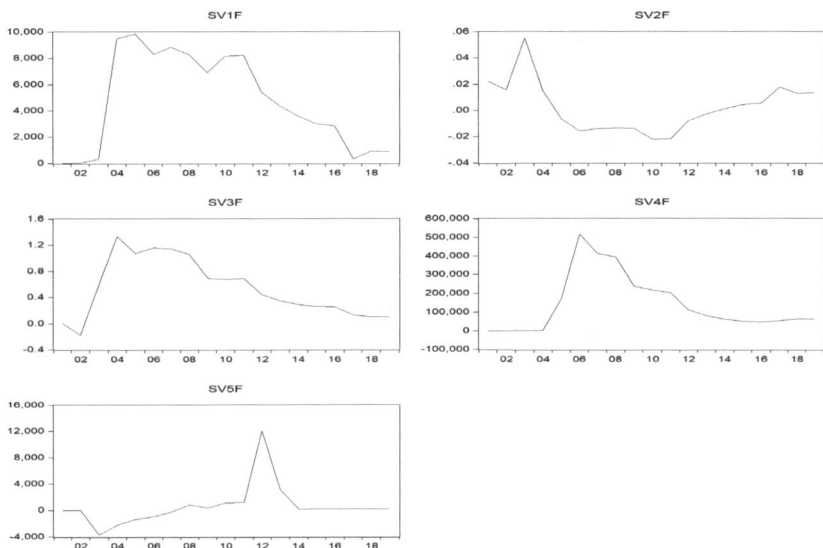

图 7-5　信息技术 2001-2019 年经济效应的动态变化情况

　　图 7-5 是信息技术的经济效应的动态演变情况，不难发现，信息技术在 2006 年达到顶峰，随后一直下降，到最后收敛到小幅的正向促进作用上。可以发现，同样作为生产要素，信息技术的效应的峰值出现时间比资本和劳动要晚。这是因为互联网信息技术的蓬勃发展和普及化的时间较晚，信息技术 2005 年开始才正式大规模的运用到旅游产业中，催生 OTA 平台等新型旅游交易手段。随着旅游网站和相关平台的普及化程度加深，信息技术的边际效应也逐步减小，对于旅游经济的促进效果也在逐渐变小。

7.4 本章小结

　　本章从时间层面上，对不同发展阶段中旅游产业政策的经济效应变化进行了纵深研究。考虑到不同社会阶段的旅游产业结构、发展目标有所差异，旅游产业政策发挥效用的大小和方向也有待探究。综合考虑模型功能和现有的研究支撑，本章在同样的变量框架下，建立了状态空间模型，得到动态的估计系数，探索旅游产业政策 2001-2019 年的效应动态变化。通过实证分析，本章得到了以下结论：

（1）我国旅游产业政策对旅游经济发展的影响经历了比较大的波动，经历了弱负向效应—强负向效应—强正向效应—弱正向效应的变化。

2001-2007 年，政策效应是负值，且政策影响呈程度现"V"字形变化，说明这几年间旅游产业政策对于旅游经济发展具有一定的抑制作用，在2003 年抑制效应达到了顶峰。2008-2015 年，政策的正向经济效应开始逐步增大，尤其是 2011 年和 2012 年间有非常大的增幅波动，随后政策效应开始大幅下降，但依旧维持较高的正向效应。2015 年至今，旅游产业政策的经济效应收敛至较弱的正向促进作用。这说明，随着经济社会的发展，旅游市场结构、旅游产品结构和旅游出行方式都发生着重要的变化，不同时期旅游产业承担着不同的社会角色，旅游产业政策的侧重点也有所不同，这就导致了旅游产业政策对产业发展的影响在不同阶段有所差异。

（2）当前旅游产业政策的效应收敛至较低的正向促进效应上。

2014 年开始，我国旅游产业政策的效应趋于收敛，数值大小稳定在200 左右，表明当前我国旅游产业政策进入了比较稳定的效应阶段，这也意味着我国旅游产业发展和旅游产业政策体系进入了成熟稳定的阶段。事实上，当旅游产业已经达到了较优的状态，那么任何要素的边际效应都会递减，旅游产业政策也不例外。这同样也说明，在当前旅游产业各方面都达到高水平接近饱和状态的情况下，如果继续维持当前政策体系会导致政策效率的低下。在当前的发展状况下，尤其是旅游产业受到了新冠疫情的冲击的情况下，不能够满足于按部就班的套用之前的成功经验。

（3）政策效应的动态演变分析再次验证了旅游产业政策结构至关重要和供给型政策工具效用显著的结论。

2001-2007 年，政策影响不显著甚至呈现出抑制效应，说明处于起步发展阶段的旅游产业政策的设计和发布尚且缺乏经验，政策空间中无论是政策结构的合理性还是政策内容都有待完善，导致政策并未发挥出对旅游经济的推动作用，侧面验证了旅游产业结构的重要性。2010-2011 年，出台的旅游建设发展类政策较多，旅游发展建设类的政策主题强度较高。这说明，在旅游基础设施建设尚且需要完善的时候，旅游发展建设类的政策对旅游经济发展有十分显著的促进作用，政策效用明显。同时，这两年的政策数量相比前几年而言有明显的增加，两年的政策数量均在 300 条以上，政策体系已经经过前几年的摸索，有了比较合理的政策结构和政策内容的配合。这些年份的政策效应都验证了前几章中的结论。

第三部分 总结

当前，旅游产业进入了融合发展的发展阶段，不仅满足了旅游者的需求，更带动了所融合的相关产业的经济发展，盘活了不同产业之间的经济联结，旅游产业的经济带动效应愈发凸显。因此，在"十四五"时期，旅游产业发展承担起了畅通多产业消费循环的重要任务。旅游产业政策引导旅游产业在宏观经济运行和国民幸福生活中发挥重要作用，具有重要的功能，其最终的目的在于产生相应的政策效应。研究旅游产业政策的经济效应，能够使得旅游产业融合发展更加突出经济优势，是检验政策效果、调整旅游政策、进而实现科学出台旅游政策的依据，具有重要意义。

第三部分在第二部分的基础上，验证了旅游产业政策的有效性，初步分析了旅游产业政策的效用机制，并从类别层面、空间层面和时间层面上进行了纵深探究。这一部分以政策力度为纽带，从多个角度出发，在同一框架下寻求实证证据：构建旅游经济增长的理论模型，建立面板模型初步验证旅游产业政策的有效性，建立中介效应模型初步寻找产业政策的效用极致。在验证政策有效性的基础上，运用相同的变量，进行类别层面、空间层面和时间层面上的纵深探究：建立普通面板模型分析不同政策工具类型政策的效应差异、建立空间面板模型探索政策的溢出效应并探索不同地区的政策效应差异、建立状态空间模型进行时间层面上的政策效应动态演化分析。

研究结果表明，旅游产业政策具有显著的经济效应，其中旅游高等人才储备是重要的作用渠道之一。类别层面上，各类政策工具类型的政策单独出台的效果不如各类政策相互配合和协同实施的效果，且供给型政策在三类政策工具类型中对旅游经济发展的推动作用最大，环境性政策次之，需求型政策对旅游经济发展的促进作用不显著。这可能是由于供给型政策的政策形式和内容更加具体，而需求型政策的实施难度较大且政策内容不合理导致的。

空间层面上，旅游产业政策具有正向空间溢出效应，即本地区的旅游产业政策对周围地区的旅游经济发展也有显著促进作用，这是由于旅游产业集聚发展、旅游产业政策示范效应和不同空间上的旅游政策效应差异共同导致的。并且，旅游产业政策的空间溢出效应比直接效应大，由于东、中部地区的产业政策对旅游经济有显著的促进作用，而西部地区不显著，其溢出路径为由中、东部地区向西部地区由近及远的外溢。

时间层面上，我国旅游产业政策对旅游经济发展的影响经历了比较大的波动，经历了弱负向效应—强负向效应—强正向效应—弱正向效应的变化，并最终收敛至较低的正向促进效应上。

事实上，第三部分4章的实证分析结论形成了有机互证，相互验证了旅游产业政策结构至关重要和供给型政策工具效用显著这两个结论。2001-2007年，政策影响不显著甚至呈现出抑制效应，说明处于起步发展阶段的旅游产业政策的设计和发布尚且缺乏经验，政策空间中无论是政策结构的合理性还是政策内容都有待完善，导致政策并未发挥出对旅游经济的推动作用，侧面验证了旅游产业结构的重要性。不仅如此，东、中部地区的政策发布无论从数量上还是政策类型的多样性上都远胜于西部地区，吻合了东、中部地区的政策效应显著而西部地区的政策效应不显著的结论，再次证明了各类政策配合实施的重要性。2010-2011年，出台的旅游建设发展类政策较多，旅游发展建设类的政策主题强度较高。这说明，在旅游基础设施建设尚且需要完善的时候，旅游发展建设类的政策对旅游经济发展有十分显著的促进作用，政策效用明显。

第三部分的分析，从全局层面上了解了我国旅游产业政策的经济效应，剖析了产业政策发挥经济效应的差异原因，对各级政府科学进行旅游决策有重要参考意义。全国层面上的政策效应分析，是站在宏观社会经济发展环境下对旅游产业的调控、监督、扶持和建设。不仅有助于国家层面的政策决策，对于地方政府的旅游产业政策制定也意义重大，有助于地方政府研判旅游产业发展方向，是旅游产业适应外部经济发展规律的基础。不仅如此，全国层面的分析有助于地方政府合理利用政策示范效应的空间联动性，利用周围省份的旅游产业政策实现协同发展。另外，旅游产业的发展和旅游产业政策的效应因时制宜、因地制宜。不同区域的旅游产业在地区经济结构、产业发展情况、旅游资源禀赋等方面存在较大差异，政府服务效率也存在地区异质性。因此，全国层面和地区层面效应分析的结合，对于区域旅游产业政策体系的优化和区域旅游产业竞争力的铸造尤为重要。

为了将理论研究向实际应用转化，凸显旅游产业政策效应研究的实践意义，第四部分以湖北省为例，分析湖北省的旅游产业发展、旅游产业政策体系及湖北省的旅游产业政策经济效应。对比分析湖北和全国的旅游产业发展、旅游产业产业政策情况，并结合全国层面的效应结论，分析湖北省促进旅游产业良性发展、融合发展的对策。

第四部分
湖北省的应用研究

旅游产业政策及其经济效应的研究目的在于提高政策效率，帮助政府机构因地制宜地选择政策工具，即实现产业政策从整体到具体的成果转换。本研究在全局层面上多角度分析旅游产业政策的经济效应后，探索产业政策效应研究的现实应用，以湖北省为例，综合全国层面和省份层面的对比研究，给出产业政策的理论研究向具体案例应用的示范。当前，旅游业成为湖北省重大支柱产业，2022年，湖北省第十二次党代会指出，要提高人民生活品质，推动旅游等服务业向高品质和多样化升级。旅游产业经济带动效用显著，对于湖北省的经济发展而言意义重大，是全省经济发展的亮点。提高旅游产业政策的经济效率，重振旅游产业发展活力，是湖北省"十四五"时期畅通消费循环，实现经济高质量增长的重要途径。

因此，第四部分将全国层面的政策效应量化统计实证结论应用于湖北省，完善旅游企业、旅游产业、旅游市场，解决湖北旅游产业大力发展的现实问题：在充分分析湖北省旅游产业发展趋势和湖北省旅游产业政策体系特征的基础上，测算湖北省各类旅游产业政策的经济效应，并与全国层面进行对比。综合全国层面和湖北省省份层面的政策效应规律，充分利用全局层面上政策效应的空间联动性和省份层面上政策效应的地方特点，为推动湖北省旅游产业高质量发展提出对策。

第 8 章

湖北省旅游产业发展及
其政策体系

本章分析了湖北省的旅游产业发展现状，解析了湖北省旅游产业的发展要素，从定性和定量两个角度分析了湖北省旅游产业政策体系，并和全国旅游产业政策体系进行对比分析。首先，从时间趋势出发，分析各个阶段下的湖北省旅游产业特征和湖北旅游经济发展的要素的变化情况；其次，从定性和定量两个角度，分析湖北省旅游产业政策体系的结构和内容；最后，对比分析全国和湖北省旅游产业体系，找到湖北省旅游产业政策的薄弱环节和欠缺之处。

8.1 湖北旅游产业发展特点解析

8.1.1 湖北省旅游产业发展趋势

湖北省地理位置位于我国长江中游地区，交通发达，九省通衢。全省自然旅游资源丰富，长江贯穿全省，其最大支流汉江贯穿武汉，水网纵横，被称为"千湖之省"，不仅如此，还有神农架、三峡等著名景观。湖北文化底蕴丰腴，荆楚之地，拥有赤壁、荆州古城、黄鹤楼等历史名址，不仅如此，湖北还是近代革命发源地，拥有丰富的红色旅游资源。湖北省具有得天独厚的旅游资源禀赋，《2021 中国旅游业发展报告》指出，湖北省在发展环境竞争力方面，已经跻身第一梯队。近年来，湖北省的旅游产业高速发展，旅游经济规模快速增长。2020 年，尽管受新冠疫情影响较大，但湖北省 2020 年旅游业总收入占 GDP 的 10.08% 和服务业增加值的 19.65%。与此同时，2020 年通过一系列的"惠游湖北"等行动，湖北省的旅游产业恢复情况高于全国平均水平。总体而言，湖北省旅游产业发展具有以下趋势：

新冠疫情前，湖北省旅游产业高速发展，自 2011 年开始，旅游总收入（换算成人民币）保持 10% 以上的年增速增长，从 2011 年的 1931.8 亿元增长到 2019 年的 6743.99 亿元，增长幅度明显高于湖北省的 GDP 增幅。旅游国内接待人数方面，其增幅略小于旅游总收入的增幅，始终保持在 10% 以上的增幅，从 2011 年的 27155 万人次增长到 2019 年的 60144 万人次。此外，2011 年到 2015 年，旅游产业增速呈现下降趋势，由 2011 年国内旅游人数和旅游总收入分别 29.6% 和 37.1% 的增速下降到 2015 年的 12.7% 和 14.3% 的增速。说明湖北省旅游产业经过了高速发展阶段逐步转向高质量发展阶段，最后旅游增长率维持在一个稳定的范围，国内旅游人数增长率从在 12% 附近波动，旅游总收入增长率在 13% 附近波动。入境旅游方面，2019 年接待人数为 4500182 人次，国际旅游收入达 265415.75 万美元，较上一年的涨幅超过 10%。无论国内旅游还是国内旅游，湖北省都显示出了强劲的增长活力。

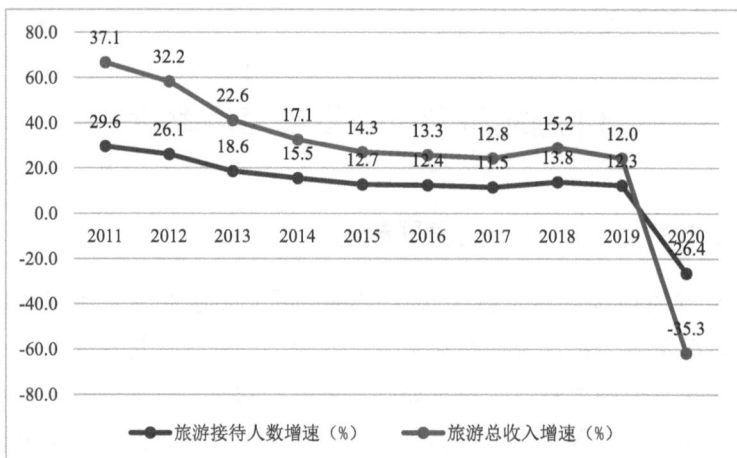

图 8-1 2011-2020 年湖北省旅游收入及人数增长率变化趋势

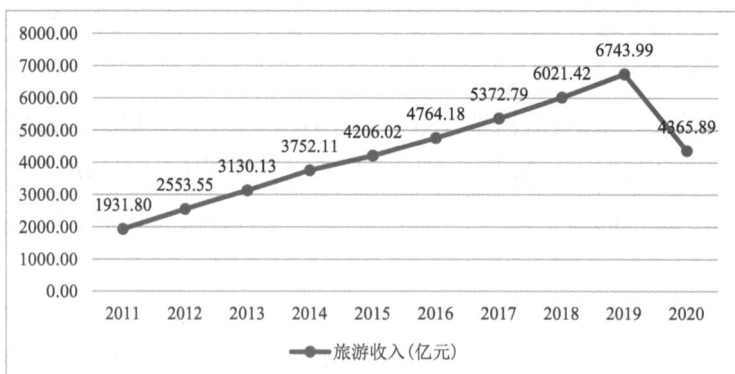

图 8-2 2011-2020 年湖北省旅游收入变化图

新冠疫情后，湖北旅游市场受到重创，2020 年，旅游接待人数和旅游

总收入大幅下降，降幅分别达 26.4% 和 35.5%，旅游总收入降为 4365.89
亿元人民币，国内旅游接待总人数降为 43694 万人次。入境旅游方面，入
境接待人数降为 352119 人次，旅游外汇收入降为 2077.51 万美元，降幅分
别高达 92.17% 和 92.18%。但是，湖北省的旅游市场依旧呈现出稳步复苏
的势头，为了应对新冠疫情带来的挑战，政府出台了大量"惠游湖北"、
发放"旅游消费券"、对医护人员"减免门票"等措施，已经取得了良好
的效果。例如，2021 年"十一黄金周"假期，全省旅游人次达 6377.4 万，
旅游综合收入达 352.7 亿元。这一数据已经完全超过 2019 年的黄金周出游
数据，创造了黄金周出游的历史人数和收入新高。

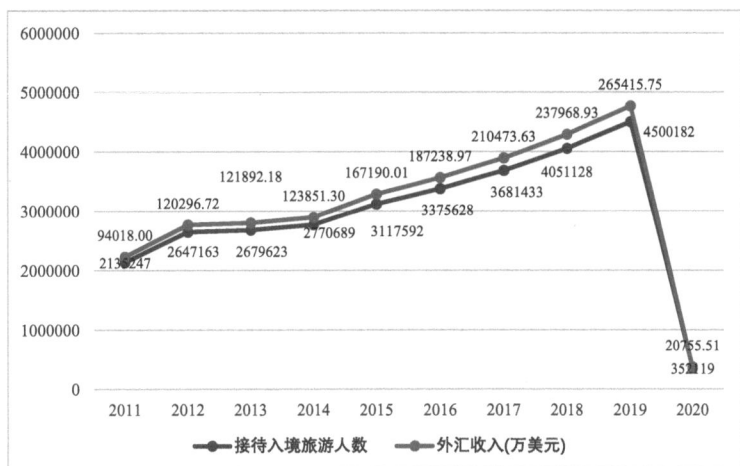

图 8-3 湖北省 2011-2020 年入境旅游情况

和全国其他省市的旅游情况比，湖北省旅游产业处于中等水平。新冠
疫情前，2011-2015 年期间湖北省旅游产业的接待人数的增速和旅游总收
入的增速明显高于全国水平（全国旅游水平的增速基本稳定在 10% 左右，
全国旅游收入的增速基本稳定在 12%~15%），之后 2016 年和 2017 年，湖
北省旅游增速放缓，略低于全国水平。2019 年，湖北省国内旅游收入在全
国 31 省市自治区中排名第 17，国际旅游外汇收入排名第 12，旅游总收入
和外汇收入均略低于全国的平均值。可以说，尽管湖北省的旅游环境竞争
力已经进入了第一梯队，拥有较优质的资源禀赋，但是将旅游资源转换成
旅游吸引物吸引游客进而创造经济价值的能力还有待加强。

目前，湖北省的旅游产业表现出强大的韧性。2020 年湖北省国内旅游人数和总收入的降幅明显小于全国的平均水平（全国国内旅游人数降幅为 52.1%，国内旅游收入的降幅为 61.1%）。不仅如此，2021 年湖北省旅游市场的恢复情况明显好于其他省市，以 2021 年"十一黄金周"为例，湖北省的黄金周出游人数和处有收入已经创造新高，超过了 2019 年的同期水平，全国仅有湖北、广西、重庆和四川等 4 个省份实现了完全的恢复。旅游市场的恢复一方面依赖于旅游意愿的释放，另一方面依赖于政府政策的调控。从需求侧出台了大量"惠游湖北""与爱同行"等门票补贴和减免政策，也在消费券的类别中单独设立"文旅消费券"，对旅游需求进行直接刺激。因此，在旅游产业政策调控和旅游需求集中释放的背景下，湖北省国内旅游市场呈现比其他省市更强的韧性，旅游产业开始稳步回暖，蕴藏着巨大的发展潜力。

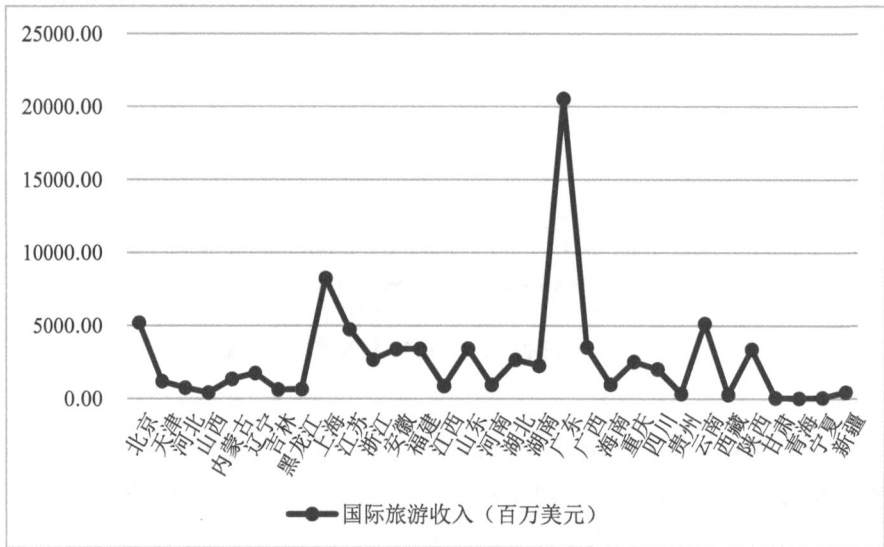

图 8-4 2019 年全国 31 个省、直辖市、自治区国际旅游收入图

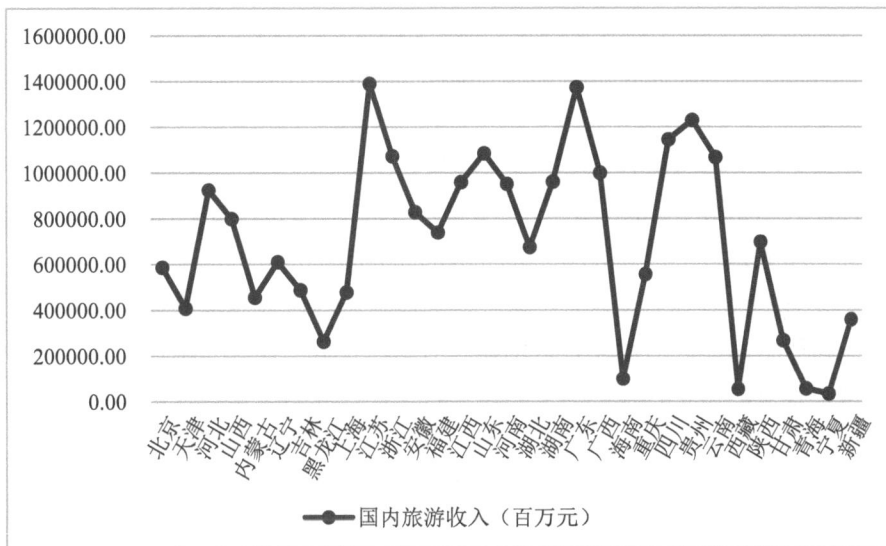

图 8-5 2019 年全国 31 个省、直辖市、自治区国内旅游收入图

8.1.2 湖北省旅游产业发展要素

经济增长源于要素投入，旅游经济的增长异曲同工。和全国层面的旅游生产要素分析一样，这一部分将顺应同样的逻辑，对旅游资源、旅游资本、旅游劳动、信息技术和政策要素进行分析。

资源要素

旅游资源旅游资源是重要的吸引物，直接影响了游客的旅游意愿，随着人本素质的提高和全域旅游概念的推进，旅游资源不断广泛化、生活化和创意化。为了保证研究的可比性，这一部分将选择和第 2 章中同样的指标，选取全国 5A 级景区和世界遗产作为传统景区景点旅游资源的代表，选取博物馆数量作为广义文化旅游资源要素的代表，分析湖北省旅游产业中的旅游资源要素情况，并与全国其他省市进行对比分析。

2000 年开始，全国拥有世界遗产的省份并不多见，湖北省就拥有两家，分别是武当山和明清皇家陵寝。随着旅游资源的不断建设，2019 年，湖北省世界遗产数量上升至 5 个，其数量仅次于北京。2007 年开始国家 5A 景区的评选，湖北省有 6 家景区入选。2019 年，5A 景区数量上升至 13 家，这些体现了湖北省对旅游景区质量建设后重视。截至 2019 年，湖北省的 5A 景区在全国排名第 7，凸显了优质的旅游资源优势，彰显出湖北省旅游旅游产业提质增效的发展方向。2000年,湖北省博物馆数量在2011年以前呈现缓慢的增长趋势,2011年后随着人民精神文化需求的提升增速明显。20年间,湖北省博物馆数量从96个增长至213个,反映了湖北省广义文化旅游资源的迅速发展。2019年,湖北省博物馆的数量在全国排第11位。总体而言,无论是重点景区资源,还是文化资源,湖北省的排名都比较靠前。

资本要素

尽管湖北省拥有得天独厚的自然旅游资源和人文旅游资源,但要想形成具有吸引力的旅游产品,还依赖于后天的投资、开发和维护。旅游资本一般以投资的形式存在,为了结论的可比性,和第2章一样,选取旅游企业(主要包括旅行社、旅游景区和星级饭店)的固定资产原值作为资本要素的代表,分析湖北省旅游产业中的旅游资本要素情况,并与全国其他省市进行对比分析。

湖北省旅游企业的固定资产原值从2000年的762137.00万元增长到了2019年的3115383.63万元,增幅为309%,高于全国层面上的238%。这说明湖北省这20年来的旅游投资增长势头高于全国平均水平。具体来看,2019年,湖北省旅游企业固定资产原值在全国排名第9,与北京、广东等旅游经济发达的省市还有一定的距离。这意味着,湖北省对旅游资源进行了较为投入的后期建设,也配套建设了旅行社、星级饭店等配套设施,以保障旅游产业的良性发展。事实上,我国的旅游产业资本化程度较低,湖北省也有继续投入建设的空间。湖北省也出台了一些旅游投资相关的供给型政策,其中《湖北省"十四五"旅游业发展规划》中也花了极大的篇幅规划建设知名旅游目的地、优秀旅游线路和特色旅游产品,预计未来湖北省的旅游资本投入还会持续增加。

劳动要素

旅游劳动是旅游产业中比较关键的要素,无论是科研型人才、管理型人才、技术型人才还是服务型人才,在旅游活动中都发挥着重要作用。第二部分的分析已经证明,不仅当前的旅游从业人员能够促进旅游经济的增长,旅游高等人才储备还是旅游产业政策发挥经济效应的重要传导途径。因此,分析湖北省的旅游从业人员情况,有助于全面了解湖北的旅游发展动力和潜力,进而配合分析旅游产业政策经济效益。与第2章一样,选取各类旅游相关企业的从业人员作为劳动要素的代表,分析湖北省旅游产业中的旅游劳动要素情况，并与全国其他省市进行对比分析。

　　湖北省的旅游核心企业从业人员近几年迅速增加，数量从 2001 年的 53570 人增加到了 2019 年的 99905 人，增幅约为 86.49%，高于全国层面的 54.50%，表明湖北省这 20 年来的旅游从业人员的增长势头高于全国平均水平。具体来看，湖北省的旅游从业人员水平处于全国中等水平，2019 年排名为全国第 14 名，与云南、山东等从业人员较多的省份存在一定差距。事实上，湖北省的旅游资源较多，旅游资产的排名也比较靠前，要想这些转换成能够经营的旅游产品，需要大量的、不同层次的就业人口，以确保在多样化、个性化的旅游劳动岗位上发挥重要作用，保障旅游活动的进行。未来，湖北要想实现旅游产业的高质量发展，也应该不断吸纳旅游人才，鼓励各类旅游人才的流入，推动旅游产业的经济发展。

技术要素

　　当前，旅游的概念和形式已经发生了极大地转变，随着互联网信息技术的不断发展，云端游、云展览、线上行程规划、电子导游等新型的旅游产品和旅游辅助设施成了旅游活动中的新宠。同时，旅游代理平台的出现使得旅游业务网络化，旅游网络平台经过近十年的发展和完善已经成了大多数游客预定和支付时不可缺少的部分。这一部分沿用第 2 章中互联网普及率作为信息技术的代表，分析湖北省旅游产业中的信息要素情况，并与全国其他省市进行对比分析。

　　2001 年以来，湖北省的互联网普及率经历了飞速的发展，从 2001 年的 1.40% 迅速增长，到 2019 年，互联网普及率超过了 60%，在全国排名处于中游水平，位列第 17。其中，互联网在 2006–2013 年期间的发展速度最快，以每年 5% 以上的增长率增加值发展。目前，湖北省的网络普及率和东部发达地区存在的差距较大。事实上，随着人们旅游偏好和旅游习惯的信息化和网络化，旅游产业正在逐步从劳动密集型产业向信息密集型产业转型，未来，互联网在旅游产业的效率和吸引力方面的重要性将会不断提高。因此，湖北省要想提高旅游产业的发展效率和发展质量，信息技术是不可忽略的一方面。当前，《湖北省"十四五"旅游业发展规划》中也已经意识到科技的重要性，提出要提高智慧旅游的服务水平，并推动科技与旅游的融合发展。

政策要素

旅游产业政策能够通过纠正市场失灵，达到促进旅游产业发展，产生经济效应的目的。当前，我国旅游产业政策体系比较全面，结构完整，不同类型的政策会产生不同的经济效应，并且政策效率收敛到了弱正向效应上。因此，合理利用旅游产业政策，能够对湖北省的旅游市场进行调控，对旅游供给进行保障，对旅游需求进行刺激。这一部分沿用第 2 章中政策数量为政策要素的代表，分析湖北省旅游产业政策情况，并与全国其他省市进行对比分析。具体的政策数量、政策结构和政策内容分析将在下一小节进行。

湖北省旅游产业政策的数量呈现逐年上升后回落的趋势，从 2000 年的 3 条政策逐渐增长到 2018 年的 29 条政策，随后政策数量开始小幅回落。从结构上，湖北省的旅游产业政策呈现省级层面主导，地市州零星发布的情况，其中以武汉市发布的政策最多。目前，湖北的旅游产业政策体系日渐完善，政策目的愈发明确，政策红利逐渐变成各地旅游产业和经济发展的重要动力。和其他的城市相比，湖北省的旅游产业政策出台情况处于中等水平。《湖北省"十四五"旅游业发展规划》中也已经意识到旅游产业政策对于发展调控的重要性，对政策的治理水平提出了要求。未来，湖北省的旅游政策会更针对性地解决本省的旅游症结问题，实现政策效率的最大化。

通过对湖北省旅游发展现状和湖北省旅游要素现状的分析，不难发现，当前湖北省的国内旅游收入处于中等水平，在全国排名第 17。然而，湖北省的旅游投入要素的排名情况，均等于或高于旅游收入的排名。为什么湖北省在有资源禀赋优势，有资本和劳动投入优势的情况下，却没有实现旅游经济的突破？是什么在制约湖北省旅游发展要素的经济转换效率？为回答这些问题，对湖北省旅游产业政策体系和政策经济效应进行分析，从政策效率的角度寻求湖北旅游产业的发展症结，试图通过优化旅游产业政策来引导破局。

8.2 湖北旅游产业政策分析

8.2.1 湖北省旅游产业政策数量

湖北省旅游资源丰富，旅游产业发展的较早，拥有较长的发展历史。

湖北省旅游产业政策的数量，随着旅游产业在湖北经济社会的重要程度的提高和湖北各级政府的执政能力的不断完善，有比较明显的变化。

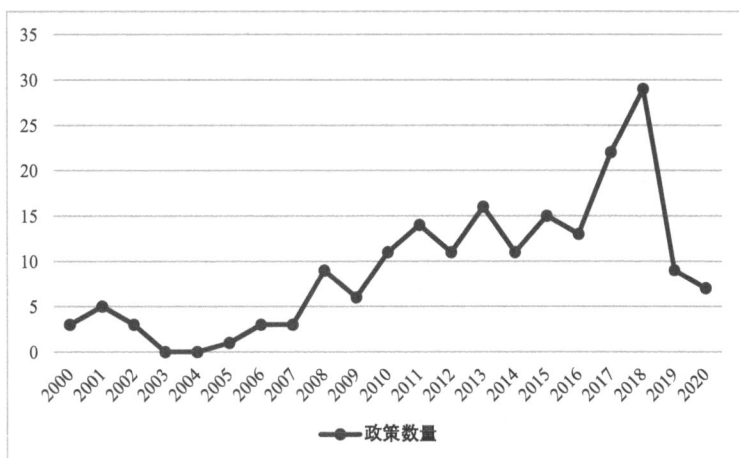

图 8-6 2000–2020 年湖北省旅游产业政策数量变化

图 8-6 报告了 2000–2020 年湖北省旅游产业政策体系的政策数量变动情况，不难发现，整体上湖北省旅游产业政策数量呈现上升趋势。2000–2007 年，湖北省旅游产业数量较少，稳定在一个较低的水平上，说明这段时间湖北省对旅游产业的关注度有所欠缺，尤其是 2003 年和 2004 年。2008 年开始，旅游产业在湖北省的经济社会中的地位越来越重要，政府部门开始关注对湖北省旅游市场的引导和旅游产业的发展，政策数量呈现出螺旋式上升的趋势。事实上，这段时间湖北省旅游收入和旅游人数的增长率极高，处于旅游产业蓬勃发展的阶段，旅游产业的经济带动性逐渐凸显，产业地位逐步提升。在政府治理能力逐渐提高的背景下，就有更多的旅游产业政策出台，规范旅游产业的发展。2017–2018 年，旅游产业数量达到顶峰，这段时间"文化旅游"的概念提出，文化和旅游部合并成立，注入了文化元素的旅游产业的边界得以拓宽，旅游市场更加复杂，因此更多的产业政策应运出台。等到 2019 年，随着旅游产业步入良性发展轨道，旅游产业制度也完善到了一定程度，政策数量开始下降。总体而言，从旅游产业政策数量的时间变化上看，湖北省对旅游产业发展的重视程度逐步增加，旅游产业政策与产业实践发展形成了较紧密的联系。

8.2.2 湖北省旅游产业政策结构

除了数量关系外，旅游产业政策的发布结构、发文单位的网络关系也是量化分析旅游产业政策空间的重要角度。本节效仿全国层面的政策分析，将从政策级别机构、政策发布单位结构和政策类别结构 3 个角度，对湖北省旅游产业政策体系进行解析。

政策级别结构

在 2000–2020 年 191 条湖北旅游产业政策中，省份级别的政策发布单位发布了 120 条，各地市州级别的政策发布单位发布了 71 条政策，省份级别的政策数量占比为 62.83%。从这一政策级别结构来看，省级层面的政策领导趋势与全国的政策趋势不同，省级层面的旅游产业发展由省级层面统领发展。事实上，湖北省文化和旅游厅对全省旅游发展情况有全局的掌握，有能力出台具有针对性的产业政策。

2000–2020 年，湖北省各级政府发布的旅游产业政策数量呈现随政策级别递减的趋势，即省级政策最多，市级政策次之，区县级政策数量最少。从发布结构的时间趋势上来看，单个政策的占比波动较大，没有稳定的结构趋势。事实上，政策的发布依赖于当时的经济社会发展情况和旅游产业的发展情况，各级政府会因时制宜的出台相应政策，形成了多级政府合作引导旅游产业发展的政策格局。

政策发布单位结构

为了探索旅游产业的主管部门以及各部门之间的合作情况，判断旅游产业在湖北省的政府管理机制，对政策的发布的职能单位进行分析。

由表 8–1 可知，无论是省级政府还是地市区县政府，政策的发布单位都主要集中在旅游局 / 文化和旅游局上。省级层面上，旅游相关的部门发布了大部分的政策，包括原湖北旅游局 / 文化和旅游厅和湖北旅游发展委员会，两者的比例加起来高达 84.16%。这说明，湖北省省级层面的政策还是主要由旅游主管单位统筹发布，其他政府部门对于旅游产业的参与较少。这一比例超过了全国地方政府上旅游主管单位的发文占比（表 3–2 中，地方机构旅游局和旅游发展委员会的发文占比和为 54.28%）。这说明，尽管湖北省已经将旅游产业视为全省的经济支柱型产业，但是在政策层面上并没有受到其他部门更多的关注。排在第三的发文单位是湖北省人民政府，和旅游相关部门的发文量有断崖式的差距，占比为 6.67%，出台过旅游产业政策的机构还包括湖北省农业厅、湖北省工商行政管理局、湖北省食药监局等。

表 8-1 省级政府机构和地市区县政府发文情况

省级单位	发文量占比（％）	下级机构	发文量占比（％）
原湖北旅游局 / 文化和旅游厅	65.83	旅游局 / 文化和旅游局 / 文化局	53.52
湖北旅游发展委员会	18.33	人民政府	35.21
湖北省人民政府	6.67	旅游发展委员会	8.45
湖北省农业厅	2.50	财政局	4.23
湖北省工商行政管理局	2.50	人大常务委员会	1.41
湖北省食品药品监督管理局	1.67		
湖北省发展和改革委员会	1.67		
湖北省物价局	1.67		
湖北省环境保护局	1.67		
湖北省人力资源保障厅	0.83		
湖北省交通运输厅	0.83		
湖北省体育局	0.83		
湖北省扶贫办	0.83		
中国人民银行武汉分行	0.83		
其他	4.17		

注：联合发文时，一份政策会分别算到每个机构中，因此比例总和大于 100%。

相比之下，地市区县政府的政策发布机构更为分散，但政策发布单位数量较少，仅有 5 个不同的发布单位。地市区县政府发布旅游产业政策最多的依然是市（区县）旅游局，但是其占比远小于省级层面，说明游产业的发展在地方政府层面上相比于省级级别更受重视，其他部门参与的比例更大。排名第二的政策发布单位是地方人民政府，人民政府是职能是统筹和协调各产业的发展，一般发布对地区经济社会发展至关重要的产业政策。此外，参与旅游产业政策的政府单位还包括财政局和人大常务委员会。

在联合发文情况方面，省级层面的联合发文数量远高于地市区县层面的数量。省级政府所有发文单位占比的总和加起来为 110.83%，有大约十分之一的政策为多部门的联合发布，而地市区县政府所有发文单位占比的总和加起来为102.82%，说明地方层面上的多部门联合发文情况较少。这一差别说明省级层面上的政策发布思路与地市区县层面上有所差别，省级层面上往往以宏观指导和多角度干预为主，因此多个部门多角度综合发文的情况较多。而地方政府层面上的政策往往比较具有针对性，由单独的部门贯彻落实。

政策工具分布

依据罗恩韦尔和泽格维尔德的政策理论，和全国层面的政策分类一样，将湖北省所有政策工具的运用分为供给、需求和环境三种不同类型。其中，环境型政策主要是对旅游产业发展的宏观社会环境进行规制和引导，供给型政策主要从对旅游产业政策投入建设的角度出发，需求型政策主要包括从需求侧对旅游消费需求进行促进和管制。湖北省旅游产业政策的政策工具的分布情况详见表8-2。

表 8-2 湖北省旅游产业政策的政策工具的分布情况

类型	类别	数量 / 占比	类型	类别	数量 / 占比
供给型政策 （21,10.99%）	人才政策	3（1.57%）	环境型政策 （134,70.16%）	创新改革	24（12.56%）
	科技支持	2（1.05%）		目标规划	47（24.61%）
	基础设施建设	13（6.81%）		法律法规	0（0.00%）
	资金投入	3（1.57%）		税收支持	1（0.52%）
需求型政策 （16,8.38%）	消费刺激	11（7.33%）		金融政策	1（0.52%）
	政府采购	2（1.05%）		财政政策	1（0.52%）
	旅游贸易管制	0（0.00%）		市场规制	41（21.47%）
	服务外包	0（0.00%）		机构管理	13（6.81%）
其他	其他政策	20（10.47%）		检查防控	9（4.71%）

由表8-2可以看出，湖北省旅游产业政策空间中最常用的政策工具依旧是环境型政策，共134条，占比为70.16%；其次是供给型政策，共21条，占比为10.99%；需求型政策仅有16条，占比为8.38%，略高于全国的需求型政策水平。这一政策工具结构的合理性有待提高，三类政策工具的数量差距较大，在各个旅游环节的衔接上可能会出现缺乏配合和效率较低的情况。在数量最多的环境型政策中，市场层面上的市场规制政策（41

条，占比为 21.47%）和宏观层面上的目标规划类政策（47 条，占比为 24.61%）最多，湖北省旅游发展中，重视宏观旅游发展方向，并善于利用管理性和逆向限制性的政策对旅游市场的行为进行规范。财政、金融和税收政策等正向激励性政策的占比较少。供给型政策中，基础设施建设政策数量最多（13 条，占比为 6.81%），其次是资金投入政策和旅游人才政策（分别各 3 条，占比为 1.57%），信息化相关政策较少。需求型政策中，以需求刺激政策（11 条，占比为 7.33%）为主，其次是政府采购政策（2 条，占比为 1.05%）。湖北省并未出台服务外包和旅游贸易管制政策。

8.2.3　湖北省旅游产业政策内容

对湖北省旅游产业政策体系的数量和结构进行分析，能够初步了解当前旅游产业政策空间的侧重点和政策发布趋势。同全国层面的分析类似，本节中国将利用文本挖掘等自然语言处理的方法，解析政策内容背后的政策逻辑。运用主题词模型（Latent Dirichlet Allocation），同样将湖北省历年来的政策主题分为 12 个，挖掘湖北省旅游产业政策体系的主题和每个主题下的关键词。

表 8-3　湖北省旅游产业政策主题及其主题关键词表

主题编号	主题内容	主题关键词
1	旅游发展改革	旅游业发展 打造品牌 综合旅游区 休闲度假
2	旅游开发建设	景区规划 两江四岸 景观开发 智慧旅游
3	旅游标准试点	标准化 试点工作 试点单位 考核
4	旅游经营条例	主管部门 法律法规 经营者 投诉标准
5	旅游安全检查	安全生产 排查整改 督促整改 预案
6	旅游市场管理	文明旅游 加强管理 监管方案 部署
7	企业申报评定	保证金 档案 申报备案 业务合同
8	绿色生态旅游	农业农村 生态旅游 绿色开发 湿地
9	全域文化旅游	全域 农家乐 休闲旅游 深度融合
10	旅游机构监督	监督员 行政惩戒 信息公开 投诉网站
11	卫生与突发防控	疫情防控 恢复 公共场所 食品安全
12	旅游需求刺激	门票补贴 奖励 促销 投资消费

　　将所有主题 – 文档矩阵中各主题 – 文档对应的概率数值相加，得到 12 个主题的主题强度，政策主题强度的分布见图 8–7。

　　由表 8–3 可知，湖北省近 20 年来的旅游产业政策内容主题主要包括旅游发展改革、旅游开发建设、旅游标准试点、旅游经营条例、旅游安全检查、旅游市场管理、企业申报评定、绿色生态旅游。全域文化旅游、旅游机构监督、卫生与突发防控和旅游需求刺激。这些主题的涉及面广，政策工具使用丰富，正向激励型政策和逆向限制型政策配合使用得当。同样，湖北省旅游产业政策也表现出旅游需求型政策强度欠缺的特点。

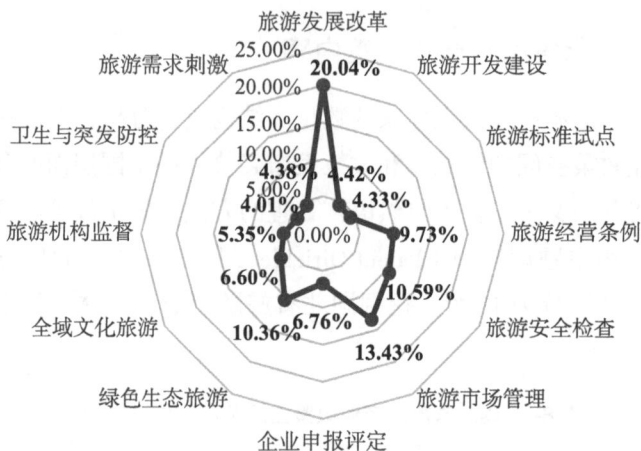

图 8-7 湖北省旅游产业政策语料库的主题强度分布

　　湖北省极重视旅游产业的改革发展，这一政策主题强度高达 20.04%，这一主题解析结果与政策工具应用情况相吻合。旅游产业的发展经历了不同的社会经济时期，经历了经济结构的转型，经历了经济高速发展向高质量发展的转轨。湖北省对于旅游产业的发展方向始终保持着高度的重视，不断调控，使之与外部经济环境相适应：2001 年湖北省紧跟国家的步伐，出台《湖北省政府贯彻落实国务院关于进一步加快旅游业发展的通知的实施意见》，因地制宜的细化政策措施，将湖北省的旅游产业发展提升到战略高度；2007 年开始探索旅游创新发展的新业态，下发《湖北省旅游局、湖北省农业厅关于发展全省乡村旅游的指导意见》，鼓励探索乡村旅游的新旅游形式；2012 年，武汉市率先开始推行"智慧旅游"，下发《关于在全市旅游行业大力推进智慧旅游工作的通知》政策文件；2016 年，原湖北省旅游局再次抓住改革契机，推出《湖北省"楚才强旅"行动计划》；2018 年，随着全域旅游的深入推进，全省多市出台《关于加快推进全域旅游发展的实施意见》以推进旅游产业的协同经济发展。这一类主题在湖北省旅游产业政策中主题强度较强，凸显了湖北省对旅游产业发展方向的把握和重视。

　　旅游开发建设这类主题保障了湖北省旅游基础设施和旅游示范区的建设。早在 2000 年，湖北省开始关注基础设施开发建设的相关问题，出台《关于加强旅游开发建设环境管理的通知》等开发环境标准；随后设立专项资金，并配套《旅游发展专项资金使用管理暂行办法》以投入建设相应的基础设施。2004–2010 年这类政策的出台极少，2010 年，湖北省开始关注各类专门类别旅游的区域建设，例如《关于开展湖北旅游名镇创建工作的通知》（2010）、《湖北省人民政府关于推进江汉运河生态文化旅游带建设的意见》（2015）、《建设长江国际黄金旅游带核心区推进旅游服务业提速升级工作方案》（2018）等。这类政策通过鼓励建设特色旅游景区，不断拓宽旅游市场，促进旅游新业态和旅游圈的形成，推动了旅游经济的快速增长。这类政策的政策强度占比为 4.42%，表现出明显的不足。

　　旅游标准试点、旅游经营条例、旅游机构监督、旅游市场管理和企业申报评定这五类政策，均属于环境型政策中市场层面上的政策，旨在规范旅游市场，出台相应标准，管理旅游经营，从而营造良好的发展环境。2007 年，《旅行社市场检查工作要点》为省内旅行社的经营制定了标准，减少了市场乱象，随后，2008 年《关于加强全省旅游饭店行业管理工作的意见》应接出台，对饭店的经营制定了标准。随着对市场的规制和安全检查初见成效，《关于持续深入推进"打非治违"工作方案》（2013）深入规范市场经营。《关于做好旅游行业有关综治工作的通知》（2014）、《关于在全省开展旅游市场交叉检查工作方案》（2015）持续巩固着湖北省的市场经营治理、检查和管理成果。这一类规范旅游市场和管理旅游市场参与者行为的政策在政策强度方面最高，总共占比为 37.26%，体现了湖北省对旅游市场以及旅游市场参与主体的管理的重视。

　　绿色生态旅游和全域文化旅游类政策体现了湖北省对旅游产业融合发展、创新旅游发展新业态的重视。各类其他产业域旅游产业的融合发展是当前旅游发展的主流方向。早在 2007 年，湖北省就率先发展乡村旅游，出台《关于发展全省乡村旅游的指导意见》，如今，乡村旅游已经成为主流的旅游形式。随后，旅游新业态不断涌现：《关于开展生态旅游示范区创建工作的通知》（2012）开始关注生态旅游的新业态发展；《开展省级休闲农业示范点监测认定工作的通知》（2017）鼓励休闲农业与旅游的融合；中医药旅游、森林旅游、红色旅游等多种新业态旅游政策百花齐放，这些旅游新业态都得到了湖北省的政策关注。事实上，湖北省融入不同文化要素的文化旅游形式在政策的引导下实现了有条不紊地蓬勃发展。这类政策的政策强度占比和为16.96%，占比较大。这一比例反映了湖北省对旅游产业发展方向的宏观把控较牢固，在高内容强度的改革发展类政策下，出台了具体的业态创新方针配合落实。

旅游安全检查和卫生与突发防控旨在减少外部突发情况对旅游业的冲击，增加旅游产业的韧性，提高旅游产业的抗震能力。湖北省旅游局围绕着冬季旅游安全（2006）、重大安全事故（2007）、安全生产（2008）、地震防控（2010）、等方面，出台了一系列旅游安全政策。2020年，《关于做好新型冠状病毒感染的肺炎应对处置工作的通知》紧急出台，控制人员流动。随着疫情的有效控制，逐步出台《湖北省旅游景区应对疫情有序恢复经营的指导意见》等复苏措施。这类政策的政策强度占比在整个政策空间中并不高，约为14.6%，这一政策强度结构比较合理。

旅游消费拉动主题的政策旨在从需求侧挖掘旅游消费潜力。湖北省对于消费者的刺激，主要通过间接的奖励方式，对招徕游客的旅游企业进行奖励，发挥旅游企业的主观能动性。例如，《十堰市旅游奖励暂行办法》（2000）等。对于消费者直接进行消费刺激的政策包括《关于降低部分5A级景区门票价格的通知》（2019）等，通过降低旅游门槛，直接刺激消费者的旅游需求。此外，湖北省也是为数不多的对旅游产品进行政府采购的省份，以《省旅游局机关商品和服务采购招标管理办法》（2011）为依据，省旅游局的部分旅游产品从旅游企业直接购买，拉动了消费。这类政策内容的强度在较弱，仅占4.38%，说明旅游消费刺激类的政策有所匮乏。

8.3 全国与湖北省旅游产业政策体系对比

分析了湖北省旅游产业政策的数量特征、结构特征和主要内容后，要想知道湖北省旅游政策的薄弱环节，需要和全国其他省份进行对比，充分了解湖北省旅游产业政策的排名情况、空间特征、类别优势等。因此，本节将依旧从数量、结构和内容三个角度讲全国旅游产业政策体系和湖北省旅游产业政策体系进行对比，初步得出相关结论。

值得说明的是，本研究采用网络爬虫技术尽可能多地获取了 2000 年以来的政策文本数据，并在"政策之星"网站上对政策进行了矫正。尽管本研究在政策数量上相比于其他研究有了极大的突破，使研究对象更完善和精确，但是由于政府网站的合并和更改，本身政府网站上的政策就存在一定的遗漏，再加上爬虫技术的一些限制，本研究的研究对象也是不全面的。由于政策文件的获取方式、获取路径相同，并在"政策之星"网站上对政策进行了统一矫正，因此，各省份政策数据的获取口径是一致的，即使数据是不完全的，对比研究得出的结论依旧也是有意义的。

政策数量对比

湖北省的旅游产业政策的变化趋势和全国的旅游产业政策数量基本相同，整体上旅游产业政策数量呈现上升趋势。然而，在 2006–2009 年期间，全国的旅游产业政策处于数量的快速增长期，各地和中央政府逐步重视旅游产业的发展，但是湖北省在这期间的政策数量始终处于较低水平，并且增长幅度不明显。2010–2014 年湖北省旅游产业政策呈现快速增长趋势，到 2018 年也始终保持着高速增长趋势，其中 2017 年和 2018 年的政策数量明显高于其他年份的政策数量。相比之下，这一段时间内，国家层面上旅游产业政策的数量稳定了在较高的水平上。换言之，湖北省在 2015 和 2016 年出台的旅游产业政策数量对比之下是不足的。事实上，2005–2016 年，湖北省的旅游收入增长速率明显下降，到 2018 年后开始回升，这可能与缺乏旅游产业政策的引导有关，需要通过旅游产业政策效应的实证检验来验证。到了 2019 年和 2020 年，由于旅游产业在政府相应政策的引导下进入了良性的发展状态和较完善的产业发展阶段，政策数量开始减少。总体而言，从旅游产业政策数量的时间变化上看，湖北省处于中等水平，和全国保持基本一致的增长趋势，但在 2015 年和 2016 年政策表现出明显的不足，可能耽误了旅游产业的发展。

政策结构对比

结构上，湖北省的政策发布机构中，省级政府政策占比超过一半，远大于国家层面上国家级政策的占比。此外，在地市区县级政策中，主要的发布地区为武汉市，湖北其他地市州的旅游产业政策发布较少。从这一政策级别结构来看，湖北省省级层面的政策领导趋势与全国的政策趋势不同，省级层面的旅游产业发展由省级层面统领发展的格局，而国家级层面的旅游产业发展呈现各地区多样化发展格局。

政策发布单位结构上，旅游产业政策的发布单位都主要集中在旅游的主管部门上，其他政府部门参与较少，并且旅游主管部门的发文比例超过了全国层面上地方政府旅游主管单位的发文占比。这说明相比于全国平均水平，湖北省的旅游产业发展在政策层面上并没有受到其他部门更多的关注。在联合发文情况方面，湖北省无论是省级层面，还是地市区县层面的联合发文情况，都超过了全国地方层面的平均水平，且联合发文部门中旅游局的参与率超过 90%。这说明尽管湖北省的旅游产业发展大部分由旅游主管部门统筹发展，但是湖北省文化和旅游厅统筹其他部门出台政策的能力更强，因此出台的政策的针对性会更强。

政策工具分类方面，湖北省的政策工具应用情况高于全国平均水平。其中，湖北省的环境型政策、供给型政策的占比和全国平均水平类似，需求型政策的占比明显高于全国平均水平。环境型政策中，无论是宏观层面、经济层面还是市场层面上，政策的结构都和全国层面的结构占比高度类似。供给型政策中，湖北省的政策主要集中在基础设施建设上，在人才政策方面和全国层面对比有较大的差距。需求型政策中，湖北省的消费刺激类政策所占比例相比于全国层面更大，说明湖北省更重视旅游产业的市场需求。

政策内容对比

从政策的主题来看，湖北省的政策主题与全国的政策主题基本类似（没有全国层面上的行政许可与处罚主题政策，文化和旅游融合主题政策一分为二分为了绿色生态旅游和全域文化旅游类政策），但是各个政策主题的强度差别较大。湖北省的旅游发展改革的政策主题强度超过了 20%，相比之下，全国层面上的旅游创新改革主题政策强度仅有 6.77%。事实上，旅游改革类政策在全国而言，属于方向性的指导意见，以宏观规划发展方向为主，政策内容比较笼统，所以政策强度不高。但对于湖北省而言，湖北省十分重视对于旅游产业发展方向的把控，对于旅游发展方向的调控具有先知性，例如，早在 2007 年湖北省旅游局就开始布局乡村旅游的发展，如今乡村旅游成为热门旅游形式，湖北省占据了发展先机。此外，相比之下湖北省对于旅游方向的把控非常细致，不仅会出台总体的旅游规划，还会拆分成具体的措施保证了环境型政策的具体性和可执行性。

文化和旅游融合发展主题的政策中，湖北省的政策强度（生态绿色旅游和全域文化旅游主题）为 16.96%，高于全国层面的 9.98%，体现了湖北省对于旅游创新业态的高度重视。文化和旅游的融合作为旅游产业转型和改革发展的一个方向，这类主题的政策也与旅游改革发展的政策形成了呼应，是制度性旅游改革发展政策的配套措施性政策。相比之下，湖北省出台的广义文化和旅游融合主题的政策内容更加具体，细致到生态旅游、中医药旅游、全域旅游等具体的形式，给了旅游企业更好的实践参考。

从属于环境型政策的旅游标准试点、旅游法规条例、行政许可与处罚、企业申报评定、旅游市场秩序和旅游机构管理政策，湖北省的政策强度为 37.26%，远低于国家层面上 53.44% 的政策强度。尽管这类市场层面的环境型政策在政策数量、政策主题占比上远高于其他政策，体现了湖北省对于旅游市场的重视，但是其重视程度不如全国整体水平。事实上，湖北省的环境型政策数量占比和国家整体层面相同，在旅游发展改革方面的政策主题强度高，在市场规制、秩序维持、企业管理和旅游监管方面强度相应会减少。

湖北省的旅游开发建设主题政策是薄弱环节，尽管在政策数量占比上与全国层面的占比基本相同，但政策强度远小于国家层面的强度。不仅如此，湖北省的供给型政策多以规划、宏观层面上发展区的建设为主，缺乏直接的资金投入建设政策。这可能会削弱湖北省供给型政策的经济效应，当然，具体的政策效应还需要在下一章中进行实证验证。需求型政策中，湖北省以间接需求拉动政策为主，这可能是直接作用于消费者的政策实施难度大于从供给侧对旅游市场进行激励的政策。

8.4 基本结论

旅游产业是湖北省经济发展的支柱型产业，具有重要的地位。在过去的 20 年里，湖北省旅游产业保持蓬勃发展的态势，旅游人数、旅游收入等核心指标在新冠疫情前夕保持着高速增长势头。2020 年旅游市场受到新冠疫情的影响，但随着旅游产业政策的调控，湖北省旅游市场表现出了极强的韧性，开始稳步复苏。

从旅游产业的发展来看，湖北省处于快速发展阶段，和全国其他省市的旅游情况比，湖北省旅游产业处于中等水平。新冠疫情前，2011–2015年期间湖北省旅游产业的接待人数的增速和旅游总收入的增速明显高于全国水平，之后湖北省旅游增速放缓，略低于全国水平。新冠疫情后，湖北省的旅游产业表现出强大的韧性。2020 年湖北省国内旅游人数和总收入的降幅明显小于全国的平均水平。不仅如此，2021 年湖北省旅游市场的恢复情况明显好于其他省市，蕴藏着巨大的发展潜力。

从旅游产业发展要素来看，湖北省旅游发展要素的经济转换效率受到了制约。湖北省的资源禀赋排名靠前，且环境竞争力已经进入第一梯队；资本要素方面，湖北对旅游资源进行了较为投入的后期建设以保障旅游产业的良性发展，旅游投资增长势头高于全国平均水平，当前的资本排名比较靠前；湖北省的旅游人才处于全国中等水平，且增幅高于全国层面的水平；科技要素和政策要素都处于全国的中等水平。当前湖北省的国内旅游收入处于中等水平，在全国排名第 17。然而，湖北省的旅游投入要素的排名情况，均等于或高于旅游收入的排名，说明湖北省旅游发展要素的经济转换效率受到了制约。

从产业政策体系来看，整体上湖北省旅游产业政策数量呈现上升趋势，湖北省对旅游产业发展的重视程度逐步增加，旅游产业政策与产业实践发展形成了较紧密的联系。政策等级结构上，湖北省各级政府发布的旅游产业政策数量呈现随政策级别递减的趋势，旅游产业发展由省级层面统领发展。政策发布单位结构上，省级层面的政策还是主要由旅游主管单位统筹发布，其他政府部门对于旅游产业的参与较少，政策发布结构是单主体决策，而非多主体协同。政策工具分类上，湖北省旅游产业政策空间中最常用的政策工具依旧是环境型政策，其次是供给型政策，需求型政策最少，这一政策工具结构的合理性有待提高。

从产业政策的主题内容看，湖北省的政策主题与全国的政策主题基本类似，但是各个政策主题的强度差别较大。湖北省十分重视对于旅游产业发展方向的把控，旅游改革发展类政策强度远高于全国层面的强度。不仅如此，湖北省对于旅游方向的把控非常细致，不仅出台总体的旅游规划，还将宏观政策拆分成具体的措施，保证了环境型政策的具体性和可执行性。这一特征体现在湖北省文化和旅游融合发展主题的政策强度上。旅游的融合发展是这些年旅游改革的重要方向，湖北省出台的广义文化和旅游融合主题的政策内容更加具体，细致到生态旅游、中医药旅游、全域旅游等具体的形式，给了旅游企业更好的实践参考。湖北省的旅游开发建设主题政策是薄弱环节，尽管在政策数量占比上与全国层面的占比基本相同，但政策强度远小于国家层面的强度。

旅游产业政策是否发挥经济效应，发挥多大的经济效应，是政策效率的体现。因此，在解析湖北省旅游产业发展、发展要素和政策体系的基础上，进一步地研究湖北省的旅游产业政策经济效应，并与全国层面的经济效益进行对比。政策体系和政策效应的对比，有助于发现湖北省政策发布、政策执行的薄弱环节，找到政策的优化方向，为优化湖北省旅游产业政策体系、突破湖北省发展要素的经济转换效率、畅通湖北省旅游消费循环提出建设性建议。

第 9 章

湖北省旅游产业政策的经济效应

湖北省旅游产业政策体系的结构、内容和全国层面的政策体系有所差异。政策体系产生政策效果，不仅依赖于政策的执行环节，也讲究政策体系中各类型政策的配合。因此，政策体系的差异，可能带来政策效果的差异。湖北省的旅游产业政策是否会产生经济效应？经济效应和全国层面是否存在差异？政策层面上能否提高湖北省旅游要素的经济转换效率？这些问题，都值得深入研究。

因此，这一章节对湖北省旅游产业政策经济效应的研究：在验证旅游产业政策经济效应的基础上，并验证旅游生产要素的门槛效应。进一步的，分析湖北省不同类别的旅游产业政策的经济效应差异，以期为湖北省各类政策的出台和执行提出优化对策。

9.1 湖北省旅游产业政策经济效应分析

9.1.1 研究设计及依据

本章是旅游产业政策效应研究在省份层面上的应用，聚焦于湖北省的政策经济效应。当前，地区层面上的政策效应研究中，大部分学者并未直接用省份层面的时间序列数据建立模型，而是利用地市区或省内企业的面板数据考察地区的政策效应。也有学者利用变系数模型，以全国层面的省际面板数据为研究对象，分解每个省份的政策效应（李玮，2022）。考虑到湖北省层面的时间序列数据样本量有限，同时数据存在趋势，模型结果可能会不准确。综合考虑模型功能、数据特点、研究目的和当前的研究支撑，本章中将利用全国的省际面板数据，建立固定效应变系数模型，测度每个省份的旅游产业政策经济效应。同时，本研究中各个章节应在统一研究框架下，以免改变了控制变量，导致结论的不可比性。本章中，数据和变量的选择与全国层面上的分析相同。

本章将以旅游经济水平作为被解释变量；以旅游政策作为核心解释变量；以旅游资本、旅游劳动、旅游资源和信息技术作为其他解释变量，建立固定效应变系数面板模型，分析湖北省的旅游产业政策经济效应，并与全国层面的效应进行对比。

9.1.2 模型构建

与普通面板模型相比，变系数面板模型允许回归方程中的每个个体的斜率不同，即该模型能够估计每个省份自身的政策效应系数。为保证研究的一致性，在回归模型（4-2）的基础上，构建固定效应变系数模型（9-1）。

$$LnInc_n = \gamma_0 + \gamma_{1n}LnPol_n + \gamma_2 LnRes_n + \gamma_3 LnCap_n + \gamma_4 LnLab_n + \gamma_5 LnInt_n$$

$$(9-1)$$

式中，为各省份的旅游产业政策的效应系数，$n = 1, 2, 3\cdots, 31$，γ_0 为常数项 γ_2，γ_3，γ_4 和 γ_5 分别是其他控制变量的系数。

进一步的，分类型研究湖北省旅游产业政策的经济效应，在回归模型（5-2）的基础上，构建固定效应变系数模型（9-2）。

$$LnInc_n = \delta_0 + \delta_{1n}LnPolH_n + \delta_{2n}LnPolG_n + \delta_{3n}LnPolX_n$$

$$+\delta_4 LnRes_n + \delta_5 LnCap_n + \delta_6 LnLab_n + \delta_7 LnInt_n$$

$$(9-2)$$

式中，δ_{1n} 为各省份的环境型旅游产业政策的效应系数，δ_{2n} 为各省份的供给型旅游产业政策的效应系数，δ_{3n} 为各省份的需求型旅游产业政策的效应系数 $n = 1, 2, 3\cdots, 31$，δ_0 为常数项 δ_4，δ_5，δ_6 和 δ_7 分别是其他控制变量的系数。

9.1.3 实证结果分析

基于 2001-2019 年的面板数据，建立式（9-1）中的固定效应变系数面板模型，对各系数进行估计。结果表明，F 统计量对应的 P 值为 0.000，即说明可以在 1% 水平上拒绝"该模型与空模型没有显著差别"的原假设，说明固定效应变系数面板模型的设定是合理的，由此得出的结论是可靠的。

表 9-1 显示了固定效应变系数面板模型的系数估计结果，可以看出，整体层面上，各个省份的旅游产业政策的影响趋势大致相同，大部分省份的旅游产业政策效应显著为正。整体来看，旅游产业政策经济效应的省份分布总体趋势与第 6 章中的区域政策效应回归结果相似，即中东部地区的政策效应明显，西部地区的政策效应较弱。具体而言，山东、江苏、河北、

广东等东部地区的政策系数较大，呈现出较高的正向促进作用。与此同时，也应该关注到东部地区的上海、黑龙江两地区分别呈现出负向作用和政策效用不显著的特点。中部六省中，江西和湖北的政策系数较大，除河南省外，均表现出明显的正向政策经济效应。西部地区的政策系数普遍较小，且甘肃、重庆等地的政策效应不显著。部分地区政策效应不显著或效应为负数的原因可能是政府行政结构导致政策的本地适应性不强。同时，政府执政效率等因素导致了政策提升旅游收入的内在动力不足。

表 9-1　各省份旅游产业政策经济效应回归估计结果

省份	系数	t 统计量	P 值
北京	0.146***	3.170	0.040
天津	0.034***	3.140	0.000
河北	0.345***	5.960	0.000
山西	0.164***	3.320	0.002
内蒙古	0.119***	7.000	0.000
辽宁	0.265***	5.510	0.000
吉林	0.200***	4.640	0.000
黑龙江	−0.031	−0.820	0.418
上海	−0.223***	−11.090	0.000
江苏	0.413***	6.410	0.000
浙江	0.169***	3.050	0.005
安徽	0.175***	3.070	0.004
福建	0.203***	9.120	0.000
江西	0.419***	11.320	0.000
山东	0.382***	15.820	0.000
河南	0.024	0.430	0.670
湖北	0.321***	9.150	0.000
湖南	0.133***	8.190	0.000
广东	0.472***	15.490	0.000
广西	0.195***	4.960	0.000

省份	系数	t 统计量	P 值
海南	0.064**	2.690	0.012
重庆	0.084	1.540	0.134
四川	0.133***	3.200	0.003
贵州	0.181***	2.780	0.009
云南	0.199***	3.010	0.005
西藏	0.109*	1.960	0.059
陕西	0.207***	5.710	0.000
甘肃	0.001	0.030	0.997
青海	0.189***	7.210	0.000
宁夏	0.150**	2.620	0.014
新疆	0.120***	2.920	0.007
Number of state	31		
Observations	589		
R-squared	0.924		
state FE	YES		
year FE	YES		

注：*** $p<0.01$，** $p<0.05$，* $p<0.1$

湖北省的政策系数为 0.321，且通过了显著性水平为 0.01 的检验，表明湖北省旅游产业政策能够较大程度上促进湖北省旅游经济的发展。湖北省的旅游产业政策调控着湖北产业的发展方向，纠正了旅游市场的市场失灵，同时鼓励了游客的旅游消费，因此促进了湖北省的旅游产业发展，产生了经济效应。事实上，湖北省的各项旅游发展要素均处于全国中上等水平，在旅游资源、资产、人才等旅游发展基础方面实力雄厚，能够承接旅游产业政策带来的激励效应。不仅如此，湖北省的旅游产业政策总体来说依托于本土，许多政策根据本地的旅游资源特色将宏观政策具象化，政策的本地适应性较强。此外，湖北省文化和旅游厅对于旅游产业的发展方向把控细致，旅游改革发展类政策条目清晰，在宏观调控的基础上具有可执行性。

　　湖北省旅游产业政策的经济效应系数处于全国较高的水平，明显高于全国层面的经济效应。这可能与湖北省的旅游政策结构、旅游产业政策的响应能力、政策执行效率和政策适应性有关。与全国层面进行对比分析，才能根据政策体系特点的对比，解析出政策效应高低背后政策内容、政策结构、政策执行方面的原因。因此，本节中，仅对湖北省的政策经济效应进行了概括性的解释，在 9.3 节中，将通过与全国层面的经济效应进行对比的分析方式，深入分析湖北省旅游产业政策经济效应特点，解析湖北特色经济效应的成因。

9.2 湖北省旅游产业政策经济效应类别差异

　　湖北省的旅游产业政策具有较高的经济效应，在 9.1 节中得到了实证验证。对于湖北省政策影响程度的初步分析中，初步推理认为湖北省文化和旅游厅对于旅游产业的发展方向把控细致，旅游发展类环境型政策起到了重要作用。不仅如此，第 5 章中对于全国层面上不同类别旅游产业政策的经济效应分析表明，不同类型的政策，经济效应存在明显的差异，其中，供给型政策在三类政策工具类型中对旅游经济发展的推动作用最大，环境性政策次之，需求型政策对旅游经济发展的促进作用不显著。

　　湖北省不同类别的旅游产业政策是否存在效应差异？效应差异的原因是什么？这些问题的解决能够更细致地分析湖北省的政策结构、政策效应，提出更针对性的建议。因此，本节将建立不同类型政策的固定效应变系数模型，分解环境型、供给型和需求型政策的省份差异，以更细致地分析湖北省不同类型政策的经济效应。

9.2.1 湖北省各类旅游政策的经济效应

　　基于 2001–2019 年的面板数据，建立式（9–2）中的固定效应变系数面板模型，对各系数进行估计。结果表明，F 统计量对应的 P 值为 0.000，即说明可以在 1% 水平上拒绝"该模型与空模型没有显著差别"的原假设，说明固定效应变系数面板模型的设定是合理的。

表 9-2 各省份各类别旅游产业政策经济效应回归估计结果

模型	环境型政策		供给型政策		需求型政策	
省份	系数	t 统计量	供给型政策	t 统计量	需求型政策	t 统计量
北京	−0.052	−0.820	0.108***	3.490	0.145***	7.09
天津	−0.202***	−4.970	0.156***	6.160	0.192***	5.680
河北	1.253***	11.100	−0.621***	−7.980	−0.041	−0.900
山西	−1.354***	−13.670	−0.469***	−6.690	1.740***	22.150
内蒙古	0.144***	3.860	−0.123***	−3.010	0.309***	4.340
辽宁	0.364***	4.980	0.108***	2.860	−0.100	−1.320
吉林	0.050	1.070	0.440***	7.520	−0.261***	−5.110
黑龙江	0.185***	3.400	−0.023	−0.540	−0.100**	−2.260
上海	0.147**	2.320	−0.277**	−2.430	−0.019	−0.440
江苏	0.349***	8.680	0.718***	5.220	−0.205***	−2.830
浙江	0.312**	2.710	0.242	1.480	−0.337**	−2.390
安徽	0.719***	7.170	−0.146*	−2.040	−0.227***	−4.520
福建	−0.347***	−12.960	0.958***	21.970	−0.410***	−6.180
江西	0.972***	5.570	−0.108*	−1.770	−0.363***	−2.970
山东	0.571***	16.810	−0.015	−0.510	−0.079***	−4.570
河南	0.139***	2.780	0.169***	3.940	−0.181***	−4.870
湖北	0.607***	10.340	−0.204***	−3.960	0.003	0.150
湖南	−0.104***	−3.780	0.319***	10.250	0.095	1.630
广东	0.635***	6.260	0.123*	1.780	0.021	0.320
广西	−1.816***	−60.590	2.267***	61.420	−0.291***	−5.580
海南	−0.024	−0.840	0.308***	18.770	−0.196***	−5.790
重庆	0.178	1.220	0.230**	2.110	−0.184***	−12.150
四川	−0.041	−0.710	0.341***	5.550	0.060	0.650
贵州	0.563***	13.700	−0.357***	−4.060	0.188***	9.990
云南	0.411***	3.620	−0.08	−0.860	−0.004	−0.130
西藏	0.229**	2.090	0.056	0.970	−0.103***	−3.460

模型	环境型政策		供给型政策		需求型政策	
省份	系数	t 统计量	供给型政策	t 统计量	需求型政策	t 统计量
陕西	0.087***	3.080	0.075	1.490	0.082*	1.700
甘肃	0.235***	4.450	0.144*	1.850	-0.284***	-3.280
青海	-0.007	-0.160	0.407***	5.930	-0.012	-0.600
宁夏	0.301**	2.260	0.107	1.250	-0.136***	-3.350
新疆	-0.723***	-15.140	0.002	0.050	0.885***	27.770
Number of state	31					
Observations	589					
R-squared	0.945					
state FE	YES					
year FE	YES					

注：*** $p<0.01$, ** $p<0.05$, * $p<0.1$

　　表 9-2 显示了各省份不同类型政策对旅游产业经济发展的影响结果。通过考察固定效应变系数模型的估计结果，揭示了掩藏在平均水平之下的地方旅游产业政策制定和执行中存在的不均衡、不匹配等问题。环境型政策整体上还是呈现正向的促进效应，但存在 6 个效应系数为负和 6 个效应系数不显著的省份，且负向效应系数较大。供给型政策的省份效应则差别较大，各省份的效用差比较明显。整体来看，环境型政策和供给型政策的省份效应分布类似，遵循着中东部地区正向作用较明显，西部地区略显不足的分布特征。需求型政策在各省份层面上以负向作用为主，但也在部分省份有较强的正向促进作用。部分地区需求型政策效果不显著，甚至出现负向作用的原因可能是由于需求型政策内容不合理、政策适应性不强和地方执政能力缺陷造成的。具体的原因将在 9.3 节中，结合各省市政策发布和行政结构的对比分析，进行深入探讨。

　　湖北省环境型政策的系数为 0.607，且通过了显著性水平为 0.01 的检验，表明湖北省的环境型政策能够显著促进旅游产业经济发展，且政策效应较大；供给型政策的系数为 -0.204，且通过了显著性水平为 0.01 的检验，表明湖北省的供给型政策会抑制旅游产业的经济发展；需求型政策的系数为0.003，并未通过显著性检验，且已经排除了多重共线性带来的显著性影响，表明初步认为湖北省的需求型政策并未发挥经济效应。实证结果表明，尽管整体上湖北省的旅游产业政策效应明显为正向效应，但并非所有政策工具的应用都是有效的。环境型政策促进了湖北省产业经济发展，其正向促进效应并未被供给型政策的抑制效应所抵消。

湖北省不同工具类型的旅游产业政策发挥着不同效应，且各类政策的效应与全国层面上该类型政策的效应也有所差异。各类政策发挥效应的原因多种多样，可能与政策内容有关，可能与部门合作有关，可能与执行效率有关，也可能与政策监管有关。准确分析经济效应产生的原因，是实现湖北省旅游产业政策决策科学化的基础。与全国层面进行对比分析，通过对比不同的政策体系和政策内容，能够得到更准确的结论。

9.3 全国与湖北省旅游产业政策经济效应对比

考察固定效应变系数面板模型的结果，揭示了掩藏在平均水平之下的地方旅游产业政策在制定和执行中存在的不均衡不匹配的问题。对比分析湖北省和其他各省份的旅游产业政策体系、政策内容和经济效应差异，是找到湖北省旅游政策发挥效应原因的重要途径。因此，本章节中，先分析不同效应的可能成因，再针对各类型产业政策，对比分析湖北省的政策内容和执行特点，寻找更精确的政策效应成因。

9.3.1 省份层面上旅游产业政策经济效应差异原因分析

无论是政策总体，还是不同类型的旅游产业政策，在不同的区域之间，都存在一定的效应差异。正向的经济效应成因在第4、5、6章中已经进行了详细的说明，和地区的政策响应能力、地区的旅游发展重视程度、政策设计的合理性和政策的执行能力有关。政策响应能力方面，部分地区经济建设较发达，交通基础设施和景区建设能力处于较强，同时也拥有高素质的人力资源和作为旅游产业的发展支撑，能更好地承接旅游产业政策带来的激励效应。旅游发展重视程度方面，部分地区率先实现了经济重心向服务业倾斜的结构转型，相比于其他地区更早地将旅游产业定位经济支柱型产业，从认知层面上有较高旅游产业政策响应意愿。政策设计的合理性方面，部分地区发布的政策数量较多，政策涉及范围更广，政策类型更多样，凭借完善的政策体系结构发挥了更大的效用。政策的执行能力方面，执政能力强的地区能够落实旅游产业政策的实施，政策效率更高。

部分地区存在着旅游产业政策不显著，甚至为负向作用的原因可能有以下几点。第一，可能存在政策的适应性差问题。要想各省份旅游产业政策的作用机制，首先要理解我国地方政府的权力架构与分布。地方政府在运行机制方面存在"对上负责"的特征。在这一权力架构下，促使地方政府在旅游产业政策制定和实施的过程中，以国家总体战略为政策核心，参照上级政府出台的指导意见进行政策设计和布局。在这一政策逻辑下，部分地方政府可能会忽略自身的资源禀赋特点，致使本地区的旅游产业政策"药不对症"，政策的适应性较差，因此无法对本地的旅游产业发展起到促进作用。第二，可能存在部门间能力不兼容的问题。地方政府在运行机制方面还存在权力部门化、条块化的特征，即专门的部门负责特定的行政事宜。在部分地方政府的直线型执政能力作用下，容易导致各部门在行使权力过程中，产生以维护自身利益为主的内在动机。旅游产业涉及经济、社会、生态等各方面，且在如今融合发展的发展趋势下，越来越多的产业融入其中，旅游产业政策开始涉及越来越多的行政部门。在这样的行政逻辑下，对于需要多部门协调配合的旅游产业政策而言，在政策制定和执行过程中可能会产生部门间能力不兼容的问题，从而出现政策效应不明显甚至政策抑制的情况。第三，可能存在政策执行管理不严和能力不足的问题。专项资金投入、政府补贴等旅游产业政策的执行，需要相关政府部门、专家和专业机构，对参选企业和投入项目进行事前审查、事中监督和事后测评等一系列严谨的流程，对地方政府执政能力有较高的要求。在部门条块化的行政结构中，可能会使得执政过程简单化，为部分企业策略性套取政策优惠提供了可乘之机。同时，资金投入等政策在招标过程中可能存在寻租空间，导致资金配置错位，进而扭曲了旅游产业政策促进旅游经济增长的内在动力。

总体而言，各地区政策经济效应的差异主要来自三个方面：地方政策体系本身的原因、地方政府执政能力的原因和地方配套资源的原因。湖北省三种不同类型旅游产业政策的经济效应各不相同，具体是上述哪种原因，有待对比分析湖北省和全国及其他地区的政策体系以及对应的政策效应后确定。

值得说明的是，为使回归系数的数值具有可比性，本章将所有建模数据标准化，并用标准化后的数据进行模型建立和参数估计。标准化后数据的模型结果中，无论是系数大小，还是系数显著性，和未标准化的数据有相同的结论，对回归系数的大小进行了检验。在后续分析中，为更好地分析各系数的经济意义，依旧使用未标准化的回归结果分析。

9.3.2 环境型政策效应对比分析

湖北省的环境型政策效应在全国排名靠前，明显高于全国大部分省份地区和全国政策经济效应的平均水平。究其原因，湖北省集中了旅游发展的优势资源，将旅游产业发展放到了社会经济发展的核心地位，并设计了细致、合理的环境型政策。在湖北省文化和旅游厅集中统筹的高效执行力下，发挥了较好的政策经济效应。具体从以下四个方面进行分析。

政策响应能力。湖北省的旅游资本要素全国排名第9，旅游人才要素排名全国第14，且数值明显高于全国的平均水平。旅游资本和旅游人才是响应政策号召的关键因素，当宏观层面政策出台，改变旅游产业发展方向时，相比其他地区能够更迅速地集结人力物力，个性化的实施改革方案；当市场层面政策出台，进行市场规制和机构管理时，相比其他地区能够更彻底地自查自纠，进行整改。因此，相比于其他地区，湖北省具有要素优势，成了政策经济效应的"放大镜"，更有能力响应本地的环境型政策。

旅游发展重视程度。早在1996年，湖北省旅游发展大会提出，要培植支柱产业，建设旅游强省，将旅游发展提到了战略高度。尽管全国许多省份都已经重视旅游产业的发展，但湖北省提出的时间较早。相比之下，湖北省给了市场足够多的时间来营造良好的发展氛围和积极的政策落实意愿。对于宏观层面的旅游改革调控类措施，各相关单位更愿意配合找到适宜的发展方向，保证进入正确的发展赛道；对于经济层面的惠税补贴措施，各相关单位申报更积极，拥有更强的发展动力；对于市场层面的管理政策，为合规经营，各相关单位更倾向于将自身打造成符合政策要求的高质量旅游单位。此外，旅游发展重视程度高不仅能够提高政策的配合意愿，还能间接促进更多的资金和人才流向旅游产业，成为旅游政策响应能力的保障。

因此，相比于其他地区，湖北省具有更积极的政策落实意愿，提高了环境型政策效应的转换效率。

政策设计的合理性。全国层面上的环境政策和湖北省的环境政策结构十分相似，宏观层面、经济层面和市场层面上各类政策的占比相近。事实上，全国层面上的环境型政策有显著的正向经济效应，说明当前全国和湖北省的环境型政策的数量结构是在合理范围内的。进一步的，研究环境型政策的具体内容，湖北省的发展改革主题的政策强度远高于全国层面的该主题强度。这说明，尽管数量上和全国结构类似，但湖北省旅游改革类政策的质量和重视程度上遥遥领先。不仅如此，宏观层面上的文化和旅游融合发展主题中，湖北省的政策强度也高于全国层面，体现了湖北省对于旅游创新业态的高度重视。湖北省的环境型政策内容更具体，细致到了生态旅游、中医药旅游、全域旅游等具体的形式，给了旅游企业更好的实践参考，将抽象的环境型政策具体化、地方化，针对性的为湖北省旅游发展指出了明确方向。另外，尽管湖北省市场规制类型的政策的政策强度较高，但其主题强度远低于全国的平均水平。事实上，逆向限制型的政策已经达到了一定强度，对旅游市场的各主体有了一定限制，继续加强管理强度反而抑制了经营意愿。湖北省市场层面的政策在规范经营、保障安全的前提下，相比全国层面留有一定自主空间，更能鼓励旅游企业发挥主观创造性。因此，在环境型政策的设计上，湖北省数量结构合理，内容翔实细致，措施针对具体，限制程度恰到好处。良好的政策设计发挥了更强的经济效应。

政策的执行能力。湖北省的环境型政策发布结构中，主要集中在旅游的主管部门上，其他政府部门参与较少，并且旅游主管部门的发文比例超过了全国地方政府上旅游主管单位的发文占比。环境型政策以规划发展方向和规制管理市场为主，由旅游主管部门统筹领导进行单主体决策的执政效率可能会更高。

综上分析，湖北省重视旅游产业的发展，且旅游投入要素具有资源优势，拥有较强的政策响应能力和政策响应意愿。在旅游主管部门集中统筹的政策执行力下，结构合理、内容翔实、措施细致、力度得当的环境型政策发挥了显著的激励作用。

9.3.3 供给型政策效应对比分析

湖北省的供给型政策发挥了显著的负向抑制效应，明显有别于全国层面上供给型政策的显著促进作用。供给型政策是各类政策中至关重要的一环，不仅通过政策红利的投入推动旅游产业的经济发展，也间接影响着资金、人才、技术等其他要素的转换效率。前文的分析中已指出，湖北省旅游投入要素的排名均高于湖北省旅游收入的全国排名，旅游投入要素的经济转换效率受到了制约。这极有可能是供给型政策政策设计和政策执行上的漏洞，抑制了其他生产要素的生产率，是湖北省旅游产业发展的症结所在。分析湖北省供给型政策产生抑制效应的原因至关重要，本节将从前文指出的三个可能原因中逐一对比分析。

政策的适应性。地方政府在以国家总体战略为政策核心，参照上级政府出台的指导意见进行政策设计和布局，可能会忽略自身的资源禀赋特点，致使本地区的旅游产业政策出现"药不对症"的问题。但是，湖北省的供给型政策中，大多数政策都以自身的资源条件为依托，例如，湖北省旅游委发布《建设长江国际黄金旅游带核心区推进旅游服务业提速升级工作方案》等。对比全国其他省市的供给型政策，湖北省的各项旅游区和设施建设类的政策因地制宜，针对性较强，政策的适应性良好。但是，湖北省的供给型政策以建设的方案和规划为主，倡导社会外部资金投入建设项目，政府直接的资金投入有限。相比之下，其他供给型政策效应明显的省份中，资金投入类政策的占比明显较大。事实上，如果没有额外的政府资金配置，社会资金向旅游产业中的投入属于纯粹的市场经济行为，旅游市场上的市场失灵并未得到纠正，导致供给型政策难以发挥作用。此外，湖北省人才类政策比例是全国层面人才政策比例的一半，有所欠缺。因此，尽管湖北省因地制宜地出台供给型政策，政策的适应性较强，但是由于资金直接投入的缺失和人才政策的缺失，导致了供给型政策的激励作用不足。

政策发布单位的合作。政府在运行机制方面还存在权力部门化、条块化的特征，即专门的部门负责特定的行政事宜，可能会产生部门间能力不兼容的问题，从而出现政策效应不明显甚至政策抑制的情况。湖北省参与旅游产业政策的发布部门数量相比于全国层面上明显偏少，且旅游主管单位的发文占比远高于全国层面上省级单位中的旅游主管单位发文比例。可以说，湖北省的旅游政策决策权集中在湖北省文化和旅游厅和湖北旅游发展委员会，形成了偏向于单主体决策的政策发布局面。事实上，改革开放至今，我国旅游产业政策已经经历了从单主体决策到多主体协同发布的变革，这一变革大幅提升了政策效率（王慧娴，2014）。供给型政策，大多与旅游投入要素直接相关，对资金监管能力、分配能力，人才的评估能力、标准设定能力，设施建设的设计能力、资源调配能力有较高的要求。文化和旅游厅以及旅游委并非专业的财政部门、人力部门和建设部门，在供给型政策的发布上存在能力不足的问题，可能导致旅游主体对政策的误读，造成资源配置的错位和缺失。因此，应该让更多专业的部门参与到政策的制定中，例如，专项资金的投入需要财政厅、金融局的参与；人才战略的设定需要人社局的参与；基础设施的建设需要住建厅的参与。在政策发布单位的参与上，湖北省由于缺乏多部门的协调，使得供给型政策专业度欠缺，可能导致旅游主体对政策的误读，造成资源配置的错位和缺失，从而抑制了供给型旅游产业政策的经济效应。

政策执行管理。专项资金投入、政府补贴等旅游产业政策的执行，需要相关政府部门、专家和专业机构，对参选企业和投入项目进行事前审查、事中监督和事后测评等一系列严谨的流程，对地方政府执政能力有较高的要求。在部门条块化的行政结构中，可能为部分企业策略性套取政策优惠提供了可乘之机。湖北省文化和旅游厅共有 19 个下属机构，但是并没有专门的资金监管部门，企业补贴、专项资金是由资源开发处和市场管理处等部门审核完成。相比之下，供给型政策有正向促进效应的江苏省则设有专门的行政管理处进行资金审查。供给侧政策的执行由相应的科室兼任完成审批，可能导致了湖北省旅游产业政策执行过程中的简单化，使部分企业策略性套取政策优惠有了可乘之机，但是否存在需要进一步的调研验证。例如，一些旅游企业额能通过与中介机构合谋的方式，套取相应的补贴和资金支持，从而浪费了政府财政资源，导致资金和人才的错位配置，扭曲了旅游产业政策的内在经济动力。

综上分析，湖北省因地制宜地出台供给型政策，政策的适应性较强，但是在政策内容上存在资金直接投入的缺失和人才政策的缺失。不仅如此，湖北省供给型政策为单主体决策类型，缺乏多部门的协调参与，造成供给型政策专业度的欠缺。这也可能导致旅游主体对政策的误读，造成资源配置的错位和缺失。除此之外，在政策执行过程中，可能存在管理不严格的问题，但是否存在需要进一步的调研验证，本研究无法从现有的数据和实证证据中验证该结论。本节对于政策执政能力这一影响因素的分析，目的不在于确认湖北省是否存在管理不严的问题，而在于提出建议避免该情况的发生。

9.3.4 需求型政策效应对比分析

湖北省需求型政策没有显著的政策效应，和全国层面上的需求型政策效应相同。在全国层面的分析中，一方面，认为关于刺激消费的大部分的政策站在宏观层面上，以提高供给端吸引力和培养消费热点的方式间接刺激消费，并未迎合消费需求，政策内容本身存在问题。另一方面，认为聚焦于需求侧的政策效果往往不如从供给侧对市场进行规制，政策实施难度大于从供给侧对旅游市场进行管理，政策的执行难度较大。

事实上，湖北省的需求型政策也存在这两类问题。在政策发布上，以奖励旅游供给方的方式，将游客的招徕任务下放到旅游企业上，导致了需求型政策没有直接惠及游客，大大削减了政策的经济效应。例如，湖北省旅游局出台《关于营销推广灵秀湖北旅游精品的奖励办法》等政策，尽管因地制宜地针对湖北省的旅游产品出台了政策，但政策的奖励对象为旅游企业。旅游企业以招揽游客、扩大收入为经营目的，无论是否有政府的奖励政策，都保持着高强度的营销和宣传力度。同时，营销和宣传效果呈现出边际效应递减的规律，即便提高力度，效应不会特别明显。因此，作用于供给侧的需求型政策，对于游客而言并非"从无到有"消费刺激，没有实现需求侧的突破。然而，当前的旅游产业中，随着信息获取能力的增加已经从旅游企业的供给主导发展模式转变成了需求主导的发展模式（杨勇，2019）。但消费型政策未能顺应这一改变趋势，依旧企图通过供给引导和培育消费热点，而非挖掘消费趋势并迎合消费热点。供需主导关系的倒置使得需求型政策未能发挥出政策效果。

造成这一政策内容特点的原因与执政过程有关，游客作为消费主体，其消费意愿无法受到旅游产业政策的强制性制约，导致了政策推进的困难。当然，湖北省也出台了部分补贴游客形式的消费刺激政策，例如，新冠疫情后，打造"惠游湖北，与爱同行"的医护人员门票减免活动，通过让利

门票和打造抗疫形象的营销方式，吸引了一大批国内游客，实现了 2021
年旅游业的强势反弹。事实上，门票收入只是旅游收入中的一小部分，第
2 章中对居民旅游消费结构的调查中已指出，景区游览费用仅占旅游总花
费的 5% 左右，旅游交通、旅游餐饮、旅游住宿、旅游购物等费用是旅游
活动占比较大的支出。对旅游门票的减免起到了"四两拨千斤"的作用。
交通补贴、住宿折扣等直接作用于消费者的政策手段与门票减免异曲同工，
后续可以出台多样化的补贴形式，通过小幅的政策让利拉动更大的旅游需
求市场。

　　需求侧政策效应不显著的另一个重要原因在于，直接的需求刺激政策
的宣传覆盖面有限。事实上，全国其他省市也出台过不少门票减免措施，
但政策宣传的覆盖面往往局限于本省市中，政策效应无法延伸到省外游客。
本地游往往在旅游交通和旅游住宿上的花费明显少于省际旅游，对省内游
客的需求激励，其经济带动作用不如省外游客强。对比发现，新冠疫情后
湖北省的旅游复苏态势明显好于全国层面的情况，与湖北省门票减免消息
的广泛宣传密切相关。

　　综上分析，湖北省需求型政策的发布结构存在一定问题，缺乏从需求
侧对旅游者的直接刺激，且以往需求型政策的覆盖范围有限，造成了需求
型政策效应的不显著。

9.4 基本结论

　　本章在第 4、5 章的基础上，建立固定效用变系数面板模型，测度每
个省份的旅游产业政策的经济效应大小，并将湖北省的政策效应与全国其
他省份进行对比分析，解析湖北省旅游产业政策效应的成因。基于 2001–
2019 年 31 个省市自治区的面板数据，以旅游总收入为被解释变量，以政
策力度的滞后项为核心变量，通过对固定效用变系数面板模型的估计，得
到了以下结论：

　　（1）湖北省旅游产业政策能够较大程度上促进湖北省旅游经济的发
展，且明显高于全国层面的经济效应。

　　湖北省的旅游产业政策调控着湖北产业的发展方向，纠正了旅游市场
的市场失灵，产生了经济效应。这可能与湖北省的旅游政策结构、旅游产

业政策的响应能力、政策执行效率和政策适应性有关。事实上，湖北省的各项旅游发展要素均处于全国中上等水平，在旅游资源、资产、人才等旅游发展基础方面实力雄厚，能够承接旅游产业政策带来的激励效应。不仅如此，湖北省的旅游产业政策总体来说依托于本土，许多政策根据本地的旅游资源特色将宏观政策具象化，政策的本地适应性较强。此外，湖北省文化和旅游厅对于旅游产业的发展方向把控细致，旅游改革发展类政策条目清晰，在宏观调控的基础上具有可执行性。

（2）湖北省集中了旅游发展的优势资源，将重视旅游产业的发展，并设计了细致、合理的环境型政策。在旅游部门集中统筹的高效执行力下，环境型政策发挥了较好的政策经济效应，且效应明显高于全国平均水平。

首先，湖北省的旅游资源要素均处于全国中上游水平，相比于其他地区，湖北省具有要素优势，成了政策经济效应的"放大镜"，能够更迅速地集结人力物力响应本地的环境型政策。其次，湖北省较早地将旅游发展提到了战略高度，给予了市场足够多的时间来营造良好的发展氛围和积极的政策落实意愿。旅游发展重视程度高不仅能够提高政策的配合意愿，还能间接促进更多的资金和人才流向旅游产业，成为旅游政策响应能力的保障。再次，在环境型政策的设计上，湖北省数量结构合理，内容翔实细致，措施针对具体，限制程度恰到好处，发挥了更强的经济效应。最后，湖北省的环境型政策发布结构中，主要集中在旅游的主管部门上。环境型政策以规划发展方向和规制管理市场为主，由旅游主管部门统筹领导进行单主体决策的执政效率可能会更高。

（3）湖北省的供给型政策有明显的经济抑制效应，原因在于湖北省的政策内容有所缺失，执政环节缺乏多部门的协调参与，造成资源配置的错位和缺失。

湖北省的供给型政策中，大多数政策都以自身的资源条件为依托，尽管湖北省因地制宜的出台供给型政策，政策的适应性较强，但是由于资金直接投入的缺失和人才政策的缺失，导致了供给型政策的激励作用不足。与此同时，湖北省的旅游政策决策权集中在湖北省文化和旅游厅和湖北旅游发展委员会，形成了偏向于单主体决策的政策发布局面。由于缺乏多部门的协调，使得供给型政策专业度欠缺，可能导致旅游主体对政策的误读，造成资源配置的错位和缺失，从而抑制了供给型旅游产业政策的经济效应。

不仅如此，供给侧政策的执行过程中可能存在审批流程简单化的问题，使部分企业策略性套取政策优惠有了可乘之机，从而浪费了政府财政资源，导致资金和人才的错位配置，扭曲了旅游产业政策的内在经济动力。

（4）湖北省需求型政策的效应不显著，原因在于缺乏从需求侧对旅游者的直接刺激，且以往需求型政策的覆盖范围有限。

在政策发布上，湖北省的以奖励旅游供给方的方式，将游客的招徕任务下放到旅游企业上，导致了需求型政策没有直接惠及游客，大大削减了政策的经济效应。造成这一政策内容特点的原因与执政过程有关，游客作为消费主体，其消费意愿无法受到旅游产业政策的强制性制约，导致了政策推进的困难。需求侧政策效应不显著的另一个重要原因在于，直接的需求刺激政策的宣传覆盖面有限。本地游往往在旅游交通和旅游住宿上的花费明显少于省际旅游，对省内游客的需求激励，其经济带动作用不如省外游客强，造成了需求型政策的效应不显著。

（5）供给型政策政策设计和政策执行上的漏洞，抑制了其他生产要素的生产率，是湖北省旅游产业发展的症结所在。

当前，湖北省旅游投入要素的排名均高于湖北省旅游收入的全国排名，旅游投入要素的经济转换效率受到了制约。供给型政策是各类政策中至关重要的一环，不仅通过政策红利的投入推动旅游产业的经济发展，也间接影响着资金、人才、技术等其他要素的经济转换效率。湖北省的供给型政策的实施过程中，缺乏专门部门的参与，在供给型政策的发布上存在能力不足的问题，可能导致旅游主体对政策的误读，造成资源配置的错位和缺失，进而导致现有旅游资源转化效率的问题。

通过对湖北省旅游产业政策、旅游产业政策经济效应以及和全国层面上的对比分析，初步找到了湖北省旅游产业政策在政策设计和政策执行上的特点与缺陷。对于政策体系上的优势，要不断承袭；对于政策体系上的劣势，要对症下药，才能铸造湖北省旅游产业的竞争力。下一章中，将结合湖北省的应用研究和全国层面的结论，为推动湖北省旅游产业发展提出政策建议。

第 10 章

铸造湖北旅游发展动力

当前，我国的旅游产业政策已经进入比较稳定的阶段，各级政府的治理能力已经稳定在了一定的高度，旅游产业政策效应逐渐进入了边际效应递减的困局里。政府政策的调控是影响地区旅游产业竞争力的重要因素之一（成伟光等，2005），在当前的发展状况下，湖北省要想提高旅游产业竞争力，就需要善于借鉴全国层面的理论经验，结合自身发展特点，弥补目前政策体系中的问题。因此，本章在第 9 章湖北省各类政策经济效应产生原因分析的基础上，有针对性地提出意见，以推动湖北省旅游产业的发展。

10.1 改变政策结构：聚焦政策弱点

在湖北省旅游产业政策体系中，环境型政策聚焦本地旅游发展特色，政策结构和内容设置合理，逆向限制力度适宜，达到了理想的政策经济效果。相比之下，供给型政策和需求型政策是政策结构中的政策弱点。从政策数量上，供给型政策中人才政策和资金直接投入政策较少；需求型政策中直接对消费者进行激励和补贴的政策较少。从政策内容上，供给型政策中基础设施建设政策缺少配套的资金投入，人才政策以人才标准为主，缺乏人才引进政策；需求型政策缺少特定群体的针对性政策。要想提高湖北旅游产业政策的经济效率，弥补政策结构和政策内容上的弱点是关键。

供给型政策中，应增加资金投入类政策和人才引进政策，且政策实施的条件和准则应清晰、明确。如果没有额外的政府资金配置，社会资金向旅游产业中的投入属于纯粹的市场经济行为，但基础设施投入项目往往具有公益性，会导致旅游市场上的市场失灵并未得到纠正，进而削弱供给型政策的效应。政府资金应直接投入到投资高、风险大、收益期长的项目，打通旅游建设中的市场失灵。政府资金解决设施难题，能够调动旅游企业的积极性，辅助完成高效且具有吸引力的旅游目的地建设。除了政府资金的直接投入外，还可以与民营企业合作，缓解湖北部分地市州政府旅游投入资金短缺的难题。这一合作模式可以调动专业的旅游建设公司发挥专业优势，形成政府与企业互利的合作模式。当然，在这一过程中，应当健全招标标准,形成严谨的审查、监督和评价流程,确保资金投入到关键领域中。

人才引进类政策中,一方面,要注重因地制宜、因时制宜地设计人才培训体系;另一方面,要注重吸纳社会人才。当前的人才类政策体系中,主要集中在导游队伍的建设上,略显陈旧,忽略了旅游产业发展对人才的多样化需求。事实上,当前的旅游模式已经在向自由行、休闲游等新业态发展,旅游企业的商业模式也从旅行社类往线上规划类转型,亟待针对新型的发展模式进行人才政策设计。另外,政策对象不应该局限于导游、旅游院校学生等旅游专业人才。随着旅游产业边界的拓宽,旅游从业人员的边界也拓宽,吸纳更多的社会人才投入旅游产业能够激发创新活力。通过政策引导旅游教育的变革,鼓励旅游院校建立一套适应市场化的教育体系,引导教学模式由理论课程向校企实践改革,培养适应旅游劳动市场需求的人才。同时,加速社会现有劳动力向旅游产业流动,通过放宽落户、个税补贴等措施,鼓励社会其他产业的专业人才从事旅游服务,提高旅游融合发展新业态的人力素质。

需求型政策中,增加费用减免等政策,针对不同人群制定针对性的减免方案。旅游企业以招揽游客、扩大收入为经营目的,无论是否有政府的奖励政策,都保持着高强度的营销和宣传力度。同时,营销和宣传效果呈现出边际效应递减的规律,没有实现需求侧的突破。直接的费用减免从营销学上看,对消费者是很大的感官刺激和心理刺激,激励效应明显。此外,通过市场细分,针对特定人群制定针对性的减免方案,可以针对性地促进该人群的消费行为。例如,暑假期间针对大学生群体减免门票,针对外地游客减免市内交通费用等。减免费用的政策拥有"四两拨千斤"的效果,减免旅游花费总结构中占比较少的一部分,直观上对游客进行了大量补贴,通过小幅的政策让利拉动其他方面的旅游收入。

10.2 提高执政效率:单主体决策向多主体协同转型

在湖北省旅游产业政策发布结构中,参与旅游产业政策的发布部门数量相比于全国层面上明显偏少,且旅游主管单位的发文占比远高于全国层面上省级单位中的旅游主管单位发文比例。可以说,湖北省的旅游政策决策权集中在湖北省文化和旅游厅和湖北旅游发展委员会,形成了偏向于单主体决策的政策发布局面。然而，政府在运行机制方面还存在权力部门化、条块化的特征，可能会产生部门间能力不兼容的问题。因此，湖北省在供给型政策的发布上存在专业能力不足的问题，在执政过程中存在审查监督不严谨的问题，可能导致旅游主体对政策的误读，造成资源配置的错位和缺失。实现单主体决策向多主体协同的变革，是提高执政效率的重要途径，应关注以下两个方面。

畅通政府运行机制，实现多部门通力合作。当前的政府架构中，呈现出行政权力部门化的特征。对于复杂的、涉及多个领域、需要多部门协调配合的旅游产业政策而言，单部门统筹执行容易出现专业能力不足的问题。各行政单位应摒弃"行政本位"的思想，打破较低层次的合作，实现各部门在各个政策环节充分发挥本专业的知识素养。增加部门协作方面的考核指标，将行政责任分摊到所有的政策参与方，打破文化和旅游厅全局负责旅游产业发展的单极化管理局面。将中医药旅游、生态旅游、VR 旅游等新旅游业态的发展纳入卫健委、环保局、科技部等对应单位的考核指标中；将旅游专项资金配置、旅游惠税、旅游企业融资等经济相关的绩效纳入财政局、税务局、人民银行等对应单位的考核指标中；将旅游市场规制、旅游资质审核等经营相关绩效纳入公安局、工商局等对应单位的考核指标中。通过责任共担的方式，实现多部门的通力合作，畅通高效的政府运行机制。

增设执政监督部门，完善惩罚机制。湖北省文化和旅游厅共有 19 个下属机构，并没有专门的资金监管部门。政策法规与科教处承担拟定全省的重要规章草案，产业发展处、资源开发处、市场管理处等机构拟定、发布和验收相关的旅游政策。这一过程中，没有监管部门的参与，各行政部门由于条块化特征，容易导致复杂的工作由少数人员兼任承担，加剧了执法过程的简单化，为旅游企业钻政策漏洞提供了可乘之机。增设专门执法监督部门，参与政策拟定、发布、实施和验收的全过程，形成部门之间的权力制约。执法监督部门与各相关机构责任共担，加强监管人力资源配置，完善政策落实环节的惩罚机制。

10.3 增大辐射范围：打造区域合作旅游圈

地方政府发布的旅游产业政策，关注的主体以本土的旅游企业、游客和相关利益单位为主，政策的辐射范围往往局限于本省之内。一方面，行政权力受到行政区域的制约，另一方面，囿于宣传能力和地理壁垒的限制。因此，突破行政边界和地理边界，打造区域合作旅游圈，重整旅游产业链的区域布局，是增大旅游产业政策辐射范围的关键。政策辐射的范围增大，可以加深区域间的交流合作，使资金、劳动力等要素在区域之间的流动，有利于优化旅游要素的配置结构。不仅如此，游客作为旅游政策的受众之一，受到需求侧政策的激励，湖北省的政策辐射范围越广，流向本省的旅游人数就越多，对旅游经济的促进作用越强。

与邻近省份共同打造旅游带。湖北周边省份中，在资源、资本、人力和技术方面，优势各不相同，可以形成优劣势的互补，打造协同发展的旅游带。湖北省交通发达，拥有与周边省份各地区连通的高铁网络，可达性强，交通的金钱成本和时间成本较低，旅游带的建设具有较强的可行性。一旦与其他省份形成旅游联盟，能够实现旅游宣传的一体化和部分旅游政策的一体化，使政策效应得以延伸。在旅游带的打造中，要合理规划旅游集散地、目的地。湖北省作为旅游带中的地理中心，可以同时承担起旅游集散地和目的地的角色。打造系统的散客服务系统，为以周围省份景点目的地的游客提供服务，实现游客在旅游带中游览的集散功能。在这一区域合作模式中，湖北省不仅扩大了本省旅游的宣传范围，还提供了更多的旅游服务，从区域合作中获得更多经济利益。

重整区域间的旅游产业链布局。互联网技术的发展一定程度上打破了地理边界，考虑各地区的发展特点，湖北省的旅游合作对象可以进一步延伸。鼓励湖北省旅游企业将部分依托于互联网的文化和旅游产品（例如推广、设计、咨询等部分的拆分）拆分和外包，降低旅游企业的经营成本。利用互联网，将旅游经营环节中的营销、设计、客服等职位拆卸和外包给人力成本较低的西部地区，能够显著降低旅游经营成本，促进旅游发展要素的合理化配置。一旦利用互联网形成广义的旅游经济合作圈，湖北省能够实现多区域链接的创新实践。

10.4 把握外部机遇：充分利用政策外溢效应

旅游产业政策具有显著的空间溢出效益，即旅游产业政策不仅能够促进本地区的旅游经济发展，也能对周围地区通过政策的示范效应和游客的地理流动性产生正向促进作用。旅游政策效应显著的地区，旅游产业发展较好，民众的旅游意愿更强烈。这些地区的旅行者通过跨区域网络信息接收、远程旅游定制服务、线上异地旅游预订和支付和网络化文化旅游营销等服务，获取其他空间单元的旅游信息并订购其他地区的文化旅游产品，促进了外省旅游经济的发展。吸引外省游客，做好省外宣传，跨区发放湖北旅游消费券，能促进旅游经济。

依托互联网，做好省外宣传，塑造湖北形象，打造首选旅游目的地。当前，互联网的去中介化使得旅游者打破了旅游活动的信息不对称，旅游业从以传统旅游商业机构为核心的产业演变成以需求侧为中心的"信息拉动式"服务业。传统的区域旅游营销以火车站的广告牌、高铁和飞机等广告牌的形式传播，往往由于没有对受众进行筛选，同时宣传篇幅有限，存在投放不精准、投放效果差的问题。要想生动地塑造湖北形象，需要依托互联网，通过搜索引擎、社交媒体、电子商务等互联网广告方式，大幅提高营销精度，丰富宣传内容，塑造丰满的湖北旅游形象。

跨区域发放湖北旅游消费券。当前，湖北省政府为畅通消费循环，定期发放商超、文旅等消费券，发放范围限制在湖北省区域内。这一定程度上形成了旅游壁垒，阻碍了客源地和目的地之间的交流。跨区域发放湖北旅游消费券，能拓宽湖北省旅游产业政策的惠及对象，打通了客源地和目的地之间的交流渠道。通过支付宝、微信等互联网移动支付平台，向外省用户定向送券，激励更多游客流向湖北省。

第四部分　总　结

　　当前，旅游业成为湖北省重大支柱产业，经济带动效用显著，对于湖北省的经济发展而言意义重大，是全省经济发展的亮点。提高旅游产业政策的经济效率，重振旅游产业发展活力，是湖北省"十四五"时期畅通消费循环，实现经济高质量增长的重要途径。地区旅游政策改良优化的过程中，不仅要借鉴全国层面的经验，也要考虑自身的特点。地区旅游产业对当地旅游政策的正确把握及运用，能够铸造旅游产业的发展优势。

　　第四部分致力于探索产业政策效应研究在湖北省的现实应用。研究表明，当前湖北省旅游产业处于快速发展阶段，旅游经济处于全国中等水平。湖北省旅游发展要素的经济转换效率受到了制约，这与湖北省供给型政策的不合理内容以及决策主体的执政模式有关。从产业政策的主题内容看，湖北省十分重视对于旅游产业发展方向的把控，对于旅游方向的把控非常细致，但供给型的旅游开发建设主题政策是薄弱环节。通过测算湖北省旅游产业政策的经济效应，并与全国层面的效应对比，本研究发现湖北省旅游产业政策能够较大程度上促进湖北省旅游经济的发展，且明显高于全国层面的经济效应，这主要得益于环境型政策的合理设计和有效实施。供给型政策有明显的经济抑制效应，原因在于湖北省的政策内容有所缺失，执政环节缺乏多部门的协调参与，造成资源配置的错位和缺失。需求型政策的效应不显著，原因在于缺乏从需求侧对旅游者的直接刺激，且以往需求型政策的覆盖范围有限。

　　为了推动湖北省旅游产业发展，应当改变政策结构，增加政府资金直接投入、旅游人才引进类和费用减免类政策，并创新政策设计。同时，提高指正效率，通过责任共担的方式，实现多部门的通力合作，畅通高效的政府运行机制，并增设执政监督部门，完善惩罚机制。不仅如此，通过与邻近省份共同打造旅游带和重整区域间的旅游产业链布局的方式，增大政策辐射范围，优化旅游要素的配置结构。除此之外，全国层面的政策分析表明，湖北省要把握外部机遇，充分利用政策外溢效应，依托互联网，做好省外宣传，塑造湖北形象，打造首选旅游目的地。

第五部分 结 语

第 11 章

主要结论及政策建议

11.1 主要结论

本研究对当前的旅游产业政策体系进行了量化分析，在此基础上，验证了旅游产业政策的经济效应，并从类别层面上、空间层面上和时间层面上进行了纵深研究。具体而言，首先，本研究在对旅游产业发展和旅游产业政策体系进行介绍性分析的基础上，通过数据爬取的手段尽可能全面地从各大政府网站上获取了中央和地方机构发布的旅游产业政策，并通过主题词模型等量化分析手段，对政策体系的数量、结构、内容和力度进行系统性的梳理；在此基础上，将政策力度作为核心变量，对旅游产业政策的经济效应进行实证分析。实证分析中，本研究在验证旅游产业政策经济效应的基础上，在利用普通面板模型、空间计量模型和状态空间模型深入探索了其类别差异、空间关联和时间趋势，得到了以下结论：

（1）我国旅游产业政策已经形成了多类型、多主体、多目标的复杂政策空间，但政策体系结构仍有改善空间。

通过对我国当前旅游产业政策体系的分析，本研究认为我国的旅游产业政策中环境型政策较多，需求类政策较为匮乏。环境型政策主要是对旅游产业发展的宏观社会环境进行规制和引导，主要包括发展方向、产业改革、目标规划、税收支持、法律规制和金融支持等相关政策，这部分政策在当前的体系中数量较多，政策类型较为丰富，宏观和微观方面的目标和具体措施协调较好。供给型政策主要从对旅游产业政策投入建设的角度出发，主要包括资金投入、基础设施建设、信息化与科技支持以及人才政策等相关政策，这部分政策数量较少，但是涉及的类型较多，以具体的措施性细则为主。需求型政策主要包括从需求侧对旅游消费需求进行促进和管制，主要包括消费刺激、政府采购、对外旅游贸易管制和服务外包等政策，但是当前阶段，我国旅游产业的政府采购政策和服务外包政策非常稀少，需求型政策无论从数量上还是类型上都有待进一步完善。

（2）旅游产业政策数量上升之后趋于稳定，政策类型多样，政策工具结构的合理性有待提升，主题涉及的方面比较全面，政策力度有一定波动。

通过对政策结构、内容和力度的量化分析，本研究认为从旅游产业政策的数量关系来看，我国旅游产业政策数量呈现上升趋势，对旅游产业发展的重视程度逐步增加，旅游产业的发展日趋完善，旅游产业政策与产业实践发展形成了较紧密的联系。地区的数量分布上，旅游产业政策的分布趋势和旅游经济情况相吻合。从旅游产业政策的内容主题来看，旅游政策内容主题主要包括：旅游创新改革、旅游开发建设、旅游标准试点、旅游法规条例、旅游安全检查、旅游市场秩序、企业申报评定、文化和旅游融合、旅游机构管理、卫生与突发防控、行政许可与处罚和旅游消费拉动。当前的旅游产业政策空间比较全面，但是关于旅游消费的政策强度有所欠缺，相比之下旅游市场规制和管理类的内容较多。从旅游产业政策的力度来看，旅游产业政策力度的趋势变化和旅游产业政策数量的趋势基本一致。

（3）供给型政策的经济效应最大，环境性政策次之，需求型政策作用不明显，且各类政策工具类型的政策单独出台的效果不如各类政策相互配合的效果。

通过对生产函数理论在旅游产业中的应用，构建了包含政策要素和其他生产要素的理论模型，并通过取对数的处理方法建立普通面板回归模型，研究了不同工具类型旅游产业政策的经济效应差异。研究发现，供给型的政策影响着旅游产业的要素投入情况，不仅通过政策红利的投入推动旅游产业的经济发展，也间接通过资金、人才等其他要素拉动了旅游生产，导致其经济效应最大。环境型政策的效应不如供给型政策，环境型政策一般包含制度性政策和措施性政策，制度性的政策着眼于宏观层面，指出旅游产业的发展方向，政策的落实依托于配套的措施性政策，导致了经济效应不如供给型政策大。需求型政策目前对旅游经济没有显著的促进作用，由于我国的需求型旅游产业政策内容和结构存在较大的问题，同时，供需主导关系的倒置使得需求型政策未能发挥出政策效果。

此外，在对总政策力度进行回归的模型中，其系数大于三类政策各自的系数，而在按政策工具分类分解后的各类政策的模型中，需求型政策未能通过显著性水平检验，并且其他两类政策的显著程度也不如总政策。各类政策单独出台和实施的效果远不如各类政策相互配合和协同实施，说明了旅游产业政策体系中，由多元政策内容和合理政策结构组成复杂政策空间的重要性。

（4）旅游产业政策具有正向空间溢出效应，且空间溢出效应比直接效应大；东部地区和中部地区的产业政策对旅游经济有正向促进作用，而西部地区的旅游产业政策对旅游经济的作用不明显。

通过空间杜宾面板模型和对三大地区分别建立普通面板模型，研究了旅游产业政策的空间溢出效应、不同区域的政策效应差异以及空间溢出效应的形成原因。研究表明，旅游产业政策的辐射范围不局限于本地区，还会对周围地区形成政策渗透，带动周围地区的旅游经济协同发展。政策空间溢出效应的形成主要有三方面的原因：第一，旅游产业的经济发展具有空间相关性，旅游产业的空间集聚发挥了规模化效应，导致旅游经济的发展不是孤立的，而是整体协同发展的。第二，旅游产业政策具有示范效应，旅游政策不仅规范了本地区的旅游市场运营，往往还具有示范作用，促进邻近省份的政策出台，间接促进了周围地区的旅游经济发展。第三，旅游产业政策具有空间上的效应差异。分地区的普通面板回归结果证实了这一原因，西部地区的政策发布能力和对于本地旅游政策的响应能力有限，但中东部地区因旅游产业政策红利的原因大幅推动了本地旅游建设，使得本地旅游产业链升级和延伸，导致了全国总体层面上政策效应的显著。随着中东部地区在旅游产业政策的扶持下逐步发展成为"旅游中心枢纽"，政策效应随着旅游产品对地理空间的跨越辐射到相邻中，导致政策效应的外溢。

此外，旅游产业政策的空间溢出效应比直接效应大，这是由于东、中部地区旅游经济增速相对而言比较缓慢，旅游产业政策对于旅游经济发展的边际效应在不断减小，而西部地区政策对于本地旅游经济发展没有影响。在综合作用下，中东部地区政策在本地的直接作用小于政策外溢到中、东、西部其他地区的效应总和。

（5）我国旅游产业政策对旅游经济发展的影响经历了比较大的波动，经历了弱负向效应－强负向效应－强正向效应－弱正向效应的变化。

通过建立状态空间模型，笔者研究了我国旅游产业政策经济效应随时间的动态演变情况。研究表明，2001-2007 年，政策效应是负值，说明这几年间旅游产业政策对于旅游经济发展具有一定的抑制作用，这是由于这几年间政策体系的不完善和对旅游市场的大幅度整顿造成的。2008-2015 年，政策的正向经济效应开始逐步增大，尤其是 2011 年和 2012 年间有非常大的增幅波动，随后政策效应开始大幅下降，但依旧维持较高的正向效应，这是因为旅游产业政策在这几年内体系比较完善，同时大量出台供给型政策，对旅游产业的经济发展有较大的促进。2015年至今，旅游产业政策的经济效应收敛至较弱的正向促进作用。这说明，随着经济社会的发展，旅游市场结构、旅游产品结构和旅游出行方式都发生着重要的变化，不同时期旅游产业承担着不同的社会角色，旅游产业政策的侧重点也有所不同，这就导致了旅游产业政策对产业发展的影响在不同阶段有所差异。

（6）旅游产业政策种类的多样性和各项政策配合的合理性至关重要。

综合类别层面、实践层面和空间层面的实证分析，不难发现这三章从不同的角度共同验证了各项政策相互配合和协同发挥的作用比政策单独的作用要大。类别差异的分析中，所有政策力度的面板模型中，政策要素的系数大于分类别的模型中环境型政策和供给型政策的系数，并且需求型政策的系数不显著，说明环境型政策或供给型政策单独实施产生的经济效应小于三类政策共同实施产生的效应。空间关联的分析中，东部地区和中部地区的政策发布无论从数量上还是政策类型的多样性上都远胜于西部地区，并且实证结果证明东部地区和中部地区的政策效应显著，但西部地区的政策效应不显著，反映了各类政策配合实施的重要性。时间趋势的分析中，2001-2007年，政策呈现出抑制效应，说明处于起步发展阶段的旅游产业政策的设计和发布尚且缺乏经验，政策空间中无论是政策结构的合理性还是政策内容都有待完善，导致政策并未发挥出对旅游经济的推动作用，这也侧面验证了旅游产业结构的重要性。未来，要想产业政策体系发挥更好的作用，应该根据当前的旅游产业发展特征，合理规划旅游产业政策的布局。

（7）湖北省层面上的政策效应有以下特征：

一是湖北省集中了旅游发展的优势资源，将重视旅游产业的发展，并设计了细致、合理的环境型政策。在旅游部门集中统筹的高效执行力下，环境型政策发挥了较好的政策经济效应，且效应明显高于全国平均水平。二是湖北省的供给型政策有明显的经济抑制效应，原因在于湖北省的政策内容有所缺失，执政环节缺乏多部门的协调参与，造成资源配置的错位和缺失。三是湖北省需求型政策的效应不显著，原因在于缺乏从需求侧对旅游者的直接刺激，且需求型政策的覆盖范围有限。四是供给型政策政策设计和政策执行上的漏洞，抑制了其他生产要素的经济转换效率，是湖北省旅游产业发展的症结所在。

11.2 政策建议

根据本研究所得出的主要结论，为进一步使了旅游产业成为"十四五"时期我国畅通经济大循环和实现经济高质量发展的重要引擎，本研究提出以下几点建议：

（1）加强旅游政策的导向作用，从需求侧出台促进旅游消费的政策。

当前的旅游产业体系中，需求型政策无论是政策数量，还是政策内容，还是政策结构都十分欠缺。需求型的政策仅占所有政策的 6.22%，并且以需求刺激政策和旅游贸易政策为主，政策类型稀少，政策内容单一，缺乏宏观层面和实践层面的政策配合。当前需求层面上的政策缺失，政策体系围绕着旅游发展方向改革、旅游市场经营、旅游景区建设和旅游安全管理展开。

事实上，在当前互联网信息技术迅速发展的时代里，互联网的去中介化使得旅游者打破了旅游活动的信息不对称，借助互联网能无障碍的创造旅游产品，旅游者由旅游服务的被动接受者变成了旅游产品的合作创作者和旅游供给的主导者。简言之，当前是需求主导了旅游产业的发展方向，而非供给。因此，随着旅游带动更多产业协同发展，其扩大消费、拉动经济的作用越来越强，需求侧的政策显得尤为重要。未来，在出台旅游产业政策时，应重点弥补需求方面的政策短板。例如，出台发放旅游消费券、实行旅游门票减免等政策，让消费者直观地感受到政策的支持，直观地作用在消费者身上，从而释放旅游消费的潜力。此外，也可以出台改革集中式节假日制度等政策，为旅游者提供机动的闲暇时间，从而打造旅游需求创造的新模式，充分挖掘旅游市场活力。

（2）加大旅游政策的辐射范围，规划旅游发展带，充分利用旅游产业发展和产业政策的空间溢出效应，先发展带动后发展。

旅游产业政策具有显著的空间溢出效益，即旅游产业政策不仅能够促进本地区的旅游经济发展，也能对周围地区通过政策的示范效应和游客的地理流动性产生正向促进作用。当前，旅游产业的发展本身就具有空间相关性，形成了空间集聚发展的格局，旅游产业的空间集聚发挥了规模化效应，导致旅游经济的发展不是孤立的，而是整体协同发展的。因此，当本省旅游发展欠佳时，周边旅游发达地区可以对它形成带动作用。要想更大程度地发挥旅游产业政策的外溢效应，一方面，可以鼓励旅游发达的地区和欠发达地区份联合发布旅游产业政策，或规划相应旅游发展带，实现区域间的联动发展并发挥规模化效应。例如，长三角经济带可以规划成立相应的发展带，利用旅游发达的江苏省、上海市和浙江省的政策辐射效应带动安徽省的旅游发展。另一方面，可以鼓励旅游发达地区多出台鼓励民众出省旅游的政策，鼓励其周边地区出台需求刺激政策和本土企业扶持政策，双管齐下，吸引更多游客向不热门的旅游区域的流动，进而带动这些地区的旅游发展。这样一来，跨省份的旅游产业政策使得政策辐射范围加大，并进一步促进了各地区联合发展。

此外，政策辐射范围的加大和区域间旅游合作的加深能够促进其他生产要素的流动。资金、劳动力在区域之间的流动有利于优化旅游要素的配置结构，从而加快旅游产业的发展。

（3）合理规划旅游业政策内容，促进多部门之间的联合发文，从整体层面上优化政策结构，加强政策之间的配合与协同。

实证研究表明，政策工具的单独应用效果不如多种政策工具联合使用的效果。同时，宏观层面的方向性政策和微观层面上的措施性细则的配合使用能够使产业政策既把控发展方向，又指明实施细则，进而产生良好的政策效应。当前，我国的产业政策体系中，尽管旅游政策涵盖了各个方面，但是政策结构依然有待优化。应当适当减少市场规制型政策并适量增加需求型政策，以保证各类型政策在旅游产业体系中的合理分布。

在文件类型分布方面，通知、办法和意见是发布最多的政策文件类型，其中通知类型的政策最多。这一类政策一般用于传达要求和告知政策，政策内容较为具体，可执行性较强，目标对象具有针对性。而"意见"和"办法"多为引导性政策，包含对旅游企业和下属政府机构的要求，这两类政策也有部分是产业运行的具体依据性政策。这也说明，当前指明发展方向的制度性政策和包含细则的措施性政策的结构比例可以适当调整，在中央级和省级层面上多发布指导性政策，在地方层面上多因地制宜地发布具体实施细则。

在联合发文方面，中央级别的政府联合发文数量远多于地方政府的数量，要想提高旅游产业政策的政策效率，地方各机构不能局限于自身的职能，应该多部门统筹发展，联合规划当地旅游产业政策体系的设计，力保政策结构的合理分配和政策内容的完备性。

（4）摸清旅游产业发展方向，寻找当前发展阶段下的政策突破口，提高旅游产业的政策效率。

当前，旅游产业政策的总体效应已经收敛至较弱的正向促进效应上，说明当前我国旅游产业政策进入了比较稳定的效应阶段，这也意味着我国旅游产业发展和旅游产业政策体系进入了成熟稳定的阶段。事实上，当旅游产业已经达到了较优的状态，那么任何要素的边际效应都会递减，旅游产业政策也不例外。这同样也说明，在当前旅游产业各方面都达到高水平接近饱和状态的情况下，如果继续维持当前政策体系会导致政策效率的低下。纵观当前旅游产业的发展势头，信息化对游客赋能，使之从旅游服务的被动接受者变成了旅游供给的主导者，也使旅游产业从供给导向变成了需求导向。政策的发布机构应该敏锐捕捉这一变化，找到需求侧的突破口，以旅游者为核心，出台更多需求侧的创新政策，提高旅游产业政策效应的收敛值。

（5）抓住旅游产业信息化转型机遇，提高旅游产业生产效率。

随着互联网信息技术的发展，旅游产业已经逐步成为信息密集型产业。互联网信息化的发展使传统的旅游企业不断进行着服务创新，并提高了运行效率，变革了旅游产业的发展逻辑。当前，互联网信息技术对旅游产业发展的影响已经超过了传统的资本要素和劳动要素的影响，旅游产业的信息化和数字化已经成为数字经济时代的明显变革方向。在互联网的交互影响下，旅游产业传统要素的生产效率逐渐变低，传统的资本、劳动最终收敛到了较低的作用下。事实上，互联网强大的信息影响能力能够刺激游客产生相应的旅游需求，当游客接触到互联网上的旅游信息，会产生一定的旅游需求，附上旅游产品购买链接，能加速游客的旅游动机产生并提高变现能力。因此，强化互联网平台功能，加强信息引导能力和快捷的支付功能，能够提高旅游市场的运转效率，进而实现旅游市场的稳定发展。

（6）对于湖北省，应改变当前政策结构，提高执政效率，增大政策辐射范围，并把握外部机遇。

改变政策结构，聚焦政策弱点：在湖北省旅游产业政策体系中，供给型政策中基础设施建设政策缺少配套的资金投入，人才政策以人才标准为主，缺乏人才引进政策；需求型政策对特定群体的针对性政策。供给型政策中，应加大政府资金应直接投入到投资高、风险大、收益期长项目的力度，并探索与民营企业合作，缓解湖北部分地市州政府旅游投入资金短缺的难题。在人才引进类政策中，一方面要注重因地制宜、因时制宜地设计人才培训体系，另一方面要注重吸纳社会人才。通过政策引导旅游教育的变革，鼓励旅游院校建立一套适应市场化的教育体系，引导教学模式由理论课程向校企实践改革，培养适应旅游劳动市场需求的人才，并加速社会现有劳动力向旅游产业流动，提高旅游融合发展新业态的人力素质。需求型政策中，增加费用减免等政策，针对不同人群制定针对性的减免方案。

提高执政效率，需要畅通政府运行机制，实现多部门通力合作，并增设执政监督部门，完善惩罚机制。当前的政府架构中，呈现出行政权力部门化的特征。对于复杂的、涉及多个领域、需要多部门协调配合的旅游产业政策而言，单部门统筹执行容易出现专业能力不足的问题。可以通过责任共担的方式，实现多部门的通力合作，畅通高效的政府运行机制。此外，湖北省的政策实施缺乏监督，可以考虑在文化和旅游厅增设专门执法监督部门，参与政策拟定、发布、实施和验收的全过程，形成部门之间的权力制约。

增大政策辐射范围，可以与邻近省份共同打造旅游带，同时重整区域间的旅游产业链布局。湖北省交通发达，可达性强，旅游带的建设具有较强的可行性。一旦与其他省份形成旅游联盟，能够实现旅游宣传的一体化和部分旅游政策的一体化，使政策效应得以延伸。鼓励湖北省旅游企业将部分依托于互联网的文化和旅游产品（例如推广、设计、咨询等部分）拆分和外包，降低旅游企业的经营成本。一旦利用互联网形成广义的旅游经济合作圈，湖北省能够实现多区域链接的创新实践。

把握外部机遇，要充分利用政策外溢效应，依托互联网，做好省外宣传，塑造湖北形象，跨区域发放湖北旅游消费券，打造首选旅游目的地。要想生动地塑造湖北形象，需要依托互联网，通过搜索引擎、社交媒体、电子商务等互联网广告方式，大幅提高营销精度，丰富宣传内容，塑造丰满的湖北旅游形象。此外，跨区域发放湖北旅游消费券，能拓宽湖北省旅游产业政策的惠及对象，打通了客源地和目的地之间的交流渠道。

参考文献

[1] Adu A., Emmanuel A. Historical Trajectories of Tourism Development Policies and Planning in Ghana, 1957–2017[J]. Tourism Planning & Development, 2018:1–18.

[2] Airey D. Tourism administration in the USA[J]. Tourism Management, 1984, 5(4):269–279.

[3] Akehurst G., Bland N., Nevin M. Tourism policies in the European community member states[J]. International Journal of Hospitality Management, 1999, 12(1):33–66.

[4] Anastasiadou C. Stakeholder perspectives on the European Union tourism policy framework and their preferences on the type of involvement[J]. International Journal of Tourism Research, 2008, 10(3):221–235.

[5] Andriotis, K. Scale of hospitality firms and local economic development – evidence from Crete[J]. Tourism Management,2002, 23(4):333–341.

[6] Arevalo D.C. Analysis of public policies: the case of the Colombian tourisem sector plan 2018–2022[J]. GRAN TOUR, 2021,23(1):283–302.

[7] Balaguer, J., Cantavella–Jord à . Tourism as a long–run economic growth factor: The Spanish case[J].Applied Economics, 2002, 34(7): 877–884.

[8] Balassa, B. Exports and economic growth: Further evidence[J]. Journal of Development Economics,1978, 5(1):181–189.

[9] Baum T. The development and implementation of national tourism policies[J]. Tourism Management, 1994, 15(3):185–192.

[10] Bodlender J.A. The financing of tourism projects[J]. Tourism Management, 1982, 3(4):277–284.

[11] Bratyuk V.P. Analysing the experience og western countries information of state policy supporting tourism decelopment [J]. Actual Problems of Economics, 2012, 135(9):63–71.

[12] Brida J.G., Cortes-Jimenez I., Pulina M. Has the tourism-led growth hypothesis been validated? A literature review Current Issues in Tourism[J]. Current Issues in Tourism,2014, 19(5):394-430.

[13] Carmen M., et al. The effects of tourism on EU regional cohesion: a comparative spatial cross-regressive assessment of economic growth and convergence by level of development[J]. Journal of sustainable Tourism, 2020, 29(8): 1319-1343.

[14] Carson D., Beattie S. Local government indicators of sustainable management of tourism. Report for Country Victoria tourism council, Lismore[R]. Australia: Centre for Regional Tourism Research, 2002.

[15] Castellani V., Sala S. Sustainable performance index for tourism policy development[J]. Tourism Management, 2010, 31(6):871-880.

[16] Cernat L., Gourdon J. Paths to success: Benchmarking cross-country sustainable tourism[J]. Tourism Management, 2012 (33):1044-1056.

[17] Considine, M. 2005. Making public policy: Institutions, actors and strategies, Malden, MA: Policy Press.

[18] Cyert R.M., March J.G. A behavioural theory of the firm, 2nd ed.[M]. Cambridge, UK: Blackwell Publishing, 1992.

[19] Deegan J, Dineen D.A. Developments in Irish Tourism, 1980-1996[J]. International Journal of Tourism Research, 2000, 2(3):163-170.

[20] Denison E.F. Why Growth Rates Differ [R]. Washington DC: The Brookings Institution, 1967.

[21] Dieke E., Peter U.C. Tourism in Africa's economic development: policy implications[J]. Management Decision, 2003, 41(3):287-295.

[22] Dimanche F. The Louisiana Tax Free Shopping Program for International Visitors: A Case Study[J]. Journal of Travel Research, 2002, 41(3):311-314.

[23] Dredge D. Networks, conflict and collaborative communities[J]. Journal of Sustainable Tourism, 2006a, 14(6): 562-582.

[24] Dredge D. Policy networks and the local organisation of tourism[J]. Tourism Management, 2006b, 27(2):269-280.

[25] Dredge, D. Jenkins, J. Tourism planning and policy[M]. Milton, Australia:

John Wiley & Sons, 2007.

[26] Dwyer L. Computable general equilibrium modelling: an important tool for tourism policy analysis[J]. Tourism & Hospitality Management, 2015, 21(2):111–126.

[27] Edgell D.L，"United States international tourism policy"，Annals of Tourism Research，1983 (3):427–434.

[28] Elhorst J.P. Specification and Estimation of Spatial Panel Data Models [J]. International Regional Science Review, 2003, 26(3):244–268.

[29] Estol B.X. European tourism policy: Its evolution and structure[J]. Tourism Management, 2016(52):230–241.

[30] FayosSola E. Tourism policy: a midsummer night's dream?[J]. Tourism Management, 1996, 17(6):405–412.

[31] Garcia A., Fernando. A comparative study of the evolution of tourism policy in Spain and Portugal[J]. Tourism Management Perspectives, 2014(11):34–50.

[32] Geddes M. Neoliberalism and local governance: Cross–national perspectives and speculations. Policy Studies, 2005, 26(3/4): 359–376.

[33] Goel R.K, Budak J. Tourism policies and cross–country growth: a disaggregated analysis[J]. Tourism Economics, 2010, 16(3):535–548.

[34] Goeldner C.R, Ritchie B. Tourism: Principles, Practices, Philosophies(the 10th Edition)[M]. Beijing: China Renmin University Press, 2008: 11

[35] Gooroochurn N , Sinclair M T . Economics of tourism taxation: Evidence from Mauritius[J]. Annals of Tourism Research, 2005, 32(2):478–498.

[36] Hall C.M., Jenkins J. Tourism and Public policy[M]. London: Routledge, 1995: 523–540.

[37] Hwang J.H, Lee S.W. The effect of the rural tourism policy on non–farm income in South Korea[J]. Tourism Management, 2015(46):501–513.

[38] Jensen T.C., Wanhill S. Tourism's taxing times: value added tax in Europe and Denmark[J]. Tourism Management, 2002, 23(1):67–79.

[39] John P. Analysing public policy[M]. London: Taylor & Francis ltd, 1998.

[40] Kerr B., Barron G., Wood R.C. Politics, policy and regional tourism ad-

ministration: a case examination of Scottish area tourist board funding[J]. Tourism Management, 2001, 22(6):649–657.

[41] Kokkranikal J., Butler R. Tourism policy and destination marketing in developing countries: the chain of influence[J]. Tourism Planning & Development, 2011, 8(4):359–380.

[42] Krippendorf J. Towards new tourism policies: The importance of environmental and sociocultural factors[J]. Tourism Management, 1982, 3(3): 135–148.

[43] Lesage J., Pace R.K. Introduction to spatial econometrics [M]. Boca Raton: CRC Press Taylor & Francis Group, 2009.

[44] Liu C.H., Tzeng G.H., Lee M.H. Improving tourism policy implementation – The use of hybrid MCDM models[J]. Tourism Management, 2012, 33(2).

[45] Liu Y., Li W. The Comprehensive Economic Contribution of China's Tourism Trade Export[J]. Modern Economy, 2019, 10(4):1095–1106.

[46] Logar I. Sustainable tourism management in Crikvenica, Croatia: An assessment of policy instruments[J]. Tourism Management, 2010, 31(1):125–135.

[47] Long J. Local authority tourism strategies: A British appraisal. Journal of Tourism Studies, 1994, 5(2): 17–23.

[48] Lucas R.E. On the mechanics of economic development [J]. Journal of Monetary Economics, 1988, 22(1): 3–42.

[49] McKinnon, D.R.I. Foreign exchange constraint in economic development and efficient aid allocation[J]. Economic Journal, 1964(74):388–409.

[50] Meng X., Siriwardana M., Pham T. A CGE assessment of Singapore's tourism policies[J]. Tourism Management, 2013(34):25–36.

[51] Michael R., Evans, et al. Formulating and Evaluating Tou Rism Policy Using Importance–Performance Analysis[J]. Journal of Hospitality & Tourism Research, 1989, 13(3):203–213.

[52] Moon K.Jong., et al. An Analysis of priority assessment to execute policy which use AHP – Focusing on tourism industrial policy in Jeju Special Self–Governing Province[J]. Journal of The Korean Regional Development Association, 2015, 27(1):207–223.

[53] Nordhaus W.D. Lethal model 2: The limits to growth revisited [J]. Brook-

ings Papers on Economic Activity, 1992, 23(2): 1–43.

[54] North D.C. Institutions and economic growth: An historical introduction[J]. World Development, 1989, 17(9):1319–1332.

[55] Prentice R., Guerin S., Mcgugan S. Visitor learning at a heritage attraction: a case study of Discovery as a media product[J]. Tourism Management, 1998, 19(1):5–23.

[56] Porter, Michael E, Cases in Competitive Strategy, The Free Press, New York, 1983.

[57] Ritchie J. Consensus policy formulation in tourism[J]. Tourism Management, 1988, 9(3):199–212.

[58] Ritchie L.K. Tourism politics and political science: A case of not so benign neglect[J]. Annals of Tourism Research, 1983, 10(3): 313–335.

[59] Rodriguez I., Williams A.M, Hall C.M. Tourism innovation policy: Implementation and outcomes[J]. Annals of Tourism Research, 2014, 49(C):76–93.

[60] Rothwell R., Zegveld W. Industrial Innovation and Public Policy: Preparing for the 1980s and 1990s[M]. London: Frances Printer, 1981.

[61] Rothwell R., Zegveld W. Reindusdalization and Technology[M]. London: Logman Group Limited, 1985.

[62] Ryan C. Equity, management, power sharing and sustainability—issues of the 'new tourism' [J]. Tourism Management, 2002, 23(1):17–26.

[63] Shafer E.L, Choi Y. Forging nature–based tourism policy issues:A case study in Pennsylvania[J]. Tourism Management, 2006, 27(4): 615–628.

[64] Slee B., Farr H., Snowdon P. The economic impact of alternative types of rural tourism [J]. Journal of Agricultural Economics, 1997, 48(1–3):179–192.

[65] Smith A. The Wealth of Nations [M]. Beijing: The Commercial Press, 1974.

[66] Smyth R., "Public policy for tourism in Northern Ireland", Tourism Management, 1986 (2):120–126.

[67] Solow R. contribution to theory of economic growth [J]. Quarterly Journal of Economics, 1956, 70(1): 65–94.

[68] Solow R. Technical change and the aggregate production function [J].

Review of Economic and Statistics, 1957, 39(3): 312–320.

[69] Soshiroda A. "Inbound tourism policies in Japan from 1859to 2003", Annals of Tourism Research，2005(4): 1100–1120.

[70] Tang R. The impact of integration policies on tourism industry conver-gence in the Yangtze River Delta: theoretical mechanism and empirical test[J]. Letters in Spatial and Resource Sciences, 2021(3):22–31.

[71] Wang D., Ap John. Factors affecting tourism policy implementat– ion: A conceptual framework and a case study in China[J]. Tourism Management, 2013, 36(6): 221–233.

[72] Welford R., Ytterhus B., Eligh J. Tourism and Sustainable Development: An Analysis of Policy and Guidelines for Managing Provision and Consumption[J]. Sustainable Development, 1999, 7(4):165–177.

[73] Whitford M.M., Ruhanen L.M. Australian indigenous tourism poli-cy: practical and sustainable policies?[J]. Journal of Sustainable Tourism, 2010, 18(4):475–496.

[74] Yanes A, Zielinski S., Diaz Cano M., et al. Community–Based Tourism in Developing Countries: A Framework for Policy Evaluation[J]. Sustainability, 2019, 11(9).

[75] Yeon J., Song H.J., Lee S. Impact of short–term rental regulation on hotel industry: a difference–in–differences approach[J]. Annals of Tourism Research, 2020:83.

[76] Zhang H.Q., Chong K., An analysis of tourism policy development in modern China. 1999.

[77] Zhao Y., Liu B. The evolution and new trends of China's tourism in-dustry[J]. 2020, 2,(4):337–353.

[78] 阿瑟·刘易斯, 等. 经济增长理论 [M]. 北京：机械工业出版社，2015.

[79] 敖荣军, 韦燕生. 中国可持续旅游的资源环境政策思考 [J]. 旅游学刊,1999(5):58–61+77.

[80] 曹诗图. 对"旅游"概念的进一步探讨：兼与王玉海教授等商榷 [J]. 人文地理,2013,28(1):116–120.

[81] 曹翔,张双龙,余升国.离境退税政策有效提升了国际旅游消费水平吗?[J].财政研究,2020(10):115-127.

[82] 陈东,刘金东.农村信贷对农村居民消费的影响:基于状态空间模型和中介效应检验的长期动态分析[J].金融研究,2013(6):160-172.

[83] 陈瑾玫.中国产业政策经济效应研究[D].沈阳:辽宁大学,2007.

[84] 陈柳蓉,王婧.文化政策话语视域下中国红色旅游政策的演进态势研究(2004—2019):基于政策文本的量化分析[J].探求,2020(6):40-55+116.

[85] 成伟光,李志刚,简王华.论旅游产业核心竞争力[J].人文地理,2005(1):53-56.

[86] 程华,钱芬芬.政策力度、政策稳定性、政策工具与创新绩效:基于2000-2009年产业面板数据的实证分析[J].科研管理,2013,34(10):103-108.

[87] 崔巍等,旅游政策法规[M].北京:电子工业出版社,2008:12.

[88] 邓涛涛,邹光勇,马木兰.国际旅游岛战略提升了海南旅游业国际化水平吗:基于双重差分方法的政策效果评估[J].经济管理,2016,38(7):147-155.

[89] 傅云新,胡兵,王烨.中国31省市旅游竞争力时空演变分析[J].经济地理,2012,32(6):144-149.

[90] 富晓霞.我国公共假日变革的政策分析[D].长春:吉林大学,2011.

[91] 高舜礼.中国旅游产业政策研究[M].北京:中国旅游出版社,2006.

[92] 高伟,胡潇月.新能源汽车政策效应:规模抑或创新中介?[J].科研管理,2020,41(4):32-44.

[93] 龚金红,杨珍珍,谢礼珊.国内旅游集团环境政策、实践及策略研究:基于企业环境信息披露的内容分析[J].中国人口资源与环境,2014,24(8):168-176.

[94] 郭峰,陈凯.空间视域下互联网发展对城市环境质量的影响:基于空间杜宾模型和中介效应模型[J].经济问题探索,2021(1):104-112.

[95] 郭清霞,鲁娟.鄂西生态文化旅游圈生态竞争力分析[J].经济地理,2012,32(1):168-170+176.

[96] 郭振江.中国旅游产业政策演化及效用评估研究(1978-2014)[D].开封:河南大学,2015.

[97] 韩卢敏,陆林,杨兴柱.安徽省旅游政策变迁及其空间响应研究 [J].地理科学,2016,36(3):431–438.

[98] 韩念勇.中国自然保护区可持续管理政策研究 [J].自然资源学报,2000(3):201–207.

[99] 韩晓莉.国际旅游岛建设背景下海南生态政策评价与建议 [J].人民论坛,2013(11):234–235.

[100] 杭斌,申春兰.经济转型期中国城镇居民消费与收入的长期均衡关系:状态空间模型及变协整分析 [J].统计研究,2004(2):21–24.

[101] 郝丹璞,徐姣.乡村振兴战略下旅游创新人才培养路径探析 [J].农业与技术,2022,42(12):148–151.

[102] 何有幸,黄森慰,陈世文,黄可扬.环境政策如何影响农户生活垃圾分类意愿:基于社会规范和价值认知的中介效应分析 [J].世界农业,2022(5):95–107.

[103] 侯迎,郑芳.海南省旅游经济发展的环境政策探讨 [J].生态经济,2014,30(11):103–106.

[104] 胡北明,黄俊.中国旅游发展 70 年的政策演进与展望:基于 1949–2018 年政策文本的量化分析 [J].四川师范大学学报 (社会科学版),2019,46(6):63–72.

[105] 胡炳志,王兵.市场结构有效性理论述评 [J].经济评论,2002(4):107–111.

[106] 胡瑞娟,匡林.论新时期中国三大旅游市场政策取向 [J].旅游学刊,2009,24(1):19–22.

[107] 黄锐,谢朝武,李勇泉.中国文化旅游产业政策演进及有效性分析:基于 2009—2018 年政策样本的实证研究 [J].旅游学刊,2021,36(1):27–40.

[108] 黄秀娟.论乡村旅游公共物品和服务的供给 [J].福建农林大学学报 (哲学社会科学版),2009,12(1):36–39.

[109] 计金标.利用税收政策促进旅游消费的探讨 [J].税务研究,2015(3):17–21.

[110] 匡林.市场失灵与旅游政策 [J].旅游科学,1998(4):19–21.

[111] 李锋.国外旅游政策研究:进展、争论与展望 [J].旅游科学,2015,29(1):58–75.

[112] 李剑锋,黄泰圭,屈学书.近30年来我国乡村旅游政策演进与前瞻[J].资源开发与市场,2019,35(7):968-972.

[113] 李江帆,李美云.旅游产业与旅游增加值的测算[J].旅游学刊,1999(5):16-19+76.

[114] 李倩,赵彦云,刘冰洁.新能源产业政策的量化分析及其环保效应[J].北京理工大学学报(社会科学版),2021,23(4):30-39.

[115] 李玮.产业政策对数字经济行业技术创新的异质性影响[J].技术经济与管理研究,2022(6):8-12.

[116] 李晓嘉,刘鹏.中国经济增长与能源消费关系的实证研究:基于协整分析和状态空间模型的估计[J].软科学,2009,23(8):61-64.

[117] 李彦,王鹏,梁经伟.生态旅游示范区对区域经济绿色发展的影响研究:基于准自然实验的视角[J].经济问题探索,2020(2):21-30.

[118] 林丹,李丹.乡村旅游精准扶贫中贫困人口的受益机制研究[J].中南林业科技大学学报(社会科学版),2018,12(1):50-56.

[119] 刘恒,向云,章佳炜.湖北省各州市旅游业竞争力分析[J].中国城市经济,2011(18):16-18.

[120] 刘红梅,冀陈伟.中国旅游政策的演进[J].求索,2017(4):137-143.

[121] 刘杰武.香港回归后粤港地区旅游政策演变研究[J].中国人口·资源与环境,2013,23(S1):154-157.

[122] 刘军,李庆婕,刘兴智.旅游人才结构对区域旅游经济增长的效应研究[J].经济与管理评论,2018,34(6):151-160.

[123] 刘明,赵彦云.基于投入要素的中国制造业省域空间溢出效应:测度与实证[J].数理统计与管理,2018,37(1):122-134.

[124] 刘小燕.基于Tinbergen C-D生产函数视角的中国旅游业经济增长分析[J].统计与决策,2018,34(13):138-141.

[125] 刘艳红.财政政策促进旅游产业发展的理论分析[J].现代经济信息,2014(21):366-367.

[126] 陆林,余凤龙.中国旅游经济差异的空间特征分析[J].经济地理,2005(3):406-410.

[127] 毛军,石信秋.旅游产业发展的减贫效应与空间政策选择[J].中国软科学,2021(02):90-97.

[128] 芈凌云,杨洁.中国居民生活节能引导政策的效力与效果评估:基于中国 1996-2015 年政策文本的量化分析 [J]. 资源科学,2017,39(04):651-663.

[129] 牟林林.我国邮轮旅游政策研究 [D]. 三亚:海南热带海洋学院,2019.

[130] 潘成斌.改革开放以来中国旅游政策演进研究 [D]. 兰州:西北师范大学,2021.

[131] 齐坤山,师守祥.构成、融合、符号化:旅游产业界定的三重概念[J].旅游论坛,2016,9(01):14-19.

[132] 齐天锋.基于旅游政策经济效应评估模型的空间分异研究 [J]. 社会科学家,2020(12):38-42.

[133] 生延超,金忠杰,吴昕阳.中国旅游产业政策有效性实证研究 [J].南京财经大学学报,2020(4):56-64.

[134] 石培华,张毓利,徐彤,申军波.全域旅游示范区创建对区域旅游经济发展的影响效果评估:基于双重差分的实证分析 [J]. 宏观经济研究,2020(06):122-132+175.

[135] 舒伯阳,马静.中国乡村旅游政策体系的演进历程及趋势研究:基于 30 年数据的实证分析 [J]. 农业经济问题,2019(11):94-107.

[136] 苏静,胡宗义.农村金融减贫的直接效应与中介效应:基于状态空间模型和中介效应检验的动态分析 [J]. 财经理论与实践,2015,36(4):33-38.

[137] 苏振.旅游产业演进与旅游公共政策研究 [D]. 昆明:云南大学,2011.

[138] 谭娜,黄伟.文化产业集聚政策带动地区旅游经济增长了吗:来自文创园区评选准自然实验的证据 [J]. 中国软科学,2021(1):68-75+135.

[139] 谭业.旅游循环经济:旅游业可持续发展的新范式 [J]. 经济问题探索,2016(01):49-53.

[140] 唐晨.中国旅游产业政策变迁研究:趋势与动因（1978-2013）[D].开封:河南大学,2015.

[141] 唐晓云.中国旅游经济增长因素的理论与实证研究 [D]. 天津大学,2007.

[142] 唐晓云.中国旅游发展政策的历史演进 (1949-2013):——个量化

研究的视角 [J]. 旅游学刊 ,2014,29(8):15–27.

[143] 妥艳娟 , 陈晔 . "十四五"时期我国国内旅游消费新趋势与促进战略 [J]. 旅游学刊 ,2020,35(6):8–10.

[144] 万先进 , 梁圣蓉 . 区域旅游竞争力初探 : 以湖北省为例 [J]. 世界地理研究 ,2005(1):88–93.

[145] 汪戎 , 朱翠萍 . "生态赤字"的制度因素分析 [J]. 云南社会科学 ,2007(4):55–59.

[146] 王冠孝 , 梁留科 , 李锋 , 蒋思远 , 段小薇 . 区域旅游业与信息化的耦合协调关系实证研究 [J]. 自然资源学报 ,2016,31(8):1339–1350.

[147] 王慧娴 , 张辉 . 中国旅游政策评估模型构建与政策变量分析 [J]. 旅游科学 ,2015b, 29(5):1–13.

[148] 王慧娴 . 中国旅游政策的经济效应及空间分异研究 [D]. 西安 : 陕西师范大学 ,2016.

[149] 王京传 . 旅游目的地治理中的公众参与机制研究 [D]. 天津 : 南开大学 ,2013.

[150] 王龙杰 , 曾国军 , 毕斗斗 . 信息化对旅游产业发展的空间溢出效应 [J]. 地理学报 ,2019,74(2):366–378.

[151] 王少剑 , 王洋 , 赵亚博 . 1990 年来广东区域发展的空间溢出效应及驱动因素 . 地理学报 , 2015, 70(6): 965–979.

[152] 王维 . 基于资源投入视角的我国旅游业全要素生产率测算 [J]. 统计与决策 ,2021,37(8):86–89.

[153] 王莹莹 , 严艳 . 陕西省旅游政策的递进与绩效研究 [J]. 资源开发与市场 ,2013,29(6):669–672.

[154] 魏翔 , 李伟 , 陈琪 . 中国假日政策有效性问题研究 : 基于非正常收益率视角 [J]. 当代经济研究 ,2014(7):44–50.

[155] 魏宇 , 邢剑华 . 自然语言处理视角下分散化政策情报信息量化研究 : 以 1986–2018 年旅游交通政策演进为例 [J]. 情报杂志 ,2020,39(8):16–23+121.

[156] 温忠麟 , 叶宝娟 . 中介效应分析 : 方法和模型发展 [J]. 心理科学进展 ,2014,22(5):731–745.

[157] 文彤 , 等 . 旅游文化学 [M]. 广州 : 暨南大学出版社 ,2011.

[158] 吴玉鸣 . 考虑空间效应的中国省域旅游产业弹性估计 [J]. 旅游学刊 ,2010,25(8):18–25.

[159] 肖一亮 . 中外离岛免税购物政策比较研究 [D]. 海口：海南大学 ,2014.

[160] 许贤棠 , 胡静 , 陈婷婷 . 湖北省旅游资源禀赋空间分异的综合评析 [J]. 统计与决策 ,2015(5):107–110.

[161] 薛福根 , 何敏红 . 区域旅游政策的效应评价 : 理论与实证分析 [J]. 统计与决策 ,2013(10):56–59.

[162] 鄢志武 , 袁俊 . 增强武当山旅游产业竞争力的对策 [J]. 统计与决策 ,2005(17):55–57.

[163] 严丹霖 . 中国风电产业政策测量及效应评价研究 [D]. 北京 : 中国地质大学 ,2016.

[164] 杨宏伟 . 乡村旅游精准扶贫的瓶颈制约与破解研究 [J]. 农业经济 ,2019(11):80–81.

[165] 杨英宝 , 钱乐祥 , 苗长虹 . 旅游竞争研究的回顾与展望 [J]. 世界地理研究 ,2002(2):88–95.

[166] 杨勇 . 互联网促进旅游产业动态优化了吗 ?[J]. 经济管理 ,2019,41(5):156–170.

[167] 杨勇 . 互联网促进旅游业提质增效了吗 : 基于我国省级面板数据的实证分析 [J]. 旅游学刊 ,2020,35(1):32–46.

[168] 叶光宇 , 韩广富 . 全国红色旅游政策发展的阶段性特征及嬗变 [J]. 社会科学家 ,2020(8):70–75.

[169] 余辉 , 余剑 . 我国金融状况指数构建及其对货币政策传导效应的启示 : 基于时变参数状态空间模型的研究 [J]. 金融研究 ,2013(4):85–98.

[170] 余伟 , 陈强 , 陈华 . 不同环境政策工具对技术创新的影响分析 : 基于 2004–2011 年我国省级面板数据的实证研究 [J]. 管理评论 ,2016,28(1):53–61.

[171] 翟燕霞 , 石培华 . 中国红色旅游政策演进规律、注意力分配及优化路径 : 基于 2004—2020 年政策文本的实证分析 [J]. 资源开发与市场 ,2021,37(9):1136–1144.

[172] 曾博伟 , 安爽 . "十四五" 时期文化和旅游融合体制机制改革的

思考 [J]. 旅游学刊 ,2020,35(6):3-6.

[173] 张朝枝 . "十四五"时期旅游教育基本背景及其发展路径思考 [J]. 旅游学刊 ,2020,35(6):12-13.

[174] 张国兴 , 高秀林 , 汪应洛 , 郭菊娥 , 汪寿阳 . 中国节能减排政策的测量、协同与演变：基于 1978-2013 年政策数据的研究 [J]. 中国人口·资源与环境 ,2014,24(12):62-73.

[175] 张辉 , 成英文 . 中国旅游政策供需矛盾及未来重点领域 [J]. 旅游学刊 ,2015,30(7):6-7.

[176] 张辉 . 转型期中国旅游产业环境、制度与模式研究 [M]. 北京：旅游教育出版社，2005: 89-97.

[177] 张建伟 , 刘志伟 , 王发莉 . 西藏旅游发展：历史演进、政策变迁与经济增长 [J]. 西藏大学学报 (社会科学版),2019,34(3):208-217+228.

[178] 张蕾 , 秦全德 , 谢丽娇 . 中国新能源汽车产业的政策协同研究：评估与演化 [J]. 北京理工大学学报 (社会科学版),2020,22(3):26-35

[179] 张凌云 . 试论有关旅游产业在地区经济发展中地位和产业政策的几个问题 [J]. 旅游学刊 ,2000(1):10-14.

[180] 张鑫 . 山西旅游人才培养的政策支持研究 [J]. 山西经济管理干部学院学报 ,2014,22(2):17-19.

[181] 张圆刚 , 黄业坚 , 余向洋 . 乡村旅游政策变迁影响路径的组态视角研究：基于黄山案例地的定性比较分析 [J]. 地理科学进展 ,2021,40(3):457-467.

[182] 赵彦云 , 李倩 . 风电上网电价政策地区差异及其产业效应 [J]. 资源科学 ,2021,43(1):12-22.

[183] 赵彦云 , 王康 , 邢炜 . 转型期中国省际经济波动对经济增长的空间溢出效应 [J]. 统计研究 ,2017,34(5):3-16.

[184] 赵彦云 , 张波 , 周芳 . 基于 POI 的北京市 "15 分钟社区生活圈"空间测度研究 [J]. 调研世界 ,2018(5):17-24.

[185] 赵彦云 . "十三五"国家科技创新规划指标的相关统计问题研究 [J]. 中国软科学 ,2017(11):1-7.

[186] 赵彦云 . 互联网统计与广义统计学 [J]. 统计研究 ,2018,35(6):3-10.

[187] 郑亚男 , 庄科俊 . 包容性视角下双向 FDI 对经济增长的影响研究

[J]. 喀什大学学报 ,2019,40(6):15–23.

[188] 钟伟 . 旅游业扩张对城市经济增长的影响 [D]. 上海：华东师范大学 ,2013.

[189] 周礼 , 蒋金亮 . 长三角城市旅游竞争力综合评价及其空间分异 [J]. 经济地理 ,2015,35(1):173–179.

[190] 朱承亮 , 岳宏志 , 严汉平 , 李婷 . 基于随机前沿生产函数的我国区域旅游产业效率研究 [J]. 旅游学刊 ,2009,24(12):18–22.

[191] 邹永广 . 意识与应景：中国旅游安全政策演进特征研究 [J]. 旅游学刊 ,2018,33(6):110–122.

[192] 左冰 , 谢梅 . 离岛免税政策对海南旅游需求与消费影响研究：基于旅行与免税商品联合购买模型 [J]. 旅游科学 ,2021,35(2):1–16.

后 记

本研究获取了细致到区县级别的旅游产业政策，尽可能完整地还原了当前的旅游产业体系内容，并通过主题词模型等方法对政策内容、主题、结构进行了量化分析。在此基础上，通过政策力度的测算建立了文本分析和计量模型之间的联系，验证了旅游产业政策的有效性并进一步地从利用面板模型、空间计量模型和状态空间模型进行了类别层面、空间层面和时间层面上的纵深研究。最后，本研究以湖北省为例，给出了产业政策效应研究向实践转换的案例。旅游产业政策的研究是一个庞大的系统问题，本研究尽管在数据、方法和整体构想上比现有研究更具说服力，研究的结论要不仅仅停留于旅游产业有效性的层面上，但对于旅游产业政策的研究而言，仅仅只是管中窥豹。

旅游产业政策相关的研究无论是从分析的广度上还是分析的深度上都能够在本研究的基础上衍生出更多的研究。本研究也存在一些尚未解决的经济问题和需要进一步深入研究的问题，例如包含政策要素的生产函数的进一步思考、旅游产业政策的分类方法、政策变量的测度方法、政策变量的时滞处理问题。具体而言，本研究存在以下不足之处：

第一，政策效果的时滞问题有待改进。旅游产业政策产生效果需要经过一段时间，在实证分析时，本研究以政策力度的一年滞后项为核心变量探索其经济效应。事实上，旅游经济的发展依赖于多种政策和当前的发展环境，同时，不同政策的实施年限、实施难度、产生效果的时间不同，导致了难以精确地设置政策滞后变量。例如，从政策的实施年限看，景区景点的价格限制政策能够立即下发至旅游企业和旅游景点，该类政策从出台到实施耗时较短，相比之下加大旅游基础设施建设的供给型政策需要几年的时间去招标、施工、验收等，政策落实的耗时时间较长。从政策发挥效果的时长看，引导旅游向旅游融合发展转型、改变旅游产业结构等的环境型政策聚焦于旅游产业发展方向的改革，其政策效果需要长时间才得以体现，发放旅游消费券、开放中国旅游签证等需求型的政策其政策刺激效果较大，政策发挥时间较短。因此，这些因素导致了难以精确的设置政策滞后变量。尽管选取滞后一期的政策力度滞后项是当前产业政策实证分析中大部分学者的做法，但学者们也意识到如此处理的不足，在不断探索处理政策滞后问题更完善的方法。本研究也存在这类问题，尽管统一选取滞后一期的政策力度滞后项使得所有的数据处于同一实证框架下，但其精度有待提高。

第二，政策经济效应的测度有待完善。旅游政策的经济效应可以分为直接经济效应和间接经济效应，旅游产业的经济发展不仅体现在直观的旅游收入增长上，还会带来社会、政治、生态等方面的影响。事实上，旅游产业发展优化了整体经济结构，为经济注入了发展潜力。不仅如此，旅游产业的发展还带来了间接的就业、资源环境的保护、社会文化的发展。更进一步，近几年提倡旅游产业和其他产业的融合协调发展，产业融合发展也为其他产业带来了发展机遇，间接创造更多经济价值。本研究囿于篇幅限制和旅游社会、旅游生态、旅游政治、旅游文化方面效应可测性的不足，选取了可测量的旅游直接经济效应，即直观的旅游收入作为经济效应的测度指标。

基于上述不足之处，本研究在最后提出三个深入研究的角度，为今后的研究提供思路。

（1）基于自然语言统计处理的政策分类

事实上，产业政策的分类依据多种多样，对于不同产业而言，同一形式政策的目标有所不同，导致政策分类也有所差异。对于庞大的政策体系，人工分类一方面会带有一定的主观性，另一方面效率比较低下。本研究中，对于旅游产业政策的分类采用的就是人工逐条分类，工作量极其庞大。因此，为了能够高效地探索更多年份、更多数量的政策体系，应当探索更多自然语言处理方法在政策文本上的应用。例如，可以利用支持向量机（SVM）模型，将LDA模型的主题分布以及语义向量表示（Word2vec模型）作为特征，对部分旅游产业政策进行类别标注。

（2）文本挖掘与计量模型之间更有效的衔接

本研究中，以政策力度为纽带，建立了政策内容的文本分析和政策经济效应的计量分析之间的联系。对于政策力度的算，本研究使用的是分两个方面进行行政等级和文件类型的评分的方式，这样的处理方式综合考虑了政策的辐射范围和政策的实施方式，但是并没有考虑到政策内容和主题上的差异。事实上，当前学术界上还没有一套科学的衔接体系，本研究的处理方式也有待改善。在将来的研究中，可以考虑将 LDA 模型中输出的每条政策的主题概率纳入政策力度的考量之中，使得对政策力度的测算更加全面和客观，进而建立文本挖掘和计量模型之间更有效的连接，更精准全面地测度政策效应。

（3）多层面交叉考虑政策效应差异

本研究中，对政策经济效应的考量分为三个层面，分别是类别、空间和时间层面上的探究。事实上，可以进一步进行多个层面的交叉研究，更深一步的探索不同地区间的不同类型政策的效应差异，从而更针对性地对各地的旅游产业政策体系进行评价。例如，可以对各大地区的不同工具类型的政策效应进行纵深研究，进而研究不同地区的最优产业政策结构。